安徽高校人文社會科學重點研究基地招標項目（SK2015A097）

黃山志四種校箋

趙敏　校注

藏書閣古籍整理叢書

黃山書社

圖書在版編目(CIP)數據

黄山志四種校箋/趙敏校注. —合肥:黄山書社,
2018.10
ISBN 978-7-5461-7758-8

Ⅰ.①黄… Ⅱ.①趙… Ⅲ.①黄山—地理志 Ⅳ.①
K928.3

中國版本圖書館 CIP 數據核字(2018)第 241534 號

黄山志四種校箋　　趙敏　校注

出 品 人　王曉光
責任編輯　周振華
責任印製　戚　帥　李　磊
裝幀設計　熙宇文化
出版發行　時代出版傳媒股份有限公司(http://www.press-mart.com)
　　　　　黄山書社(http://www.hsbook.cn)
地址郵編　安徽省合肥市蜀山區翡翠路 1118 號出版傳媒廣場 7 層　230071
印　　刷　合肥鋭達印務有限責任公司
版　　次　2018 年 11 月第 1 版
印　　次　2018 年 11 月第 1 次印刷
開　　本　700mm×1000mm　1/16
字　　數　250 千字
印　　張　15.75
書　　號　ISBN 978-7-5461-7758-8
定　　價　48.00 元

服務熱線　0551-63533706
銷售熱線　0551-63533761
官方直營書店(https://hsss.tmall.com)

前言

山水志書為專記山嶽、河川湖澤之書，是我國傳統輿地學的重要組成部分，保存有豐富的環境變遷、宗教信仰、社會經濟發展等諸多方面的重要資料，對歷史地理、地域文化、社會經濟發展研究具有很高的史料價值，歷來為人文學者所重視。在現代旅遊業迅速崛起的社會經濟背景下，各種名山大川的專志更是體現出了無可替代的傳統文化價值。

黃山，位於安徽南部的太平、歙縣、黟縣和休寧四縣之間，是著名的山嶽和風景名勝。黃山原名黟山，因峰巖青黑，遥望蒼黛而名，後因傳説黃帝曾在此煉丹而改名黃山。北魏酈道元《水經注》稱，浙江（即新安江）『北歷黟山，縣居山之陽，故縣氏之』。自唐代開始，以其高峻奇秀，逐漸發展成江南旅遊勝地，到了明代，著名旅行家徐霞客尤其褒美誇贊：『薄海内外之名山，無如徽之黃山。登黃山，天下無山，觀止矣！』

黃山修志始於北宋，修於北宋仁宗景祐（一〇三四—一〇三八）年間的《黃山圖經》，為現存最早的黃山志書。《宋史·藝文志》尚著録有宋元符（一〇九八—一一〇〇）年間汪師孟《黃山圖經》一卷，但已佚。其後，明萬曆（一五七三—一六二〇）年間，歙縣人潘之恒歷考圖記，求之志録，采摭經傳，撰成《黃海》六十卷。及至清代，黃山志書不斷湧現，先後編纂多種，計有：一、《黃山志》八卷，黃山慈光寺住持釋弘眉纂，康熙六年（一六六七）刊本。二、《黃山志》四十九卷，首一卷，程弘志、汪濟淳纂，康熙十三年（一六七四）刊本。三、閔麟嗣以舊志裁撰未精，難以信後行遠，乃刪其蕪雜，撰為定本，成《黃山志定本》七卷，圖一卷，康熙十八年（一六七九）刊行，後有康熙二十五年（一六八六）、乾隆三十二年（一七六七）刊本。此志比較完備，影響較大，後來被陸續收入《安徽叢書》《叢書集成續編》《續修四庫全書》《四庫全書存目叢書》《故宮珍本叢刊》《中國山水志叢刊》等叢書中。四、《黃山志略》十卷圖一卷，黃省身撰，康熙三十一年（一六九二）刊本。五、《黃山志續集》八卷，圖一卷，汪士鋐等撰，康熙刊本，收入《安徽叢書》。六、《黃山志》，清方學成撰，已佚。七、《黃山志》二卷，張佩芳輯，乾隆三十六年（一七七一）刊本。康熙（一六六二—一七二二）年間，是黃山志書纂修與刊刻的全盛期，先後有五種志書問世。

除以上志書外，尚有汪洪度《黃山領要録》二卷，陳鼎《黃山史概》一卷，徐璈輯《黃山紀勝》四卷等，也都從不同角度對黃山歷史與名勝作了介紹。

此次，我們選取宋佚名《黃山圖經》、清汪洪度《黃山領要録》、陳鼎《黃山史概》、徐璈《黃山紀勝》四種進行點校箋注。這幾種黃山志書，都比較簡略，主要內容先後相承，又各具特色。兹分別簡要叙述如下：

一、《黃山圖經》，北宋人撰，作者已不可考。有圖有文，文不足五千，圖則早佚。卷首叙因傳説黃帝曾棲止此山鍊丹，唐天寶六年（七四七），下詔改黟山為黃山之事；次則以峰為綱，逐次記載了黃山『三十六峰、三十六源、二十四溪、十二洞、八巖』，並描述其位置與形態；最後，按山脈走向，詳細叙述了黃山地區溪水的發源、流向與歸宿。後世學者對這部山志的評價很高，認為『其文筆簡古高妙，所紀山川形勝，源流歸宿，如觀掌上螺紋，與俗志有仙凡之別』（方成培跋）。南宋羅願撰《新安志》時，就曾數次引用此經。

根據許楚考辨，參考現存其他文獻記載，我們可以梳理出此書自北宋到明的遞刻情況。先後凡八刻：一為北宋仁宗景祐間，由黄山祥符寺僧行明輯成；二為宋哲宗元符三年（一一〇〇），祥符寺僧文太輯，歙縣尉周公為之重刻；三是南宋高宗紹興二十六年（一一五六），知州胡彦國重刻；四是南宋寧宗嘉定元年（一二〇八），中山進士焦源重輯；五是明太祖洪武四年（一三七一），吴華祖纂輯，洪舜民繪圖、唐桂芳作序、吴匯刊行的《黄山圖經詩集》；六是明英宗天順六年（一四六二），程孟輯，祥符寺僧本寧刻，有《後集》一卷，附《新安黄山題咏》一卷；七是明神宗萬曆九年（一五八一）知縣李邦和輯刻，續有鄉先達潘旦、唐臯在明嘉靖（一五二二—一五六六）間的黄山唱和詩，田藝蘅碑記；八是萬曆十年（一五八二）程天錫刻，與《白岳詩》合本，有程嗣功、程公佐并天錫三序。

《黄山圖經》現存最早的版本為明天順六年刊本，藏北京大學圖書館。另有民國鈔本，藏國家圖書館；民國初羅振玉《吉石盦叢書》影印鈔本；一九三五年程演生據鈔本校勘刻印本，附入汪晉穀所繪『黄山圖』；一九三五年《安徽叢書》據鈔本影印本；一九三七年《黄山叢刊》影印本。本次校箋即選擇有圖有經的民國程氏校刻本為底本，校以《吉石盦叢書》影印鈔本等。

二、《黄山領要録》上下兩卷，清代學者汪洪度所撰。全書共分四十五目，記黄山三十六峰、八巖、十二洞、二十四溪之奇，以『領黄山之要而録之』意名書。『于鼎之録黄山也，別出機杼，別具丘壑，一洗志家格套之陋，馳騁縱横，任其筆之所之，而情理所生，惟其快而已』（《領要録》王士禛序）。『取其神奇，略其習見，如史遷傳人物，千載下讀之如其面焉，真意存焉耳』（吴苑序）。突破前人對黄山山貌特點的認識，改變傳統志書統而為之、不求領要的記載方法，使黄山之脈絡分明，名勝畢集，讀者可舉其一而能反三，窺一斑而見全豹，遊者經丘尋壑，了如指掌。

汪洪度（一六四六—一七二二），字于鼎，一字文治，號息廬，清歙縣人，寓居揚州。汪道昆之孫。康熙（一六六二—一七二二）諸生。遊王士禛之門，晚年歸臥黄山。與弟汪洋度並有才名，人稱『二汪』。博雅多藝，工畫，尤擅山水。

《黄山領要録》初刻於乾隆四十年（一七七五），隨後被收入《知不足齋叢書》、日本《昌平叢書》《筆記小説大觀》《叢書集成初編》等叢書中。此次校箋，即以乾隆四十年刻本為底本。

三、《黄山史概》一卷，清代江陰學者陳鼎著，在《圖經》三十六峰之外另記七十二峰，并及泉、潭、臺、石、海、寺觀、松、溝、坪、井、谷、池、湖、海、奇樹、靈禽、奇草、神獸、異物等景。黄山重自然景觀，《史概》首先以山脈、山形、山界等構成外貌的主要因素作為記載，按峰、巖、洞、石、嶺、坪、泉、瀑、潭、温泉等諸多山體要素進行編排，次記名勝。

陳鼎（一六五〇—？），原名太夏，字定九、子重，號留溪，晚號鐵肩道人，江蘇江陰人。少隨父遠至雲南、貴州，長期生活於此，對當地風俗民情、地理和歷史均有研究，工詩文，尤精於史，注重鄉邦文獻蒐集與整理。有《留溪外傳》《武備略》《西陲志》《九邊志》《洞天志》《滇黔紀游》《東林列傳》等。

《黃山史概》有《昭代叢書》刻本、《小方壺齋輿地叢鈔》刻本、民國蘇氏《黃山叢刊》鉛印本。此次校箋，選擇《昭代叢書》刊本為底本。

四、《黃山紀勝》四卷，清代桐城學者徐璈輯。從黃山的地理方位開始叙述，以湯口入山遊覽綫路沿及全山的著名景點為綱，主要輯録了歷代志書、遊記、詩詞吟咏、題壁摩崖及其他文獻中有關黃山景觀的記録，分別編繫於各景點之下，內容涉及道路、名勝、古迹、祠廟、神話、物産等諸多方面，并附有自己的按語，對部分記載進行了考證説明，兼具文獻資料價值。同時，由於輯録式這一著述體例，徐氏把散見於各處的相關文字集中排比在每個景點之下，可以讓讀者更加清晰、全面地了解黃山的景色亮點，且省去不少翻檢之勞。

中國歷代文人學者多寄情山水，尤喜遊歷，登高攬勝，無遠弗届。據《黃山紀勝》載，最早咏歌黃山的是南朝詩人江淹，有《遊黃檗山》一詩，描繪了黃山奇峰、靈石、雲煙等。唐代大詩人李白也曾漫遊黃山，是最早入山探奇者之一，留下了《夜泊黃山聞殷十四吴吟》《送温處士歸黃山白鵝峰舊居》等詩篇，尤其是『黃山四千仞，三十二蓮峰』一句，更是成為吟咏黃山的經典名句。宋代特別是南宋以後，隨著政治中心的南移和江南經濟的發展，黃山日益為天下所知，遊者驟增。很多名流騷客都曾登臨遊覽，並留下了膾炙人口的遊記和題咏，如宋代的羅願，元代鄭玉、汪澤民，明代李東陽、梅鼎祚、汪道昆、許國、黃道周、徐宏祖、江天一，清代錢謙益、施閏章、劉大櫆等。根據整理者統計，《紀勝》所輯録的前人著述，僅明、清兩代的黃山遊記，就多達四十五種，其價值可見一斑。所以，此書對了解和研究黃山的歷史地理，都有較大的助益。

徐璈（一七七九—一八四一），字六驤，一作六襄，自號樗亭，清桐城人。嘉慶十九年（一八一四）進士，歷户部主事，陽城、壽昌、臨海等縣知縣，引疾歸。先後主亳州、徽州等書院。於書靡不窺，為詩選格必分正變，選字必分雅俗。有《詩經廣詁》三十卷、《歷代河防類要》六卷《圖》一卷、《牖景録》六卷、《樗亭文鈔》四卷、《樗亭詩草》八卷等。

《黄山紀勝》有清嘉慶（一七九六——一八二〇）刊本、清末鈔本（存兩卷）、民國二十三（一九三四）年南陵徐氏影印本，又被收入清桐城光氏刊《龍眠叢書》、臺北文海出版社《中國名山勝迹志叢刊》中。此次校箋，即以嘉慶刊本為底本。

本書所做的主要工作為以下幾項：

一、對上述四部黄山志書進行了標點、校勘。凡有文字歧異，但不影響文義者均不出校；凡異體字需要改從通行字者，均徑直改過，不出校記；凡因避諱等原因出現的文字歧異，一般直接改過，需要説明者則出校勘記，附於頁下。

二、將《黄山圖經》民國程氏校刻本、《吉石盦叢書》影印鈔本的序、跋全數收入，并作了文字校勘與補遺，合兩本為一本。

三、為方便讀者閱讀利用，對四種志書中涉及的專有名詞，如著述、人名、地名（黄山地區以外）、年號、歷史事件、神話傳説、典故等做了必要的箋注。

由於箋注者水平有限，本書可能還存在這樣那樣的不足之處，希望讀者能批評指正。

目録

黄山圖經

（宋）無名氏撰

黃山志 卷之首 一 黃際之刻 山總圖起

黃山圖

黃山志 卷之首 二 山總圖

獅子峯
黃山志
卷之首
三
山總圖
蓮花峯
天都峯
文殊院
硃砂峯
慈光寺
白龍潭

仙都峯
黃山志
卷之首
四
山總圖

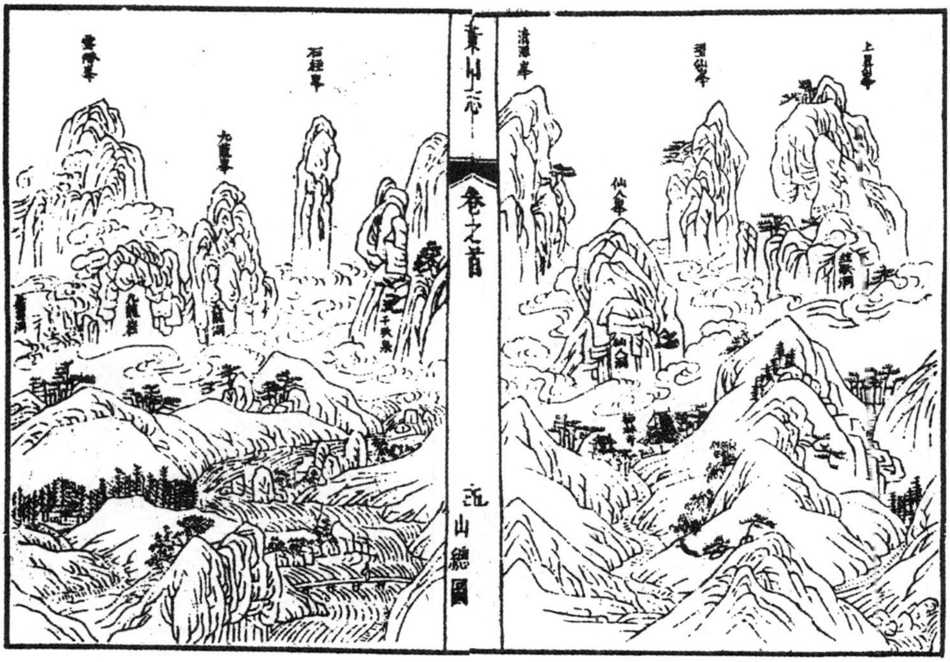
黄山志
卷之首
山總圖

黄山志
卷之首
山總圖

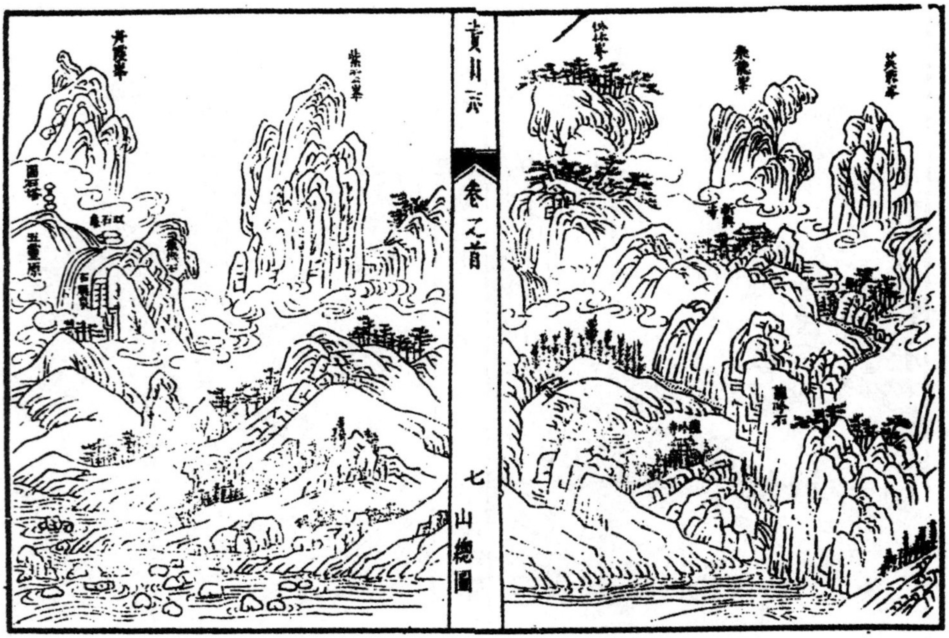
黃山志
卷之首
七
山總圖

黃山志
卷之首
八
山總圖

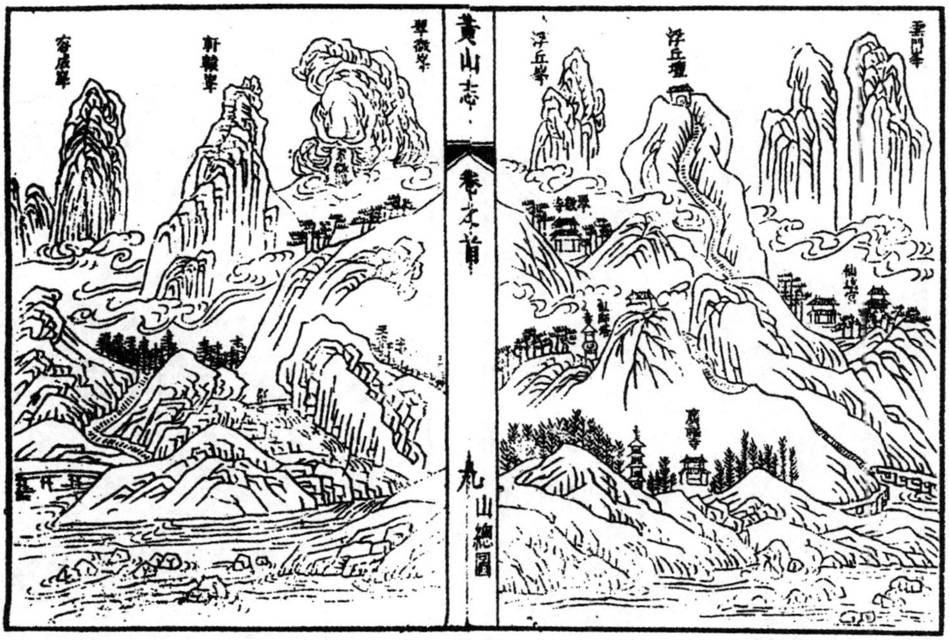
黃山志
卷之首
九山總圖
翠微峯
軒轅峯
容成峯
雲門峯
浮丘壇
浮丘峯
翠微寺

黃山志
卷之首
十山總圖
全
祥符寺
江涇
布水峯
聖泉峯

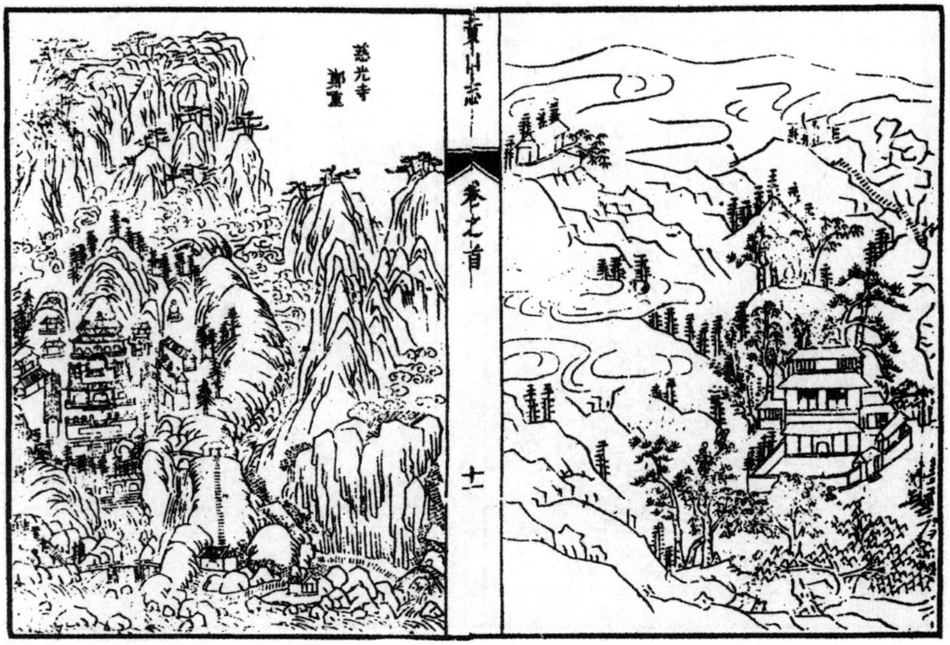
慈光寺
鄭重
黃山志
卷之首
十一

翠微寺
陳渭
黃山志
卷之首
十二

擲鉢禪院
淵公梅清
黃山志
卷之首
十三

黃山志
卷之首
十四

煉丹臺
黄山志
卷之首
十五
松谷菴

獅子峯
半山
黄山志
卷之首
十六

浮湖
陳渭
黃山志
卷之首
廿七

祺中書院
江注
黃山志
卷之首
廿八

黄山志　卷之首　廿九

黄山天皴地繪霞蔚雲蒸靈幻神奇人難措筆且擇峯疊嶂蓬萩筍攢匯若屏張所可駢寫虎頭綴墨摩詰傳毫良有以也錢子聞山澥九州藏於孔甲嘉陵千里成之異生況山志嘗畫例不可缺爰採古錦圖經旁及當賢名畫標致位置點染晴眸拔萃攬全臚陳大槩雖泉流山峙未必得貌得神想嵐湧雲飛亦足見形見影借此烏絲欄上拈來陸海鬚眉置之青玉案頭共識黄山面目

汪晉穀謹識

黄山志　卷之首　三十

黄山圖經序

《黄山圖經》之作，莫究其始。《宋史·藝文志》〔一〕有汪師孟〔二〕《圖經》一卷，今未見。舊志云師孟元符〔三〕時人。許芳城〔四〕先生撰《黄山圖經考》，謂書凡八刻，一宋景祐〔五〕初，祥符寺僧行明〔六〕輯，

〔一〕《宋史·藝文志》：八卷，據宋代四部《國史藝文志》匯編而成，寧宗嘉定以後稍有增補，共録藏書九千八百一十九部，十一萬九千九百七十二卷。分經史子集四部四十四類。卷首有總序，無小序、解題。

〔二〕汪師孟：宋歙縣人，生平不詳。

〔三〕元符：宋哲宗趙煦年號，自一〇九八年至一一〇〇年，共計三年。後為宋徽宗沿用。

〔四〕許芳城（一六〇六—一六七六）：許楚，字方城，一作芳城，號旅亭，又號小江，明、清間歙縣人。諸生。少入復社，張溥盛稱之。長年遊歷吴、越，歸而杜門著述。明亡，隱於黄山。有《青巖集》《遊石峪庵記》《遊靈山記》《披雲山記》等。

〔五〕景祐：宋仁宗趙禎年號，自一〇三四年至一〇三八年十一月，共計五年。

〔六〕行明：宋代黄山僧人，北宋景祐間祥符寺住持。

李錞〔一〕序；一元符三年庚辰，歙尉周君重鐫，張介〔二〕序；一紹興〔三〕二十六年丙子，睦寇〔四〕亂後，訪於士人楚贊〔五〕家，公庫刻之，胡彥國〔六〕序；一嘉定〔七〕元年戊辰，中山焦東之〔八〕刻，黃之望〔九〕序；

〔一〕李錞：生卒年不詳，字希聲，宋豫章（今江西南昌）人。官至秘書丞。江西詩社中人。有《李希聲集》《李錞詩話》，久佚。

〔二〕張介：生卒年不詳，北宋廣德軍人，隱居不干榮進。

〔三〕紹興：宋高宗年號，自公元一一三一年至一一六二年，共計三十二年。

〔四〕睦寇：按南宋高宗紹興二十六年（一一五六）前後，未見睦州有亂，此『睦寇』當指北宋末方臘之事。方臘（一〇四八—一一二一），又名方十三，北宋歙州（今安徽歙縣）人，遷居睦州青溪縣（今浙江淳安）。北宋末利用明教（摩尼教）組織聯絡民衆，徽宗宣和二年（一一二〇）起事，攻佔六州五十二縣，自稱『聖公』，年號『永樂』。宋遣童貫統兵鎮壓，宣和三年（一一二一）四月，方臘等被俘，八月被殺。

〔五〕楚贊：生卒年不詳，字少陸，宋徽州人。曾任桃源縣丞。

〔六〕胡彥國：生卒年不詳，南宋常州人。宋高宗紹興（一一三一—一一六二）間，先後知廣德軍、徽州、廬州，刻印《黃山圖經》、包拯《孝肅包公奏議集》十卷等，現存《黃山圖經跋》一文。

〔七〕嘉定：宋寧宗年號，自公元一二〇八年至一二二四年八月，共計十七年。

〔八〕焦東之：名源，字東之，以字行，生卒年不詳，南宋中山府（今河北定州）人，世居黃山之麓，為黃山堂司户，曾籌刻《黃山圖經》。嚴紹璗《日藏漢籍善本書録》（中華書局二〇〇七年版）史部地理類著録『《黃山圖經》一卷……（宋）焦東之撰』，當誤。

〔九〕黃之望：生卒年不詳，字子萬，南宋閩縣（今福建省福州市）人，寄居連江。寧宗嘉定四年（一二一一）進士，歷任奉新縣主簿、建陽縣丞，紹定（一二二八—一二三三）中遷知德化縣。

一明洪武〔一〕元年戊申，郡人吴華祖〔二〕續集題咏，洪舜民〔三〕復繪為圖，唐桂芳〔四〕序；一天順〔五〕六年壬午，祥符寺僧全寧〔六〕刻，方勉〔七〕序；其後，萬曆〔八〕九年辛巳，有豐城李邦和〔九〕刻；次年壬午，

〔一〕洪武：明太祖朱元璋年號，自公元一三六八年至一三九八年，共計三十一年。

〔二〕吴華祖：生卒年不詳，字子容，號庸窩，宋末歙縣人。與吴龍翰（一二二九—？）約同時，著書樂道，集《黄山題咏》，明初由其孫吴匯刊行。

〔三〕洪舜民：生卒年不詳，元末徽州人。工詩善畫。與陳可宗、汪克寬（一三〇四—一三七二）等友善。

〔四〕唐桂芳（一三〇八—一三八〇）：一名仲，字仲實，號白雲，又號三峰，以字行，學者称『白雲先生』『三峰先生』，元、明间歙縣人。著有《白雲集》。与父元、次子文鳳三人俱以文學擅名，时號『小三苏』。明程敏政将其《白雲集》与其父唐元《筠軒集》、子唐文鳳《梧岡集》匯编為《唐氏三先生集》行世。其父唐元，生卒年不詳，字長孺，元歙縣人。与洪焱祖、俞趙老號『新安三俊』。泰定間以文學授平江路學録，再任建德路分水县教諭，高年以徽州路學教授致仕，時人譽為『東南學者之師』，傳世有《筠軒集》。次子唐文鳳，生卒年不詳，字子儀，號夢鶴，傳世有《梧岡集》。

〔五〕天順：明英宗朱祁鎮年號，自公元一四五七至一四六四年，共計八年。

〔六〕全寧：明代黄山僧，早年祝髮於歙縣景德院，明英宗正統十一年（一四四六）主持祥符寺，籌刻《黄山圖經》。。

〔七〕方勉（一三九三—一四七〇）：字懋德，一作懋卿，明歙縣人。永樂十三年（一四一五）進士，選庶吉士，歷監察御史、湖廣右參議，致仕歸。有《怡庵集》十五卷。

〔八〕萬曆：明神宗朱翊鈞年號，自公元一五七三年九月至一六二〇年八月，共計四十八年。

〔九〕李邦和：生卒年不詳，號稠源，明豐城（今江西豐城縣）人。萬曆九年（一五八一）任歙縣知縣。秉公裁决，追回為豪强侵佔的黄山祥符寺地産，並捐俸修繕。

又有歙程天錫〔二〕刻。兹考方勉序云：昔僧文太〔三〕嘗彙著《黄山圖經》，板行於世，及《宋史》著録汪師孟《圖經》，暨斯帙無名氏著，是《圖經》之刻又得其三矣。案：斯帙香沙道人方望子〔三〕得之虞山藏書家，定為宋本。其體簡要，其文醇雅，洵佳製也。懷寧程君演生〔四〕有傳鈔本，而圖不具；上虞羅君振玉〔五〕於日本得舊鈔本，亦缺圖，印入《吉石盦叢書》〔六〕四集。據羅君跋文，以為篇末記水流，屢稱入杭州唐山縣，及入宣州太平縣界，又稱入睦州青谿，今建德路淳安縣是也。又有入建德路遂安

〔二〕程天錫：程顯爵，生卒年不詳，字天賜，號雙橋，明歙縣人。博學而文，後歸隱於黄山餐霞洞，因自號餐霞子。著有《黄山白嶽詩》，已佚。

〔三〕僧文太：北宋僧人，俗家名未知。主持修葺祥符寺，宋哲宗元符三年（一一〇〇），與歙縣尉雁蕩周君版刻《黄山圖經》行世。

〔三〕方望子：生卒年不詳，明末歙縣人。出家為道士，結茅黄山，號香沙道人。與李流芳、錢謙益、錢澄之、方中發、金堡、李驎等交好。

〔四〕程演生（一八八八—一九五五）：譜名存材，字源銓，又字總特，别號天柱外史、寂寞程生。安徽懷寧人。肄業於安徽高等學堂，後留學英、法、日等國，獲法國考古研究院博士。回國後，先後在北京大學、暨南大學等校任教。北伐後出任外交部特派員，赴法國、土耳其、阿富汗、比利時等國考察教育、政治、經濟。

〔五〕羅振玉（一八六六—一九四〇）：字式如、叔蘊、叔言，號雪堂、永豐鄉人，晚號貞松老人、松翁，浙江上虞人。創辦東文學社、江蘇師範學堂，任監督，後任學部二等咨議官，補參事官兼京師大學堂農科監督。致力於敦煌學的研究，所得文書及海外藏卷照片，收入《鳴沙石室佚書》《鳴沙石室佚書續編》《鳴沙石室古籍叢殘》《敦煌石室遺書三種》《貞松堂西陲秘籍叢殘》《敦煌石室碎金》《敦煌零拾》《敦煌石室遺書》等書中。撰有《雪堂校刊群書叙録》二卷、《殷墟書契》《三代吉金文存》等，大多收入《羅雪堂先生全集》。

〔六〕《吉石盦叢書》：近代叢書，羅振玉輯，一九一四—一九一七年羅氏影印本。共四集二十六種。其第四集收《黄山圖經》一卷、《黄山圖》一卷。

縣界語。考唐山縣置於唐；宣州睦州，則唐有宣州，而宋已廢，唐有睦州，宋代尚沿其稱，似為此書撰於唐宋間之明證。然建德路則至元代乃有此名，則此書殆成於元代。蓋因唐宋《圖經》之舊，損益為之，其於郡縣沿革，言之綦詳，足資考訂也。今程君復取清初汪晉穀〔二〕依古《圖經》所繪之黄山全圖，綴為一册，堪稱珠聯璧合矣。予讀之，且欣且慰，亟付影印，以廣其傳。民國二十四年十月歙縣

江暐〔三〕撰

〔二〕汪晉穀：生卒年不詳，字子臣，號鱗檀，清歙縣人。邑庠生。程弘志妻屬，成《黄山志》五十卷，並作《黄山志序》。

〔三〕江暐（一八八〇—一九五一）：字彤侯，以字行，安徽歙縣人。一九〇一年與柏文蔚等組織强國會，密謀反清，後入同盟會。民國初，擔任安徽省教育廳長，後任安徽通志館館長，主持纂修《安徽通志稿》，並主持編輯影印了《安徽叢書》。

《黄山總圖》汪晉穀識

黄山天皴地繪，霞蔚雲蒸，靈幻神奇，人難措筆。且環峰疊嶂，蓮簇筍攢，匪若屏張所可駢寫，虎頭〔一〕輟墨，摩詰〔二〕停毫，良有以也。然予聞山澥九州〔三〕，藏于孔甲〔四〕；嘉陵千里，成之吴生〔五〕。况山志首圖，例不可缺，爰採古鐫圖經，旁及昔賢名畫，綜考位置，點染晴晻，拔萃攬全，臚陳大概。

〔一〕虎頭：顧愷之（三四八—四〇九），字長康，小字虎頭，東晉晉陵無錫（今江蘇無錫）人。擅詩賦、書法，尤善繪畫。精於人像、佛像、禽獸、山水等，時人称之為三絶：畫絶、文絶和痴絶。與曹不興、陸探微、張僧繇合稱「六朝四大家」。有《洛神賦圖》《女史箴圖》《斫琴圖》《魏晉勝流畫贊》《論畫》等。

〔二〕摩詰：王維（七〇一—七六一），一说（六九九—七六一），字摩詰，號摩詰居士，唐河東蒲州（今山西運城）人。開元十九年（七三一）進士。歷右拾遺、監察御史、河西節度判官、吏部郎中、給事中，至尚書右丞。精通詩、書、畫、音樂等，以詩名盛於開元、天寶間，著作有《王右丞集》《畫學秘訣》等。兩《唐書》有傳。

〔三〕九州：古代分中國為九州。具體名稱不一，常見的為：冀、兖、青、徐、揚、荆、豫、益、雍九州。《尚書·禹貢》作：冀、兖、青、徐、揚、荆、豫、梁、雍；《爾雅·釋地》有幽、營而無青、梁；《周禮·夏官·職方》有幽、并而無徐、梁。後人用「九州」泛指天下、全國。又有大九州之説，將全世界分為九州，中國屬於其中一州。

〔四〕孔甲：傳説中夏朝的第十四位（一説第十六位）君主，姒姓。在位期間，信奉鬼神，喜好豢龍，沉湎享樂，夏朝日漸衰敗。

〔五〕吴生：吴道子（約六八〇—七五九），又名道玄。唐阳翟（今河南禹州）人。曾随張旭、賀知章學習書法，通過觀賞公孫大娘舞劍，體會用笔之道。擅佛道、神鬼、人物、山水、鳥獸、草木、樓閣等，尤精於佛道、人物，長於壁畫創作。有「畫聖」之稱。

雖泉流山峙，未必得貌得神；想嵐湧雲飛，亦足見形見影。借此烏絲，帋上拈來，陸海鬟首，置之青玉案頭，共識黃山面目。

汪晉穀謹識

黄山舊名黟山，當宣、歙二郡界，在歙之西北，高一千一百七十丈，東南屬歙縣，西南屬休寧縣，各一百二十里，即軒轅黄帝〔一〕棲真之地。唐天寶〔二〕六年六月十七日，勑改為黄山。按江南諸山之大者，有天目〔三〕、天台〔四〕二山。《郡國志》〔五〕云天目山高一萬八千丈，而低于黄山者，何也？以天目近連浙江，天台俯瞰滄海，地勢傾下，百川所歸。而宣、歙二州即江之上游、海之濫觴也。今計宣、歙之平地，已與二山齊焉，况此山有摩天戛日之高，則浙東西、宣、歙、池、饒、江、信等郡之山，竝是此山肢脈。諸峰積石，迥如削成，煙嵐無際，雷雨在下。霞城、洞室、乳竇、瀑布，無峰不有。巖巒之上，奇蹤異狀，不可摸寫，誠神仙之窟宅也。山上往往聞峰上仙樂之聲，自郡至山口一百二十里，

〔一〕黄帝：傳説中華夏民族的共同始祖。據《史記·五帝本紀》，黄帝者，少典之子，姓公孫，名軒轅。服炎帝，擒殺蚩尤，諸侯尊為天子，有土德之瑞，故稱黄帝。

〔二〕天寶：唐玄宗年號，自公元七四二年正月至七五六年七月，共計十五年。天寶三載（七四四）正月朔改年為載。

〔三〕天目山：在今浙江省臨安境内。古名浮玉山，後改名天目，因其東、西峰頂各有一池，宛若雙眸仰望蒼穹，得名。

〔四〕天台山：位於今浙江省中東部，地處寧波、紹興、金華、温州四市的交接地帶。佛教天台宗和道教南宗的發祥地。

〔五〕《郡國志》：唐人劉之推所撰全國地理總志，共十卷。《崇文總目》《新唐書·藝文志》著録，後佚。鄭樵《通志·藝文略》作《元和郡國志》。

自山口至湯院又八里，蹬道崎嶇，頗通車馬。按《周書異記》〔一〕《神仙傳》〔二〕云，昔軒轅黄帝問道于廣成子〔三〕，受胎息于容成子〔四〕，吐納而谷神不死，獲靈丹于浮丘翁〔五〕，遂思超溟，渤遊蓬萊。乃告浮丘公曰：『願摳衣躬侍。』浮丘公曰：『擇賢而師，學必精奥，棲隱勝地，業則易成。煉金為丹，必假于山水，山秀水正，其藥乃靈。江南黟山，據得其中，雲凝碧漢，氣冠群山，神仙止焉。地無葷辛，境絶腥腐，古本靈藥，三冬不凋，名花異果，四季皆有，山高木茂，可為炭以成藥。迸泉直瀉，狀如飛布，下有靈泉，香美清温，冬夏無變，若能齋心潔己，沐浴其中，飲之灌腸，萬病皆愈矣。』黄帝遂命駕，與容成子、浮丘公同遊此山。山有三十六峰、三十六源、二十四溪、十二洞、八巖。

第一煉丹峰。浮丘公于此山頂上煉丹，經八甲子丹成，黄帝即服七粒，不藉雲靄，昇空遊戲，故

〔一〕《周書異記》：南北朝至唐前期佛道論争中出現的佛教偽籍。可能成書於南北朝時期，最晚不過唐代，釋道宣（五九六—六六七）所撰《廣弘明集》中就提到了《周書異記》這部書。

〔二〕《神仙傳》：東晉葛洪著，十卷，收録古代神話傳説中九十二位神仙事迹。葛洪（二八四—三六四），字稚川，自號抱朴子，東晉著名道士、煉丹家，晉丹陽郡（今江蘇句容）人。三國方士葛玄之侄孫，世称小仙翁，後隱居羅浮山煉丹。著有《抱朴子》。

〔三〕廣成子：傳説中古代仙人。葛洪《神仙傳・廣成子》：『廣成子者，古之仙人也。居崆峒之山石室之中。黄帝聞而造焉。』《莊子・在宥》：『黄帝立為天子十九年，令行天下，聞廣成子在於空同之山，故往见之。』

〔四〕容成子：相傳為黄帝時的史官，始造曆法。後為道家附會為仙人，是黄帝、老子之師，居崆峒山，發明採陰補陽的修煉方法。《漢書・藝文志》『陰陽家』有《容成子》十四篇，又『方技』『房中』有《容成陰道》二十六卷，皆不傳。

〔五〕浮丘翁：即浮丘公。傳説中古代仙人。《文選》謝靈運詩：『儻遇浮丘公，長絶子徽音。』李善注引《列仙傳》：『王子晉好吹笙，道人浮丘公接以上。』明王寵《旦發胥口經湖中瞻眺》詩云：『儻遇浮丘公，歘造蓬萊巔。』

其上有煉丹竈，下有煉丹源，源中有煉丹水，下有洗藥溪，搗藥石臼，儼然常存。

第二天都峰。高九百仞，與煉丹峰相並，如天中群仙之所都。峰下有香谷源，長聞異香馥郁。又有香泉溪，泉水中常香美也。

第三青鸞峰。如青鸞之蹲顧，連天都峰，高八百二十仞。下有採藥源，黃帝曾于此處採藥也。

第四紫石峰。純是紫石，連青鸞峰，高六百仞。下有湯泉溪，《歙州圖經》〔二〕云：黟山東峰下香泉溪中，有湯泉二口，如椀大，出于石澗，熱可煮石。《仙經》〔三〕云：山石出硫磺、朱砂，其水即熱。此殆朱砂乎？春時即紅，氣味香美。《周書異記》云：黃帝受浮丘公還丹，再服四十二粒，毛髮之類，黧潤過常，視其肌膚，悉皆皴折。浮丘公命黃帝至湯泉，浸七日，皴折故皮，隨水而去。斯須，湯池中有黃龍現，雲霧翳空，上有笙歌之聲。逡巡，霧氣開散，青天亮皎，正當日晝，香氣氛氳，隨風襲人。黃帝、浮丘公、容成子同見一珠函、一玉壺，浮丘公啓之，函中有霞衣、寶冠、珠履，壺中有瓊漿甘露。浮丘公曰：『此是上天降下，以奉黃帝。』遂授于帝，帝乃受之，持歸石室。此下事具望仙峰下。

〔二〕《歙州圖經》：徽州早期地方志書，成書於唐憲宗元和（八〇六—八二〇）年間，後佚，僅在《太平廣記》中殘存有十餘條。

〔三〕《仙經》：作者、時代不詳。存疑待考。

浮丘公遂于南峰題石壁記，以示後世。尋至唐大曆〔一〕中，歙州〔二〕刺史薛邕〔三〕遣人就立舍宇，大設盆斛，病無輕重，入者皆愈。又至大中〔四〕五年，刺史李敬方〔五〕患風疾，遂至湯池浸浴。六年十一月，又入浴，因感白龍見，風疾遂瘥。乃造白龍堂，并勒銘以記，其銘曰：

黟山南垠，湯水沸騰。伏陽韜熖，陰火潛蒸。盛夏不增，窮冬不冰，其誰主張，唯龍是膺。刺郡二年，病不能興，發汗五日，信而有徵。乃作龍堂，于湯西陵，乃刻龍像，作神依憑。非衆非公，非巫非僧，王倨步將，陳顗歙丞。迭掌吾事，各勤爾能，未盡瞻依，去懷憂兢。苟肆慢心，貽神惡憎，盲瞶瘡躄，災爾相仍。壬申既夏，一陰始昇，鐫石室壁，庶無騫崩。

〔一〕大曆：唐代宗李豫年號，自公元七六六年十一月至七七九年十二月，總計三年。

〔二〕歙州：隋文帝開皇九年（五八九）改新安郡為歙州，轄歙縣、黟縣、海寧（今休寧），唐大曆五年（七七〇），領歙、黟、休寧、婺源、績溪、祁門六縣，北宋宣和三年（一一二一），改為徽州。

〔三〕薛邕：生卒年不詳，唐河東（今山西省永濟市）人。唐玄宗開元四年（七一七）進士。歷任左補闕、右補闕兼禮部員外郎，拜禮部侍郎，典歲舉，遷吏部侍郎。後坐事貶宣歙州刺史。德宗大曆十四年（七七九），徵為尚書左丞，建中元年（七八〇）貶為連山（今廣西省連縣）縣尉。

〔四〕大中：唐宣宗李忱年號，自公元八四七年正月至公元八六〇年十月，共計十四年。

〔五〕李敬方：生卒年不詳，字中虔，唐并州文水（今山西省文水縣）人。穆宗長慶三年（八二三）進士。曾任歙州（今安徽省歙縣）、台州（今浙江省臨海縣）刺史。有《李敬方詩》一卷，《全唐詩》録存其詩八首。

遂號湯院，請僧住持焉。保大〔一〕二年，元宗皇帝〔二〕勅為靈泉院，宋朝賜名『祥符』。

第五鉢盂峰。覆鉢之狀，連煉丹峰，高八百五十仞。下有新羅庵，基址猶存。《神仙補闕傳》〔三〕云：昔劉宋時，有一東國僧人，不知姓名，于此修禪定，學道術，一生休絶，三十余年不出溪口，況山下乎？于峰脚平石上，以錫杖卓出一泉，煉丹而服。偶一日，彩雲仙樂來迎，忽乘龍飄然上昇。又有一洞深邃，多蛇蟲，人不敢入。其僧煉丹之處，梁大同〔四〕中，有一樵叟入，見一婦鼎石竈，藤蘿纏鎖猶在，因名仙僧洞。洞口陰暗之夜，有一燈現，宛如星明，人謂之聖燈。又有擲鉢原，其僧常擲鉢于空中，久而始下。其錫杖泉，至今存焉。

第六桃花峰。連鉢盂峰，高八百仞。下有桃花源、桃花溪，即黄帝親種桃花，至今遍峰、源、溪、洞中，純是桃花，三月方盛開。每謝之時，滿溪水紅，流入湯泉溪，春即名桃花湯。

第七朱砂峰。宛如削成，高九百仞。峰半壁有朱砂巖，巖中有朱砂，望之如欲崩頹，猿猴亦不能到，惟飛鳥方及。《神仙補闕傳》云：浮丘公、黄帝同取此朱砂煉丹，故天下獨貴，人莫能獲。下有朱砂洞、朱砂巖、朱砂溪，溪口水向東，流入湯泉溪。

〔一〕保大：南唐元宗李璟年號，自公元九四三年至公元九五七年，共計十五年。
〔二〕元宗皇帝：李璟（九一六—九六一），字伯玉，初名李景通，徐州（今江蘇徐州）人。南唐烈祖李昪長子。昪元七年（九四三），李昪去世，李璟繼位，改年號為保大。後削去帝號，改稱國主。史稱南唐中主。
〔三〕《神仙補闕傳》：作者、時代不詳。存疑待考。
〔四〕大同：南朝梁武帝蕭衍年號，自公元五三五年至公元五四六年，共計十一年。

第八獅子峰。連朱砂峰西南，高五百仞，宛如獅子蹲踞。下有錦霞洞，常有錦霞生。又有香林源，林中常有異香馥郁。

第九蓮花峰。連朱砂峰北，高九百仞，如蓮花正開。下有蓮花洞、蓮花源，水流入朱砂溪，與桃花溪水合流。

第十石人峰。在蓮花峰北，高七百仞，宛如人形。下有白鹿源，曾有白鹿出，為人所獵而貢之。又有駕鶴洞，浮丘公在此駕鶴也。

第十一雲際峰。在石人峰西南，高八百八十仞，峰頂入雲際。下有藏雲洞，長藏白雲。又有乳水源，味如乳，下有布水，水落白雲溪，溪中長生白雲，水向東流，入桃花溪。

第十二疊障峰。連雲際峰西，高八百仞，峰形如障。下有石乳巖，巖中長滴石乳，其白如雪，四季不絕，今俗只呼滴水巖。又有陰坑源，長陰不見日，源水東流，入白雲溪。溪中有一潭如盆，下又有一大潭，黄帝曾向此取水煉丹，感白龍見，名曰白龍潭，水入朱砂溪。

第十三浮丘峰。連疊障峰西南，陰硎源南，高九百仞。《圖經》云：頂有浮丘公仙壇，彩霞靈禽，棲止其上，即浮丘公游息之所，下有浮丘廟。浮丘觀唐會昌〔二〕中毁折，今有廟存焉，每年州縣祈禱，立應。峰下有五雲源，浮丘公曾于此源中乘五色雲去。又有浮丘溪，今俗呼為浮溪水，東南流，入曹

〔二〕會昌：唐武宗李炎年號，公元八四一年正月至公元八四六年十二月，共計六年。

公溪。昔有人姓曹，于此溪頭上昇，今俗只呼為曹溪。又有人至浮丘壇所，忽見樓臺宛然，樓前有白蓮池，左右有鹽積、米積，遂歸山下，邀人上山去取，了不知其去處也。

第十四容成峰。連浮丘峰東，高九百仞。容成常游息于此，故有容成溪〔二〕，今俗呼為容溪。峰下有紫煙源，長有紫煙籠蓋。又有容成洞，洞中有容成子故居，基址存焉。

第十五軒轅峰。連容成峰東，高八百九十仞。下有紫芝源，《周書異記》云：軒轅黃帝曾于此源採紫芝，今長有紫芝生。峰頂有仙石座，即黃帝坐處。下有仙人洞、紫雲溪，長生紫雲不散。下有石仙室，即黃帝游息之所。曾有樵翁入室中，見一道士釀酒，道士見樵翁，設一盃，樵翁云天性不飲，至夜，又彈琴説之。樵翁坐睡，道士曰汝此宿不得，送出洞口，忽到朱砂溪〔三〕，便迷入朱砂洞、香林源，出不得，遂變成毛人，今有毛人巖。其室中石鼎、石砧、剉藥刀痕猶存，即黃帝遺迹焉。

第十六仙人峰。連軒轅峰東北，高八百六十仞。頂有二石人，宛如刻成，相對而坐。《仙記》注云：浮丘公與黃帝經游此處，上昇之後，雙石筍化為峰，可高十丈，信神仙之聖迹。俗謂南向者為軒轅黃帝，背倚一石屏，迴如玉扆；北向為浮丘公。其下石壁高五百餘仞，猿猴亦不能到，翫者上紫石峰，望之，宛如二仙人對坐。下有仙人洞，因此名焉。

第十七上昇峰。連仙人峰西，高八百仞。黃有人姓阮，于此峰頂上昇，今有阮公源、阮公溪，俗

〔二〕容成溪：原作「容城溪」，鈔本作「容成溪」，參照上下文，鈔本當是，據改。

〔三〕原作「忽到朱砂」，鈔本為「忽到朱砂溪」，參照上下文，鈔本當是，據增「溪」字。

呼為阮溪。山下往往日夜聞峰上仙樂之聲。

第十八青潭峰。連疊障峰北，高八百仞。下有一大青潭，流水傾下，可高百餘仞，有布水源、錦魚溪，此溪有錦鱗魚也。

第十九翠微峰。連青潭峰北，高八百五十仞。下有翠微源、翠微洞。又有翠微寺、青牛溪，黃有樵人于此見一青牛，遂前捉之，走入水中，尋覓不見。峰畔有布水傾下，此峰屬宣州太平縣界。

第二十仙都峰。連翠微峰東，高八百仞。下有仙都源、仙都院，《神仙補闕傳》云，黟山北峰是神仙所遊之處。此峰亦系宣州太平縣界。〔二〕

第二十一望仙峰。在山北，連仙都峰東，高八百五十仞。《周書異記》云：黃帝、容成子、浮丘公于此湯池，同見一珠函、玉壺，持歸中峰下石室中，飲壺中甘露瓊漿，披函中霞衣，簪寶冠、珠履，光輝山谷。須臾，黃帝乘飛龍前引，綵幢珠蓋，三仙飄然從峰頂上昇，群臣攀龍鬚墮地，故有龍鬚巖，至今長生龍鬚草。下有望仙鄉，此處有人望見空中三仙上昇，聞綵雲有弦歌之聲。今峰西有弦歌鄉、弦歌洞、弦歌溪，屬太平縣。

第二十二九龍峰。連望仙峰東南，高八百仞。九朵合成，如九龍相纏。下有九龍巖、九龍源、九龍洞、九龍溪、九龍觀，觀今改為僧院，天尊見存焉。

〔二〕第二十峰原無，據鈔本補。

第二十三聖泉峰。在九龍峰西南，桃花峰東北，宛如削成，上下大中央小，狀如腰鼓，高八百七十仞。頂上有一湯池，人不能到，于鄰峰頂上望見池中波浪騰沸，從地中湧出，一布水向峰頂東南而下，入湯池源、甘泉源、甘泉溪。《周書異記》云：浮丘公謂帝曰，黟山中峰之頂，上有湯池，水味甘美，可以煉丹煮石。蓋此處。

第二十四石門峰。即黟山之中峰，高八百八十仞。下有石門，兩山相通，山之半壁，有一大石橫架其上，通兩山焉。兩畔相對，各有一大石牀，如龜形，長數丈，通人行。當中有大石塔，正圓如月，有四層，址圓二丈，高三丈已上，上大下小，狀如刻成，然非人力能及，蓋靈仙所建也。半壁有一石澡瓶，引嘴狀如杓柄，嘴中有孔，孔中有飛泉出焉。山下有毛人，昔唐大曆中，至山下，為人所殺，明日其妻至，知夫已亡，號咷哭之而去。峰下有一石門源、石門溪、猿猴巖、狼豹洞，曾有狼豹入巖洞止焉。

第二十五棋石峰。在石門峰畔，高八百仞。浮丘公與黃帝圍棋之所也。唐天寶中，曾有樵翁到，見一石棋局，布子分明，遂撥開取之，卻回見復如故，後人尋之，輒迷去處。下有棋石源。

第二十六石柱峰。如柱之削成，高七百九十仞，在棋石峰西北，下有石壁，故號石壁源。

第二十七雲門峰。在石柱峰南，高八百八十仞，兩峰相并如門，時時有雲從門中過。下有雲門源、雲門溪，溪水從二峰中流下，向東南而去。

第二十八布水峰。在雲門峰西，高七百八十仞。下有百藥源，源中生百種藥，下有紅泉溪，溪水紅色，布水長十餘丈。

第二十九石牀峰。在布水峰東北，高八百五十仞。頂上有石牀，長一丈二尺，闊五尺，如白玉琢成，即容成子、浮丘公、黄帝游息之所。中有碧椀三枚，紫石牀三張，下有石室源，十餘丈，如屋。

第三十丹霞峰。在石牀峰西南，高八百九十仞，時時有丹霞籠之，有紅朮源，遍源生紅朮，有流霞溪，時有流霞隨水而出。

第三十一雲外峰。在丹霞峰西北，高九百仞，勢出雲外。下有杏花源，源中有杏花樹千百株，峰頂上有杜鵑花，遍峰純是杜鵑花樹。下有飛泉溪，有瀑布泉，飛下十數丈也。

第三十二松林峰。在雲外峰西，高七百仞。下有松林溪，遍峰皆是松林。又有黄連源、石榴巖，巖上有石榴樹。

第三十三有紫雲峰。在松林峰西北，高八百九十仞。頂上常有紫雲蓋之，下有柏木源，遍源皆是柏木，有榆花溪，水流入湯泉溪口合流也。

第三十四芙蓉峰。在松林峰西，高七百五十仞。下有白馬源，即黄帝游行之地，隔溪南面，有馬迹石，石上有馬迹三二十餘個，深者可一尺，淺者可二三寸，宛如泥中所印之迹，此是黄帝遺踪明矣。

第三十五飛龍峰。連芙蓉峰，高八百七十丈。

第三十六峰采石峰。連飛龍峰西，高六百仞。下有白龍巖、白龍源，俱是白石，其石如玉，陰暗之夜，即見布水流下。

右此三十六峰，并是從脊以上折算高低。《山海經》〔一〕云八尺曰仞。此外諸峰高二三百仞者，并巖、洞、溪、源數，千百不啻。圖經、傳記不書者，此皆不載。又有一石橋，唐開元中，曾有一樵人在煉丹峰北見之，跨二石峰，長二三十丈〔二〕，近代又有樵人見，在蓮花峰下南，復有前説，後有人尋之，竟不知去處。復有採山人于石橋下宿，夜半聞笙歌從石橋上過，至天明亦不見，仍迷舊路之所。其山南面及東南面水流入休寧、歙縣等界。又大山，北面水流入宣州太平縣界，外小肢入宣州界者，不能具載。大山南面肢脈極多，其經□□州界散入浙東、西，又江西諸郡者，唯有兩肢。東□□箬嶺，南面水流入當州界，北面水流入宣州□□□界。次東至黃蘗山，南面水流入當州界，北一□□宣州太平縣界。次入績溪縣界，至新嶺，東□□流入績溪縣界，東北面北水流入宣州□□縣界。東至籠巖山，南面水流入績溪縣界，北面□□入宣州旌德縣界。東肢出績溪山，西面水流入□□縣界，北面水流入宣州寧國縣界，南面水流入杭州唐山縣，今昌化縣是也。迤邐一肢，東入杭州唐山縣，散入浙西諸郡，由天目而止杭州吴山〔三〕。其績溪山，又東南起一肢，至昱嶺，入歙縣界，西南流入歙縣界，東面水流

〔一〕《山海經》：十八卷，先秦典籍，非一時一人之作，其中「山經」五卷，「海經」八卷，「大荒經」四卷，「海内經」一卷。記載一百多個邦國，五百五十山，三百水道，涉及山水地理、風土物產、神話故事、宗教巫術、民族民俗等。

〔二〕二三十丈：鈔本作「三二十丈」，疑是。

〔三〕吴山：在浙江杭州市西湖東南。春秋時為吴西界，故名。唐王昌齡《留别岑參兄弟》：「誰言青門悲，俯期吴山幽。」宋蘇軾《卜算子》：「蜀客到江南，長憶吴山好。」金完顏亮《題軟屏》：「提兵百萬西湖上，立馬吴山第一峰。」

入杭州唐山縣界。又南，山大抵溪〔二〕，西北面水流入歙縣界，東南面水流入睦州青溪縣，今建德路淳安縣是也。西肢入黟縣界，至牛泉岭，南面水流入黟县界〔三〕，北面水流入宣州太平縣界。又南，轉入武亭嶺，東面水流入黟縣界，西面水流入祈門縣界。又南出婺源縣界，至浙嶺，南面水流婺源縣入界，北面水流入休寧縣界。又西南，次至斜山，南面水流入婺源縣界，北面水流入休寧縣界。又南，至大鏞山，西北面水流入婺源縣界，南面水流入衢州常山縣界。迤邐南出衢州常山縣，散入浙東諸郡。其山東西各起一肢，西肢西至小歙山，東面水流入婺源縣界，南面水流入衢州常山縣界。迤邐西出饒州樂平縣界。東肢東出休寧縣界，至黄土嶺，北面水流入休寧縣界，南面水流入衢州常山縣界。又東，至白際嶺，北面水流入休寧縣界，南面水流入建德路遂安縣界。其牛泉嶺，又北引一肢入祈門縣界，至大閔嶺，西南水流祈門縣界，東北面水流入宣州太平縣界。又轉西南，至舉根山，東南面水流入祈門縣界，西北面水流入池州貴池縣界。又轉東南出，至梅雞山，東北面水流入祈門縣界，西北面水流入浮饒州浮梁縣界，迤邐次南，入饒州浮梁縣界。又魚庭嶺引出一肢，入婺源縣界，至梅源山，東南面水流入婺源縣界，西南面水流入浮梁縣界，又南至濬源山，東面水流入婺源縣界，西南面水流入浮梁縣界。又南，至濬源山，東面水流入婺源縣界，南面水流入饒州浮梁縣界，迤邐入饒州樂平縣界，今俱改州。按當山肢脈多，其于當州界或從大山界外引肢入諸郡者，此皆不載。

〔二〕按，『又南山大抵溪』，與此篇其他叙述方式有異，疑誤。鈔本同。
〔三〕按，『至牛泉岭，南面水流入黟县界』十二字原脱，据鈔本補。

其浮溪水流入曹溪，阮溪水流入容溪，二水合流，入豐樂水，東南流一百七十二里，至郡西，合揚之水，入建德路，下至錢唐江。秋冬涸，不勝載，春夏勝載。又東肢箬嶺，高四百五十丈。次引東肢入黃蘗山，高五百丈。大山高一千三百七十丈，周回一千餘里。

黃山圖經書後

《黃山圖經》一卷，圖三層，四篇，上列三十六峰，中巖洞、僧舍，下寫寺祠、村落。經三十六則，詳著峰巒高大、形勢、事迹，水源流、歸宿一篇。其文簡古明晰，無冗累，誠異人傑作，尾署祥符祠刊，版廢久。審圖所載，如新興寺、萬石市、五福堂、藍若寺、新林寺、花山寺、黃濟祠、折足橋，皆列下方，而祥符稱祠，何也？且山麓湯口未載，豈程氏繇元及明，始來遷居，著作于前，未之及爾？余採藥虞山，得此于藏書家，實宋鏤本，上有『姑蘇吳岫〔一〕家珍』印記，世所希有，旋覽之下，且喜且愕。數尋文獻足徵，竊怪創志者未見《圖經》，不全載卷首，致古人書湮失無傳。且峰巒高大，溪水源流，使後來牴牾聚訟，何哉？浮丘告帝，按《周書異記》《神仙傳》云然，新志不能發揮，

〔一〕吳岫：生卒年不詳，字方山，號東明山人、濠南居士，明姑蘇（今江蘇省蘇州市）人。嘉靖（一五二二—一五六六）諸生，家富藏書，有宋本《天彭牡丹譜》、元大德本《潛夫論》等。撰有《姑蘇吳氏書目》一卷，早佚。鈔有《瀛涯勝覽》《呂衡州文集》《開元天寶遺事》《默記》《太平勝典》《定陵注略》《法書要録》《握機經傳》等十多种。所鈔之书，為清代藏家所重。

其所以然者，不能為山靈重。天寶中，樵翁見石棋布列，撥去，後再至，復再見，其為仙客引人入道未可知。余竊笑前此創志未得見，不録卷首，徒濫收後來詩句，何其不愛古人耶。此《經》宋無名氏著，案所載開元〔一〕、天寶、大中年事，或者唐人書而宋人成之也。香沙道人方望子記。

跋

嘗閱《廬山紀事》〔二〕，謂白石庵遭蜀僧改易，致不可考，余再三嘆息。夫以藏書盛典，蘇文忠公〔三〕為之記，千古佳話。李又涪翁〔四〕之甥，不百年，竟同陵谷變遷，湮没無稽，豈不惜哉！《廬紀》有魏晉之裁，用是增輝，舊文不可漏落，使後來痛惜憾事，誠山志要道，否則難免强作解事之誚。此

〔一〕開元：唐玄宗李隆基年號，自公元七一三年至公元七四一年，共計二十九年。

〔二〕《廬山紀事》：十二卷，明桑喬撰。桑喬，生卒年不詳，字子木，江都人（今江蘇揚州）。嘉靖十一年（一五三二）進士，官至監察御史。事迹具《明史·桑喬傳》。至清順治時，范礽重為補訂。又取喬後百餘年間事迹題咏，綴補於後。范礽所補悉仿其例。

〔三〕蘇文忠公：蘇軾（一〇三七—一一〇一），字子瞻，又字和仲，號鐵冠道人、東坡居士，世稱蘇東坡、蘇仙，宋眉州眉山（今四川眉山市）人。嘉祐二年（一〇五七）進士。宋哲宗即位後，任翰林學士、禮部尚書等職，並出知杭州、潁州、揚州等地，晚年被貶惠州、儋州。宋徽宗時獲赦北還，逝於途中。宋高宗時追贈太師，謚號『文忠』。有《東坡七集》《東坡易傳》《東坡樂府》等。

〔四〕涪翁：黃庭堅之號。黃庭堅（一〇四五—一一〇五），字魯直，號山谷道人，晚號涪翁，北宋洪州分寧（今江西修水縣）人。治平四年（一〇六七）進士，仕至起居舍人。與張耒、晁補之、秦觀共遊學於蘇軾門下，合稱『蘇門四學士』，生前與蘇軾齊名，並稱『蘇黃』。李：李公擇（一〇二七—一〇九〇），黃庭堅之舅。少時讀書於廬山五老峰下，有白石山房藏書，蘇軾爲之記。

《黃山圖經》一卷，北宋無名氏著，羅鄂州〔一〕撰《新安志》〔二〕，猶數引此經，而後人脩志，俱未得見，則是書之不傳久矣。余族伯望子先生游虞山，得此於藏書家，猶是宋時槧本，上有『吴岫家珍』印記，其文筆簡古高妙，所紀山川形勝，源流歸宿，如觀掌上螺紋，與俗志有仙凡之別，誠足為山靈重，信古書之不可及也。彼近志詩文雖多，亦奚以為？岫雲方成培〔三〕仰松甫。

右宋無名氏《黃山圖經》一卷，清汪晉穀《黃山圖》一卷。按《宋史·藝文志》，《黃山圖經》一卷，汪師孟撰，今未見。此卷系舊藏傳鈔本，比得上虞羅氏吉石盦本校之，無異文。卷末有方望子、仰松兩先生跋。望子云經三十六則，圖三層四篇，上列三十六峰，中巖洞、僧舍，下寫寺祠、村落。

〔一〕羅願（一一三六—一一八四）：字瑞良，號存齋，宋歙縣人。羅汝楫五子。博學好古，朱熹重之。以蔭補承務郎，乾道二年（一一六六）進士，歷知南劍、鄂諸州，卒於官。事迹附《宋史·羅汝楫傳》。

〔二〕《新安志》：《（淳熙）新安志》十卷，趙不悔、羅願等纂修，現存最早的新安地方志書，也是現存最早的安徽地方志、安徽唯一傳世的宋代志書。《四庫全書·史部》著录。有清康熙四十六年黃氏承德堂刊本（國家圖書館藏）、清嘉慶十七年歸安丁氏刊本、清光緒十四年黟縣李氏刊本、清傳氏補詩堂刊本等；又有清鈔本多種，分藏國家圖書館（唐翰題跋）、南京圖書館、上海圖書館、湖北省圖書館；臺北成文出版公司《中國方志叢書》、臺北大化書局《宋元地方志叢書》有影印本。

〔三〕方成培（一七三一—一七八九）：字仰松，號後巖，又號岫雲詞逸，清歙縣人。幼病體弱，不習舉子業，遂博覽群書，尤精音樂及醫理，能篆刻，後客遊漢臯，卒。有《香研居談咫》一卷、《香研居詞麈》五卷、《味經堂詞稿》六卷、《方仰松詞榘》二十六卷、《雷峰塔傳奇》三十四卷等。

今鈔本圖不具，羅氏附印圖一卷，迺雪莊大師〔一〕畫本。汪士鋐〔二〕《黄山志續集》所刻者，與經不盡合，惟程弘志〔三〕《黄山志圖》，為汪晉穀續，一依舊經，寫聚群峰，羅列泉洞，位置不紊，洵可珍也。因輯取合印之，庶幾《黄山圖經》稱完璧爾。民國二十四年九月程演生記。

〔一〕雪莊：生卒年不詳，名道悟，字雪莊，有黄山野人、青溪後學、铁鞋道人等號，清江蘇淮安人。康熙二十八年（一六八九）秋，入山遇雪，趺坐巖石達旦，積雪盈頂，山僧異之，挽留棲居。能詩善画，與汪士鋐、釋海嶽、僧雁黄投契。康熙三十二年（一六九三）冬，應召入都，次年夏返山。

〔二〕汪士鋐（一六五八—一七二三）：字文升，號退谷，又號秋泉居士。清長洲（今江蘇蘇州）人。汪琬从子。書法与姜西溟（宸英）並称姜汪。著《瘞鶴銘考》《秋泉居士集》《全秦藝文志》。

〔三〕程弘志：生卒年不詳，字聖木，一字荇庭，號專愚子，明、清間歙縣人。太學生。家富藏書，與汪濟淳共讀其中，共撰《黄山志》五十卷。

附：

鈔本《黄山圖經》書前文字

黄山圖舊本四張，上載三十六峰，中下飛龍峰，下有新興寺，又下有龍吟石。石門峰、狼豹洞又左之，下萬石市。雲門峰下有焦村、翠微寺，有廣寺，翠微洞下有五福堂、藍若寺。仙都峰下有福寺。望仙峰下有薌林寺、九龍洞、藏雲洞。芙蓉峰下有花山寺，朱砂石有湯池，祥符亦在下，浮丘祠之下有黄濟祠，有折足橋。舊本《黄山小景》祥符祠刊。

黄山領要録

歙縣汪洪度撰

王序

志者，史之屬也。志録山水，與史傳人物，雖各有體，然人物、山水皆有形有神，寫生者略其形而取其神，則無不同。故以腐筆為之，則齧而無味，以莊筆為之，則鬱而不暢，惟以快筆寫之，旁見側出，則飛騰聳峭，舉無遁形，而神理出焉。史家快筆，千古獨推子長〔一〕，乃説者謂後世即有子長，脱未遇《史記》〔二〕中人與其事，雖有筆，亦終無所託以傳。歸熙甫〔三〕亦自謂，生平不得當世異人傑士、豐功偉烈書之，以為憾事，良有以也。余謂不然，無《史記》中人與其事，豈無宇宙之奇，足與之相

〔一〕子長：司馬遷（前一四五—？）字子長，西漢夏陽（今陝西韓城）人。早年受學於孔安國、董仲舒，博學多聞。繼其父司馬談任太史令，為李陵敗降事辯護，被處以宫刑，後任中書令，發憤著成《史記》。

〔二〕《史記》：一百三十卷，司馬遷撰，我國第一部紀傳體通史，從傳説中的黄帝紀到漢武帝元狩元年（前一二二）。分為十二本紀、十表、八書、三十世家、七十列傳，開我國紀傳體史書先河。班固説：『自劉向、揚雄博極群書，皆稱遷有良史之材，服其狀況序事理，辯而不華，質而不俚，其文直，其事核，不虚美、不隱惡，故謂之實録。』魯迅説《史記》不失為『史家之絶唱，無韻之《離騷》』，是為公論。

〔三〕歸熙甫：歸有光（一五〇七—一五七一），字熙甫，又字開甫，別號震川，又號項脊生，世稱震川先生。明昆山（今江蘇昆山市）人。嘉靖十九年（一五四〇）中舉，八與會試不售，遂徙居嘉定安亭安江上，读书講學，從者众。四十四年（一五六五）成進士，歷長興知縣、順德通判、南京太僕寺丞。隆慶五年（一五七一）卒。歸氏崇尚唐宋古文，與唐順之、王慎中并稱『嘉靖三大家』，被推為明文第一。有《震川先生全集》三十卷、《別集》十卷。

頡頏者，豈無足與相頡頏，其奇雖傳而猶未盡傳者，於是假道雲泉，借資松石，安在不可傳其神於阿堵乎？此吾門人于鼎〔二〕《黄山領要録》〔三〕所為作也。夫黄山天所留未盡之奇，以待不得志之良史才，使之少抒其未出之藴者也。于鼎之録黄山也，别出機杼，别具丘壑，一洗志家格套之陋，馳騁縱横，任其筆之所之，而情理以生，惟其快而已。且第舉大要，而全山之真面目瞭然，亦如子長傳人物，扼一篇肯綮於一二語中，而已無乎不盡，斯又得其傳神之微妙法者。嗟乎！于鼎之筆，斤斤見於録山水，已足空前絶後，如此然則人亦特患無筆耳，雖微當世異人傑士豐功偉烈書之，要其奇豈遂無可表見哉！

康熙〔三〕庚辰長至日，經筵講官、刑部尚書、前都察院掌事左都御史濟南王士禛〔四〕撰。

〔二〕于鼎：汪洪度（一六四六—一七二二），字于鼎，一字文治，號息廬，清歙縣人，寓居揚州。汪道昆之孫。康熙諸生。遊王士禛之門，晚年歸臥黄山。與弟汪洋度並有才名，人稱『二汪』。博雅多藝，工畫，尤擅山水。

〔三〕《黄山領要録》：清代學者汪洪度所撰黄山志書。計二卷，記黄山三十六峰八巖十二洞二十四溪之奇，前有山圖，後列咏遊之作，以『領黄山之要而録之』意名書。有乾隆刊本，被收録入《知不足齋叢書》《筆記小説大觀》《叢書集成初編》等叢書中。

〔三〕康熙：清圣祖愛新覺羅·玄燁年號，自公元一六六二年至公元一七二二年，共計六十一年。

〔四〕王士禛（一六四三—一七一一）：原名王士禛，字子真，一字貽上，號阮亭，又號漁洋山人，世稱王漁洋，謚文簡。山東新城人（今山東桓臺縣）人。清順治十五年（一六五八）進士，康熙四十三年（一七〇四）官至刑部尚書，有政聲。與朱彝尊并稱『南朱北王』。有《池北偶談》《古夫于亭雜録》《香祖筆記》等。

宋序

天下名山，自五嶽外，黄山為首。《郡國志》稱天目高萬八千丈，僅及黟山之麓，而黟山又特高。黟山者，黄山也，《水經注》〔二〕謂之黟山。其改名黄，則自天寶六年始。山既高特，群峰互峙，朝嵐夕煙，千態萬狀。山不一境，境不一時，雖千萬人遊，亦第各領所見，而未嘗同焉。新安汪子于鼎，好古能文，結廬於黄山，樂志忘返，讀書之隟，陟巇窮源，入深林，坐怪石，縈青繚白，無遠不到，始領其要而録之。計目五十有奇，釐為上下二卷，而又廣輯山圖以列於前，遴選遊什以系於後。於是黄山三十六峰、八巖、十二洞、二十四溪之奇，瞭然于兹編。人雖未嘗裹糧重繭以遊，而黄山在几席間

〔二〕《水經注》：四十卷，北魏酈道元撰。是酈氏為三國時人桑欽所撰《水經》作的注，然《水經》僅記一百三十七條水道，酈氏在參考大量古代文獻的基礎上，輔之以實地考察，記載了一千二百五十二條水道，是原書的九倍多。實則是以《水經》為綱，詳細記載了一千多條大小河流及有關的歷史遺迹、人物掌故、神話傳説等，是中國古代最全面、最系統的綜合性地理著作。酈道元（四四六或四七二—五二七），字善長，北魏涿州人。歷冀州長史、魯陽太守、東荆州刺史，至河南尹。

矣。今夫宇内名山川，至多不可數，人非大章豎亥〔二〕，惡能步八極而周萬里。乃向子平〔三〕欲婚嫁畢，遍遊五嶽〔三〕；嚴君平〔四〕州有九，遊其八，以為恨。彼殆未領其要者耶，苟領其要，雖如宗少文〔五〕圖山於壁，鼓琴動操，欲令衆山皆響，臥遊一室之内，而已足也。顧吾嘗謂，讀書屬文皆有要，在人所自領耳。君先世司馬伯玉〔六〕先生，牙籤萬軸，客睥睨久之，司馬曰：無苦其多，人士所用，祇須熟讀

〔二〕大章，豎亥：古代傳説中善走之人。大章，傳説中大禹的臣子。《淮南子·地形訓》：「禹乃使大章步自東極至於西極，二億三萬三千五百里七十五步。」豎亥，《淮南子·地形訓》：「使豎亥步自北極，至於南極，二億三萬三千五百里七十五步。」

〔三〕向子平：向長，字子平，東漢河内朝歌人，隱居不仕，性尚中和，通《老》《易》。建武（二十五—五十六）中，男女娶嫁既畢，與同好北海禽慶俱遊五嶽，不知所終。事具《後漢書·逸民列傳》。

〔三〕五嶽：五嶽名稱最早見於《周禮》，後專指東嶽泰山、西嶽華山、南嶽衡山、北嶽恒山、中嶽嵩山。是中國古代山神崇拜、五行觀念和帝王封禪互相融合的産物。

〔四〕嚴君平（公元前八六—公元一〇）：名遵，字君平，本姓莊，因避漢明帝劉莊諱改為嚴，蜀郡成都（今成都）人。好黄老，漢成帝時隱居成都市井中，以卜筮為業，歸隱後著述、設館授徒於郫縣平樂山，宣講《老子》《莊子》。著有《老子注》二卷、《老子指歸》十四卷、《易經骨髓》等。

〔五〕宗少文：宗炳（三七五—四四三），南朝宋畫家。字少文，南涅陽（今河南鎮平縣）人，家居江陵（今屬湖北）。參加「白蓮社」，作有《明佛論》。曾將游歷所見景物，繪於所居室之壁，稱：「澄懷觀道，臥以游之。」著有《畫山水序》。

〔六〕伯玉：汪道昆（一五二五—一五九三），字伯玉，號南溟、太函，明歙縣人。嘉靖二十六年（一五四七）進士，知義烏縣，歷南京工部主事、襄陽知府、福建兵備副使、右僉都御史，隆慶四年（一五七〇），巡撫鄖陽，五年（一五七一）遷兵部右侍郎。萬曆元年（一五七三），以兵部左侍郎巡邊，二十一年（一五九三）病卒。詩文為王世貞激賞，則「後五子」之列。著述宏富，主要有《太函集》一百二十六卷、《太函副墨》二十二卷等。事具《明史·王世貞傳》。

數種。而陸士衡〔一〕《文賦》〔二〕云：『立片言而居要，乃一篇之警策。』世必有好古能文如于鼎其人，乃能領黄山之要而録之也夫。商丘宋犖〔三〕撰。

〔一〕陸機（二六一—三〇三）：字士衡，吴郡吴縣（今江蘇蘇州人）。陸遜之孫，陸抗第四子，與其弟陸雲合稱『二陸』，被譽為『太康之英』，與顧榮、陸雲并稱『洛陽三俊』，與賈謐等稱為『金谷二十四友』。歷任太傅祭酒、吴國郎中令、著作郎等職。後依成都王司馬穎，為平原内史，世稱『陸平原』。少有奇才，文章冠世，與潘岳同為西晉詩壇的代表，形成『太康詩風』，世有『潘江陸海』之稱。亦善書法，有《平復貼》。原有文集四十七卷，佚。南宋徐民瞻發現遺文十卷，與陸雲集合輯為《晉二俊文集》。事具《晉書·陸機傳》。

〔二〕《文賦》：陸機所撰文藝理論作品。

〔三〕宋犖（一六三四—一七一四）：字牧仲，號漫堂、西陂、綿津山人，晚號西陂老人、西陂放鴨翁。清商丘人。康熙三年（一六六四），授黄州通判，累擢江蘇巡撫，官至吏部尚書。與王士禎、施閏章等人同稱康熙十大才子。喜刻印書籍，刻《古竹圃詩集》《嘉樂堂詩集》《綿津山人詩集》《國朝三家詩抄》《國朝三家文鈔》《施注蘇詩》等，家富藏書，編有《商丘宋氏西坡藏書目》。著有《漫堂墨品》《漫堂詩説》《綿津詩抄》《筠廊偶筆》《西坡類稿》五十卷、《滄浪小志》等十餘種。《清史稿》有傳。

吴序

方寸中無嵚奇歷落之氣欲舒焉而無從，可以不作此録也；或瓦壓識低，城規魄狹，甘為處褌之虱，無振衣千仞之概，亦可不讀此録；或雲海蕩胸，石泉洗耳，駕鶴驂鸞，朝碧落而暮蒼梧，便可焚卻此録。如其不然，則有此山，何可一日無此録哉。《領要録》云者，取其神奇，略其習見，如史遷傳人物，千載下讀之如其面焉，真意存焉耳。丙子，偕吾友于鼎為黄山遊，歸而宿余青芝書舍，篝燈援筆，文不加點而録成，靈奇磊落，先得我心，余遂不復作。他日與吾友幸而遂山棲之志，雲煙與偕，神仙作隊，亦不忍便焚卻也。留以待千百里外、千百年後，有志振衣千仞者，而供其快讀可乎？同里吴苑〔一〕撰。

〔一〕吴苑（一六三八—一七〇〇）：字楞香，號鱗潭，晚號北黟山人，清歙縣人。康熙二十一年（一六八二）進士，歷翰林院編修、順天鄉試正考官，至國子監祭酒，以母老乞歸。有《（康熙）歙縣志》十二卷、《大好山水録》《北黟山人詩》十卷《附録》一卷。

目次

上卷

下卷

卷上

黄山

黄山聚千百奇峰，劈地摩天於數百里内，四面周圓，無偏欹缺陷，正面東南向，玲瓏蕭散，秀絶人區。然古未有黄山名者，後魏酈道元《水經注》云：『浙江又北歷黝山，縣居山之陽，故縣氏之。』宋羅愿《新安志》云：『黄山名黟山，在縣西北百二十八里，高千一百八十仞，東南則歙，西南為休寧，西北則蔽於寧國府之太平縣。相傳黄帝曾與容成子、浮丘公合丹於此，後又有仙人曹、阮之屬〔一〕，故峰有容成、浮丘，溪有曹溪、阮溪之名。天寶六年六月，敕改為黄山。按，江南諸大山，有天目、天台之屬，《郡國志》稱天目高萬八千丈，僅及黟山之麓。而黟山又特高，然則鄰郡諸山皆此山支脈也。山有峰三十六，水源亦三十六，溪二十四，洞十有二，巖八，靈迹不可勝數。水流而下，合揚之

〔一〕曹、阮之屬：曹，傳説中的得道者，白晝拔宅昇霄，遺迹在曹溪；阮，傳説中的仙人，相傳於黟山第十七峰上昇，故名上昇峰。

水，為浙江之源。』愚按：《寰宇志》〔二〕亦稱北黟山，黝即黟也，色微青黑之謂黝，色黑而澤之謂黟。山膚剥盡，而骨僅存，空青所凝，遥望成黛，又肌理細膩，蒼潤鮮華，以黟名山，允為不易。自唐好道家之説，偽撰《周書異記》，引黃帝改稱黃山，嗣後遂因之。明趙汸〔三〕則謂：『黃山隤然中居，委和四表，有坤道焉，故名。』亦足洗《異記》之陋。嘗考《水經注》載上虞陳業〔三〕，值漢之季，潔身清行，遁迹黟山。《會稽典録》〔四〕謂其『隱於黟歙，志懷霜雪，正亮之性，同操柳下』。嗚呼！此古之表名山者所為，獨稱述斯人也，人之入是山也尚，亦審所自處哉！

〔二〕《寰宇志》：全稱《太平寰宇記》，北宋地理總志，北宋樂史等奉敕纂修，成書於太宗太平興國（九七六—九八三）年間。全書二百卷，前一百七十一卷分十三道叙述各州府之沿革、領縣、州府境、四至八到、户口、風俗、姓氏、人物、土産及所屬各縣之概况、山川湖澤、古迹要塞等，又有『四夷』二十九卷，記述周邊各少數民族狀况。

〔三〕趙汸（一三一九—一三六九）：字子常，元休寧人。師事黃澤，受《易象》《春秋》之學。又從臨川虞集遊，獲聞吴澄之學。於諸經無不通貫，而尤邃於《春秋》，作東山精舍，隱居著述，學者稱東山先生。洪武二年（一三六九），召修《元史》，書成，不願仕，乞還，未幾卒。《明史・儒林》有傳。

〔三〕陳業：生卒年不詳，東漢上虞人，曾任會稽太守，後棄官隱居黃山。《三國志・吴書・虞翻傳》裴注引《會稽典録》：『近者太守上虞陳業，潔身清行，志懷霜雪，貞亮之信，同操柳下，遭漢中微，委官棄禄，遁迹黟歙，以求其志，高邈妙蹤，天下所聞。』

〔四〕《會稽典録》：東晉虞預所撰會稽人物志。《晉書・虞預傳》云『著……《會稽典録》二十篇』，《隋書・經籍志》《舊唐書・經籍志》《新唐書・經籍志》均著録二十四卷，宋以後佚失。《世説新語》劉孝標注、《三國志》裴松之注、《史記》三家注以及唐宋類書等多有引用。清代至民國，陸續有學者輯佚，輯本主要有王仁俊《玉函山房輯佚書續編》本、魯迅輯二卷本。

附長洲朱鷺〔一〕《黄華合評》

黄、華〔二〕并奇骨也，華雄黄秀，華大黄散。收雄大者行其巔，目蕩胸開，一眺而飽；擷秀散者踵所至，憐心醉魄，在在引人。太華如磊落丈夫，氣概壓群，所少幽致；黄山如文采學士，流映四出，轉覺多姿。太華如天大將軍，身一見而群魈滅没；黄山如百千天女，妙莊嚴相，臨凡而冶豔都懟。太華如四大天王〔三〕分視須彌頂，日月遊行出其下；黄山如群仙會燕瑤池閬苑，三島十洲〔四〕集其前。若以杙陟，以郎當度，猿猱苦之險，以成其奇，太華然，黄山否也；四五月，瑶草璚花，彌滿峰谷，盛夏如春，山為增麗焉，黄山然，太華否也。太華三峰确而少理，但驚陡上；黄山諸峰纖皴巧斲，盡可盤桓。太華一石動横長畝，多如覆敦；黄山無盡藏石，豎立横蹲，備諸幻肖。太華之松，僅六七虬

〔一〕朱鷺：生卒年不詳，明長洲（今江蘇常州）人，人稱白民先生。著有《建文書法擬》前編一卷、正編二卷、附編二卷、首一卷。萬曆四十一年（一六一三）二月，偕潘之恒同遊黄山，撰《黄華合評》一文。

〔二〕華：華山，又名太華山，是秦嶺支脈分水脊花崗巖山，在今陝西省華陰市境内，以險峻著稱。為中國古代名山之一，五嶽之西嶽，有『華夏之根』稱謂。是道教全真教聖地，第四洞天。

〔三〕四大天王：又稱護世四天尊王，是佛教著名護法神，分别是：持國天王、增長天王、廣目天王、多聞天王。

〔四〕三島十洲：中國神話中的仙境名，皆仙人居處。三島，指蓬萊、方丈、瀛洲，稱為三島亦稱三仙山，或稱三壺。十洲，指祖洲、瀛洲、聚窟洲、玄洲、炎洲、長洲、元洲、流洲、生洲、鳳麟洲。

柯，凌霜雪上古；黃山之松，千柯千態，畢王石端。品量略以陳矣，要自兩間奇峙，未敢於中置甲乙也。

雲門峰

入新安至歙浦，即見兩峰對峙，鋒鍔甚利，似欲上翦青霄者，俗呼黃山翦刀峰。考《山志》稱雲門，謂久居山中者，見雲之棲息此峰，朝夕不滅，又其出其歸根必由於此，故名。從東南百里外，望峰而趨，他峰乍隱乍現，獨兩峰處處見之。至芳村，躍而左右。抵湯口，則身漸入雲中，而門不復見矣，峰蓋為西之盡境。洪穀一琮[二]曰：石者，雲之根。黃山之西，由土而變石者，自雲門始。其下即浮溪，豐樂之水出焉，流入新安江[三]。

[二] 洪琮（一六二〇—一六八五）：字瑯友，一字瑞玉，號穀一，明、清間歙縣人。順治九年（一六五二）進士。歷韶州推官、郎中，督學陝西。有《馮子節要》《穀一詩文集》十卷、《古文約選》等。

[三] 新安江：又稱徽港，錢塘江水系上游段，發源於安徽黃山休寧縣境內，東入浙江省西部，經淳安至建德與蘭江匯合後為錢塘江水系幹流桐江段、富春江段，東北流入錢塘江，是錢塘江正源。

附《雲海記》

雲莫非海，而莫奇於黃山，故惟黃山稱海。夫雲，山川所出，嘘吸而成雨者也。其去地也，近之尋丈，遠之數十百里，又遠之千里而止，天之蒼蒼，不知其幾千萬里也。雲安從至焉，則凡雲所不至之處，從其背以視，下皆海也。特無人焉身立雲上，故無從見之。高莫如山，山之高莫如黃山，身踞黃山之巔，雲斯下矣。雲在下，一白萬頃，往來震蕩之勢，不謂之海，得乎？或謂泰山〔一〕雲觸石而出，膚寸而合，山非不高，身非不立雲上，曾未聞之，曰岱海。曰泰山體端而凝，黃山骨秀而散。端而凝，故崇巉獨尊，雲雖浩瀚，無巒岫以鬱，其奇勢可成，海而不能成，且岱自有海，不必藉雲以為海也。秀而散，故挺千百仞削成之峰，分峙歙、宣兩郡，雲之生也，遠近諸山之雲，彌漫匼匝，滃然來會，諸峰以次漸泯，不為所泯者，獨天都、蓮花、煉丹三峰，勢極震撼。時三峰岌岌，人亦恐其不能自存，然雲之力終不能與峰齊，聚而出，旅而歸，常往來腰膂間，讓峰椒出雲上，而不復争也。於是隨風鼓蕩，上下劃然，中分其上，天宇曠然，蔚藍一色，其下兜羅緜中，日光穿漏，峰態憑之，乍吐乍吞，

〔一〕泰山：古稱岱山、岱宗，在今山東省泰安市。為中國古代名山之一，五嶽之東嶽，有『五嶽之首』『天下第一名山』之稱。由於古人認為『天下之安，猶泰山而四維之也』，可以直通帝所天庭，因此，成了歷代帝王封禪祭祀的場所，留下了衆多文化遺迹。泰山也是道教聖地，傳為第二洞天。

紺紫縹碧，作千萬種暈，作千萬種光。是故山以外，則一望茫然，波平若鏡；山以内則練帛千條，灤洄遊曳於諸峰之隙，上参差而下平，如蓬萊島嶼，高峙天風海濤上，仙山樓閣，歷歷不掩也。如芙蓉萬朵，叢生湖光瀲滟中，因風摇漾不定也。又雲所至，必挾風而行，松之在山，以億萬計，風過，合萬山松葉，相與怒號乎雲中，而澎濞之聲益宏。至若皓魄高懸，煙靄浮空，雪浪銀濤，渼淼無窮，斯又可稱月海矣。聞老於山居者言，雲實有家，從某山出者，必從某山入，炎天風雨，雲龍出没時，歷驗之不爽。蓋遠近諸山之雲，似無以為黄山之雲輔，而實輔之，其出其歸，悉聽命於黄山之雲。而雲在黄山者，以石為家。黄山石肅清駿厲，霾翳不能久留，故萬疊滄波，方拍浮於天地，忽然解駁，如鳧鷩兔逝，峰青松翠，纖悉刻露，向者氤氳之氣，窅不知其所之矣。又聞昔有客，方坐山窗研墨苦吟，雲忽入几席間，盡卷墨瀋以去，硯净如拭。予友閔麟嗣〔二〕言：黄山之雲，時有乾溼之異，雲溼則衣裳盡濡，書卷如經霜露，乾則反是，則誠非他山雲所得而概論也已。

〔二〕閔麟嗣（一六二八—一七〇四）：字賓連，號檄庵，一號鑄塵，明、清間歙縣人。性好遊，足迹遍天下，入清隱居。有《周末列國所有郡縣考》一卷、《古國都今郡縣合考》一卷、《黄山志定本》七卷圖一卷、《黄山松石譜》一卷、《閔賓連輯杜》《廬山集》《悟雪草堂詩集》《臥雪詩草》等。

浮溪

山中空而泉實其腹，諸峰之泉，匯而為二十四溪，皆由太平逕涇縣至蕪湖入江。惟浮溪出雲門峰，為豐樂水之源，東南流入歙。距雲門二十里，有橋，曰浮溪橋。志稱浮溪以上，舊有老梅萬樹，糾結石罅間，實時溪路險隘，人不能盡采，以供猿鼠，猿鼠亦不能盡食也，任其摽落，實復為樹，遂鬱而成林。云花時在春夏之交，新緑際天，籠雲罩雪，山常不夜，朝巖夕巘，出没隱見於花隙，遊蜂相逐，雷奔轂擊，與溪聲相亂。清流一道，隱然從花片中出，人行花中，十里不能盡。相傳浮丘仙壇在其中，嘗有至者，見樓臺及白蓮花池，左右有鹽、米之積，還率人取之，迷不知其處。

祥符寺

祥符寺，創自唐開元十八年志滿〔二〕禪師，今蓮華庵，其故處也。大中五年，刺史李敬方感白龍見，

〔二〕志滿：生卒年不詳，俗家姓康，唐洛陽人。自幼孤苦，入潁川龍興寺為僧，四十歲南下黄山，結茅湯泉，開元十八年（七三〇）創建湯院，是黄山的實際開闢者。

始移建於湯泉之西。天祐〔一〕二年，刺史陶雅〔二〕重建，改號湯院。南唐保大二年，改為靈泉院。宋大中祥符元年，敕為寺，因稱祥符。而人稱湯寺者，以寺近湯泉也。寺制古朴，軒敞、廊周、室密，壁有詩二首：『紫翠林中便赤腳，白龍潭上看青山。藥爐丹井知何處，三十六峰煙月寒。』又：『何年白日騎鸞鶴，踏碎天都峰上雲。欲起軒轅問九鼎，道衣重侍玉虛君』。署曰『南宮謫吏兼雲谷樵夫題』，書法奇偉奔放，蓋明羅文恭洪先〔三〕筆也。舊在寺門，康熙初全堵移嵌樓下。左側有軒，面紫石峰，馮祭酒夢禎〔四〕題曰『紫玉』。後有樓，天都、紫石、青鸞諸峰，泠光溼翠，倒入牕櫺，侵人毛骨，上祀軒轅帝、浮丘容成二公，吴祭酒苑題曰『仙源寺』。前後皆峭壁絶巘，從東南入山者，至此見石漸多，土漸少。溪水來自湯嶺，穿亂石以行，聲無斷續，至白龍以下，則石愈大也，屋若輪若焉；水愈怒也，濤驚雲洩若焉；聲愈宏也，潭淺鼓鐘，若潭深，擂礮若焉。寺門外，古樹脩篁，葉交岸合，仰不

〔一〕天祐：唐昭宗李曄、唐哀宗李柷年號，自公元九〇四年閏四月至九〇七年三月，共計四年。之後河東、鳳翔、淮南仍稱天祐年號，碑刻中有用至天祐二十年。

〔二〕陶雅（八五七—九一三）：字國華，合肥（今安徽長豐）人，楊行密將。為政寬厚得民心，善用兵。曾任歙州刺史。事見《十國春秋》。

〔三〕羅洪先（一五〇四—一五六四）：字達夫，號念庵，明江西吉水（今江西吉水縣）人。嘉靖八年（一五二九）一甲一名進士，授翰林院修撰，卒，贈光禄少卿，謚文莊。長於繪製地圖，以計里畫方之法，創立地圖符號圖例，繪成《廣輿圖》。另著有《念庵集》二十二卷，《冬遊記》一卷等。《明史·儒林》有傳。

〔四〕馮夢禎（一五四八—一六〇五）：字開之，號具區，又號真實居士，明浙江秀水（今浙江嘉興）人。萬曆五年（一五七七）進士，官至南京國子監祭酒。著有《快雪堂集》六十四卷、《快雪堂漫録》一卷、《歷代貢舉志》等。

見日，俯見日影，風水相激，影無定時，人對面幾不見，近語幾不聞。寺之右，山半有洞焉，飛泉掛其上，風吹泉動，瀫紋裊裊，若湘水簾，曰水簾洞。人坐洞中視泉，心目開朗，夕陽在山，餘輝倒射，紫緑俄忽。洞外復有小洞二，受夕照尤多，曰餐霞洞。洞左有石類馬蹄，曰馬蹄石。旁有石方而長，天然碑也，曰軒轅碑。洞右舊有下公庵，今廢已久。寺多啼禽，聲若歌若答，節奏疾徐，曰山樂鳥，下山則無有，見元汪文節澤民〔一〕記中。按山樂鳥，種類非一，余與皮篷雪公審定，聲尤清越者三：其一，較鸜鵒差大，每集必數十，毛淺赤黄色，飛鳴而露其襲羽，則腋下碎錦歷歷碌碌然，如伶工舞時而見其裼衣之文繡也。遊人將至，必先期集而鬨鳴，音將闋，忽若作人語，曰客到客到，蓋鼓樂而相導焉。其一，微似百舌，亦數十為群，其聲屢遷，乍聽如彈弦索，已作裂帛聲，時而大聲轟轟若車輪過市，時而小聲嫋嫋如洞簫之餘音未絶也。其一，質小而輕便，飛不過尋丈，聲如鈴鐸之最細者，多至數百，散依叢薄間瑣屑，正耐清聽已，忽飄颺隨風四散而去。

〔一〕汪澤民（一二七三—一三五五）：字叔志，號巢深先生，元婺源人，後遷宣城。延祐五年（一三一八）進士，授平江州同知。歷南安、信州兩總管府推官，以母憂歸。服除，補平江路總管府推官，調兖州知州。至正三年（一三四三），召為國子司業，與修《遼》《金》《宋》三史。書成，選集賢直學士，尋以禮部書致仕。居宣城，自號堪老真逸。十五年（一三五五），長槍軍叛，陷寧國，被執，不屈而死，贈江浙行中書省左丞，追封譙國郡公，謚文節。著有《春秋纂疏》《巢深稿》《燕山稿》《宛陵稿》《宛陵群英集》。《元史》有傳。

朱砂泉

泉之温，率硫之華也。天下泉之不藉硫而温者有三：驪山〔二〕以礜石，安寧〔三〕以碧玉，黄山以朱砂。朱砂泉在香泉溪上，石池天成，長丈許，廣半之，深不踰三尺，瑩澈見底。旁有欹石，碧色可枕，上蒸氣如甑，下布細砂，砂中沸泡噴湧，蟹眼、魚眼以次而昇，旋復成珠，迸散而四射，沸處砂熱不可觸，魚蝦誤入輒斃，而水中苔蘚，終古不變蒼翠。春時色微紅，夏秋水過灼，則石罅別出，寒泉瀉入，温凉適劑，至冬而别派竭，水加灼焉。左畔小石竅，水溢則從竅流，偕穢濁以出，駛疾靡停，終日人浴而垢不積。舊有片石覆池之半，為天生泉厂，不知何年鑿石甃亭如橋孔，遊者惋惜至今。大曆中，刺史薛邕就立廬舍，設盆杅，以病入浴者多愈。後至大中，刺史李敬方以風疾，比歲凡再入浴，感白龍見而疾瘳。元符三年正月，休寧、太平民三人來浴，凌晨水變赤色，地勢傾動，波沸湧，聲如雷，馳以告寺之人，曰是朱砂見也，山下民聞者，争來汲飲。成化〔三〕中，泉赤三日，人無知者，一僧

〔二〕驪山：秦嶺山脈的一個支脈，位於陝西境内。周秦漢唐以來，皇家園林離宫衆多，秦始皇陵寢也建在驪山腳下。

〔三〕安寧：今雲南省安寧市。漢武帝元封二年（前一〇九），西漢在此置連然縣，設鹽官。唐武德元年（六一八）改連然縣為阿寧州，又改安寧。唐武德四年（六二一），稱安寧縣。元至元十二年（一二七五），稱安寧州。民國二年（一九一三），復稱安寧縣。境内温泉較多。

〔三〕成化：明憲宗朱見深年號，自公元一四六五至一四七八年，共計二十三年。

浴之，壽踰百歲。萬曆乙卯，朱砂見，遍溪皆赤，香聞數里。天啓〔一〕中，佘書升〔二〕浴湯泉，見鼠長尺餘，純赤色，從地躍出，曰朱砂鼠。志稱山有湯泉二，此為上池，溪流數十步，為下池。下池又分為二，小者稍隘，大者廣倍之，而無覆石，沙漲水淺，小石齒齒如榴子，山僧屢圖疏鑿，以待行旅，別鐍此以供佳客云。池上懸崖千尺，竹樹邃密，周設帷幄，苔厚如茵，巖花點繡，石壁鑱元鄭玉〔三〕先生題名，池對岸有石，先生嘗垂釣其上，人稱『鄭公釣石』。

桃花源

故老相傳，桃花峰下，沿澗舊有桃數萬株，花時競艷，遍山皆赤，名桃花澗，花落隨流而下，名桃花浪，入湯泉，名桃花湯。邑人佘書升建庵於澗上之谷中舊名藥谷，曰桃花源，尋源者由祥符寺左折，入石林中，則書升所開徑也。徑離祥符寺，就高巨石，磊落如屋，從欹側中數折入，水聲在耳，峰影在目，夾道皆大石，與喬木參差互映，石皆絡古藤，綴異樹。行可半里，巨石如蟾作俯狀，中隔二尺，

〔一〕天啓：明熹宗朱由校年號，自公元一六二一至一六二七年，共計七年。

〔二〕佘書升：生卒年不詳，字掄仲，明歙縣巖鎮人。性喜山水，結宇桃花源，閉門隱居。

〔三〕鄭玉（一二九八—一三五八）：字子美，元歙縣人。覃思《六經》，尤邃於《春秋》，絕意仕進，而勤於教學，學者稱『師山先生』。至正十四年（一三五四），朝廷徵拜翰林待制、奉議大夫，辭疾不起，家居，日以著書為事。十八年（一三五八），明兵入徽州，守將欲致之，玉自縊而死。著有《春秋經傳闕疑》四十五卷、《師山文集》十一卷。《元史·忠義》有傳。

別一巨石偃臥受之。過此摩壁登高，下有小澗為隔，聯以木橋，踰橋登級右轉，有石如餅，上下皆平，厚三尺餘，環三丈，兩石擎之，一石如鼻仰受，受處不盈二三寸，其上四空遠眺，可布席，其下即竇，通人行。再轉，一石壁立，横亘數丈，旁石湊為小塢，遂隔水聲使微。古梅四株，花時籠覆其上舊名梅花墩。再折而登，始見庵徑，至此里許，凡為折四十二，登高三十六，每折每登，景輒隨異。澗中多石，巨者如象，小者如羊，一閣踞大石上，亦書升建也。閣正對白龍潭，萬山飛瀑，奔赴交流，旁對羅漢級，禿露如脊，中一巨石突起。雨後，水從脊流至巨石處，堋湱不得直奔，激怒旁衝，飛舞而下，林寒澗肅，水勢激而成風也。四山木葉，秋冬不凋，風過葉鳴，與衆流競響。臥是閣，徹夜枕上嘈嘈，疑風雨驟至，又如遠客江湖，夢中聞波濤之砰訇也，因以『狎浪』名。西偏一軒，天都、青鸞、缽盂諸峰瀑水，當軒直落，明華亭[一]陳繼儒[二]題曰『飛白』，出後扉，登坡陀，有亭峙潭上，豐潤[三]曹鈖

[一] 華亭：松江的古稱。唐玄宗天寶十載（七五一），設置華亭縣。元順帝至元十四年（一二七七）升為華亭府，次年改為松江府。民國三年（一九一四），因與甘肅省華亭縣同名，改名松江縣。

[二] 陳繼儒（一五五八—一六三九）：字仲醇，號眉公、麋公。明華亭（今上海松江）人，善書畫，書畫作品有《梅花册》《雲山卷》《梅竹雙清圖》《行書半研齋詩》《行書李白詩》等傳世。有《陳眉公全集》《小窗幽記》《妮古録》等。《明史・隱逸》有傳。

[三] 豐潤：西漢時期開始建縣制，稱土垠縣、徐無縣、無終縣，金大安元年（一二〇九）始稱豐閏，明洪武元年（一三六八）更名為豐潤。

〔二〕題曰『響雪』。

白龍潭

唐刺史李敬方浴湯泉，見白龍於潭，因作堂於湯之西，勒銘於石，潭之得名始此。或曰雨過風發，四山瀑水，掉頭捽尾，望若奔虬，故名。潭方廣十餘丈，數大石纍湊而成，類有思致者為之。水匯諸澗泉，高懸數丈，乘空落下，一石仰承，中凹處正受水，如臼之受杵，聲轟轟然，水急臼不任受，復湧起，從空横噴，然後瀉入潭中，勢以層疊，而得壯猛，假從石旁側落，則勢緩也。雨急泉怒，則不暇由故道，横空越潭，挾千百雷霆飛下。潭静時，空明洞徹，作淺玻瓈色，望去若無，花片落著水上，微風漾作韡紋，始辨其為水面也。四周高蘿古木，如張帷幄，如疊旌旆，時有群猿纍纍接臂而下飲焉。按白龍潭，一山衆水之門也，將雨，或見白雲一縷起潭中，須臾，彌布山谷，雨則大至。

〔一〕曹鈖（一六四〇？—？）：字賓及，號瘻庵，清豐潤（今河北唐山）人。康熙間貢生。有《瘻庵集》《黄山紀游》《扈從東紀略》《養正圖》等。

蓮華庵

坐郡城樓西北望，一山巘崿，主賓輔佐，歷歷霄漢間。入山，漸深而漸隱也，則峰高而嶂合也。必地近面對，勢幾相竝，斯得復覽其全，其蓮花庵乎？庵故湯院址，院後移湯泉之西，址存山中。山純石而偪仄，且儉於水，此獨多土，寬廣數畝，桃花澗繞其下，邑人鮑元則〔二〕買地建庵。左隙為净林居，後為華嚴閣，居北面南，明袁黃〔三〕以對蓮華峰，因以名庵。庵對，非直蓮華也，遊人宿庵中，晨起，諸峰從霧露中盥沐出，天都正中，儼天帝垂旒負扆而立；青鸞峙峰左，僅見華鬘，朱砂、紫石承之，若張翼而矬其尾；蓮華峙峰右，若菡萏未舒，桃花、雙蘂外護之；玉屏正當缺處，為之嶂；師子、仙橋在煙雲杳靄間，為之郛。蓋庵猶鏡也，諸峰盡涵鏡中，若麗人顧影自媚爾。庵舊有天然器三：一鼉牀，昂首出目，四足據地，爪甲奮張，如疾奔狀，餘枝四札，可趺坐一人，旁倚四人；一

〔二〕鮑元則：鮑正元，生卒年不詳，字正則，明、清間歙縣人。嗜經史，兼涉佛、道，結蓮花庵於桃花澗上，與僧印我、鄭重、郝璧等參禪。入清，落髮為僧，法號真休，常寓南京。

〔三〕袁黃（一五三三—一六〇六）：初名表，後改名黃，字慶遠，又字坤儀、儀甫，初號學海，後改了凡，遂以號行。明嘉善（今浙江嘉善縣）人。著有《了凡四訓》《袁氏家訓》《祈嗣真詮》《皇都水利》《評注八代文宗》《寶坻政書》《兩行齋集》《勸農書》《史漢定本》《群書備考》《曆法新書》等。

簴架，雕紋藻繢，屈鐵交錯，中規合萬，截業宛然，可植以懸鐘鼓；一憑几，狀類波斯胡，頭角峨峨然，首戴石立，前方篋，左蓮華，右蓮蘂，可以分置諸供。觀者初不知皆古樹根也，摩抄久之，僧乃言此檀也，此辛夷也，此荆也。庵有鐘，勒『建文〔二〕四年月日造』字，成祖〔三〕革除，建文金石碑版，悉易洪武，鐘歷三百年獨存，匪山實深，焉曷遘此？

鳴弦泉

沿香泉溪行，數里中，像類分明，呈奇獻巧者無窮，視之皆石也。其在溪上，有虎負嵎立，昂首張牙，勢同搏噬，前一石揞其頦於不意中，顧之殊駭愕已，乃傴僂出入其腹下，曰虎頭巖。巖上里許，有僧傍溪滸，立而嘔，負手側項，衣袂仙仙，若不勝飲而逃以避者，曰醉石。石旁有聲鏜鏜，出林木之上，曰鳴弦泉。一山中凹旁張，凹處層石磊磊，懸泉百仞，至山半而厄於石，則激射逆上，散為數十道，其勢稍殺。下有横石，長三丈許，虚庋其麓，若琴横於几，空其中而泉徑焉，餘沫及濺石上，如冰弦初調，五音畢具。春夏瀑布盛時，則以黄鐘為宫，其聲為天風海濤，或鼓霹靂之引，形聲皆肖

〔二〕建文：明惠宗朱允炆年號，自公元一三九九至一四〇二年，共計四年。

〔三〕成祖：明成祖朱棣（一三六〇—一四二四），明太祖朱元璋第四子。洪武三年（一五七〇），封為燕王，建文元年（一三九九），以『清君側』為名起兵北平，建文四年（一四〇二）攻下南京，即帝位，年號永樂。

琴也，曰横琴石。下有伏石，為坻、為嶼、為島，色陽白而陰黝，如太古雪積未消，曰停雪石。入谷行半里，有泉泠然注石而成科者三，盈科復下，衝激而成科者五，光粲粲然，曰落星泉。谷折而陘，有石倚巖坼裂，曰劍石。其下皆溪，溪中亂石間有井，弇口而淺，中底如圓盎，受水十斗許，下積五色卵石，出石成斛，底如故，不能測其所窮，先公明左司馬諱道昆題曰『丹井』。井上有物，鱗甲奮張，攖之刺觸人手，如龍魚也，然無頭角鬐鬣，曰鱗石。溪中有泉，奔而觸石，石不任受，激而為狂濤怒浪，一巨石中立砥之，其流乃紆徐罄折，有波轉渦回之觀，明江中丞東之〔二〕題曰『回瀾石』。溪邊崖上有石如巨舸，初從峽中出，可坐二十餘人，人坐其上四顧，群峰環繞，藤蔓披拂，峰影入水，上下一碧，先公大書石上曰『藏舟於壑』。

〔二〕江東之（？—一五九九）：字長信，明歙縣人。萬曆五年（一五七七）進士，由行人擢御史，官至右僉都御史、巡撫貴州。立朝頗著風節，相繼劾馮保、于應昌諸人，以争壽宫事坐貶。有《臺中疏草》一卷、《廷中疏草》一卷、《黔中疏草》一卷、《鎮沅紀略》一卷、《家居小適》一卷、《山居小適》一卷、《鎮沅懷德録略》一卷、《撫黔紀另録》一卷、《論定録》一卷、《瑞陽阿集十種》十卷、《黔中五傳集》等。《明史》有傳。

仙橋

潘之恒〔一〕云：方士申清虚〔二〕言，曾到仙橋，以帛絙而登。萬曆丙午，僧大用結龕煉丹臺前，嘗夜經行橋上。乙卯夏，僧佛乘尋山歸，詫我以仙橋，言刹那上下，若飛鳥翔空，四顧峰巒，皆播弄飛走，可叱而鞭云。方拱乾〔三〕云：下光明頂，漸與天都、蓮華别，越一嶺，疑已山下，雖山下，猶在萬仞芙蓉頂。行溪磴二里許，磴盡，為别峰庵。别峰不受天都、蓮華隸，左右諸劍峰戟立，從此覓路向天橋，至師子峰，已無路。命僕夫持鐮秉鋤先之，攀援而上，以手代足，過師子峰四石居，再下一穴，復上一穴，可五六里許，皆蛇行猿躍，備諸艱狀。穴窮，一石名清涼臺，登之見天都、蓮華，撲人眉

〔一〕潘之恒（約一五三六—一六二一）：字景昇，號鸞嘯生、冰華生，明歙縣人，寓居金陵。太學生，世宗嘉靖（一五二二—一五六六）末官中書舍人，受知於王世貞，與汪道昆、袁宏道等交好。著《黄海》六十卷《亘史》一百卷，其他著述尚多。

〔二〕申清虚：生卒年不詳，宋道士，構精舍於洋湖，題曰『秋治』。箋注《道德》《陰符》二經。性尤好奇，曾數登仙石橋。

〔三〕方拱乾（一五九六—一六六七）：初名若策，字肅之，號坦庵、甦庵，又號甦老人，明、清間桐城人。崇禎元年（一六二八）進士，官左諭德兼侍讀，至少詹事。入清，官少詹事，兼内翰林國史院侍讀學士。順治十四年（一六五七）江南科場案發，其五子方章鉞在取中之列，坐流寧古塔，後釋歸，客死揚州，門人私謚和憲先生。有《太宗皇帝實録聖訓》《絶域紀略》一卷、《寧古塔志》一卷、《寧古塔紀略》《何陋居集》三卷、《何陋居後集》二卷、《裕齋集》《甦庵集》二卷、《蔓堂集》《白門集》《鐵簝集》《出關集》《入關集》等。

宇，於是瞰天橋，如長虹亘千巖上矣。楊補〔二〕云：橋長亘天，環如鼇肋寒脊，不勝一鳥，三石合成，中斷，嵌以尖石，脗合無痕，以凑泊互倚為力，不致傾墜，橋側臨萬丈淵。余按：黄山仙橋，昔人多疑為幻境，在有無間，至潘山史始以為可登，方、楊親至其側，則又似僅可望。志云：坐鳴弦澗上，望橋如在天際。又云：百步雲梯前，亦望見之。又云：從煉丹臺直望，橋孔有五，乍隱乍現，若無定所。又云：有采山人宿橋下，月夜聞橋上笙歌聲，天明，覓橋不見。然則橋即非幻要，豈載朽腐軀所得常往來者耶？仙橋柏在仙橋矼，根去杪不踰尺，葉密如菌，樹杪可經行，可趺坐，可藉眠。

老人峰

慈光寺望諸峰，列峙天都左右，若為之夾輔者，老人峰巋然獨拱，而居賓師之位。出寺，左折上行，深巖古木中，巖窮澗接，奇花異草，芬馥叢生，遊人坐石聽泉，不知身在山中也。里餘，有石指三四，形如佛手，曰佛掌巖。又里許，左峭壁間，懸崖天半，若墉若垣，有門有堂，樓閣殿楹，宛在中央，曰空相寺。為石壁見影，可望不可登。又三里許，曰觀音崖，崖下可坐數十人，一壁巉出崖左，一壁中赤光晃耀，曰朱砂洞。其壁上厂下吐，望之若墜，或曰五百歲洞闢砂出，遇之者仙矣。過巖，

〔二〕楊補（一五九八—一六六七）：字無補，號古農，明臨江（今江西清江）人。明亡，隱居鄧尉山，工畫，有《吴山十景圖》《天池石壁圖》《虎丘新録圖》《懷古圖咏册》《墨筆山水册》等。

疎林廣石，可眺可行。里許，至采藥源，源中崖曰緑蓑坡、曰龍蟠谷、曰香谷。五六里，蒼林緑石，轇轕成徑，遊人之身，幾化凍碧，正晦塞甚，忽有豁處，則老人峰矣。峰立石如耋僂，陟其象，舒目曠然。蓮華、蓮蘂皆森立以相向，天都支而東為青鸞，朱砂、紫石支而中為是峰，蓋五伏五起，垂寺脈焉。常熟錢謙益〔二〕云：自觀音崖而上，老木揞徑，壽藤冒石，青竹緑莎，蒙絡摇綴，日景乍穿，飛泉忽灑，陰沈窅窱，非復人世。山未及上，曰翠微，其此之謂乎？昇老人峰，天宇恢廓，雲物在下，三十六峰，參錯湧見，怳怳然又度一世矣，吾至此而後乃知黄山也。

天都峰

中黄山而為群峰所宗焉者，莫高天都峰，方夜〔三〕云：人言天都最高，然非所據。余望天都於蓮

〔二〕此處原留三字空間，疑欲補人名。考下述文字為錢謙益《黄山遊記》中語，錢氏常熟人，當是「錢謙益」三字，以避文字獄而闕，今據補。錢謙益（一五八二—一六六四），字受之，號牧齋，晚號蒙叟，東澗老人。學者稱虞山先生。明、清間常熟（今江蘇省常熟）人。明神宗萬曆三十八年（一六一〇）一甲三名進士，東林黨領袖之一，仕至禮部侍郎。南明，仕福王弘光政權，為禮部尚書。明亡，入清後以禮部侍郎管秘書院事。因黄毓祺案入獄，獲釋後筑絳雲樓以藏書檢校著述。以詩文著稱。著有《牧齋詩鈔》《有學集》五十卷、《初學集》一百一十卷、《投筆集》二卷、《苦海集》一卷、《錢注杜詩》二十卷等多種，為明末清初詩壇領袖。

〔三〕方夜：生卒年不詳，字眉子，清初徽州人。與曹應鵬善，歲歲遊黄山，嘗登天都之巔，撰有小記。

華，則髻在，捷登天都峰望蓮華峰，則翹其頂而不可得也，以是知蓮華獨尊。余友吴菘〔一〕初亦力持此論，及宿文殊院，觀日出，乃確信其不然，謂日初出時，東南隅紅光蔽天，一片紅綃先覆天都峰頂，少頃，然後覆西南一峰當是豫章所隷者，又少頃，然後乃覆蓮華峰上，故知宇内山高無復有過者。《圖經》云其頂不可登，明中葉，僧普門〔二〕偕徒數人始躋其頂，嗣有僧闊庵〔三〕偕衆九人登頂，壘石成塔，又揭二竿，以懸幡鐙。直指劉君稱天都峰頂三奇，為記記之，世鮮有登者，以危險不欲身試。近寺僧某曾數至峰頂，遊人有耽奇癖者，謀之僧，則欣然抱大絙、插利鏄先焉，以是間有登者云。出松門，逶迤至山峽，而已無徑也，從峽中援蘿蔓而上，上一石如大士，莊嚴而中立，左右遠近諦視，無弗肖者，松生於肘，象楊柳枝，石背微雲過，縈青繚紫，宛吴道子繪像絹素上，是名觀音石。過石，則皆榛莽，後人頂接前人踵，魚貫而昇，險絶處以爪勾而趾躋之。五六里，始届一峰，峰頂側卧一石如牛，是名耕雲峰。峰下大石，周迴平衍，奇松古柏環之。少憩，向東行，繞峰之南，面壁閒行，壁多古松，下蔓草類龍鬚，與苔相雜，攀松踏草至岡首，復從山後折而北，巖迴谷轉，崎嶇犖确，緣崖依附而行。巖前石脊側出，如懸刁斗，上斗下削，身立萬仞，導者先登，復下墜，立一穩石，以手來援，乃得抱

〔一〕吴菘：生卒年不詳，字綺園，清歙縣人。吴苑季弟。康熙四十四年（一七〇五）舉人，官内閣中書。工於詩。有《遊廬山記》《白華集》一卷、《黄山唱和集》一卷、《匡廬集》二卷、《論陶》一卷等。

〔二〕僧普門：僧惟安，俗家四川眉縣奚氏。幼年孤苦，薙髪受戒，往來少林、五臺、太行、伏牛、普陀諸大道場。神宗萬曆三十四年（一六〇六），感夢入黄山，草創法海禪院。後遊京師，獲賜七級四面金像並藏經。北至清源，坐寂，歸骨黄山。

〔三〕僧闊庵：生卒年不詳，萬曆、天啓時人，陝西關中人，慕名遊黄山。

石翻身以進，是名馬鞍石。當抱石回顧時，身若空懸，莫知所從來。紆回抵岡腹，折而南，忽一壁面立，高二丈許，不得徑上，則藉兩枯木以登，蓋壁上突出而下縮入，導者伐枯木，藉椏以為之階，然後得提其肩以上也，是名鼇頭石。南去，復見巇壁，則高廣數十丈，無罅隙可援，枯木亦無由置，導者曰：『是閻王壁也。其上有岡名毒龍背，尤險，過此可至頂，無難。』語畢，試作郭索行至壁，壁半横開一縫，寬僅尺許，上突石逼身，身不能立，以身伏縫中，手握縫内松根，蚓行數丈，一巨松横於前，抱松而轉，仍陡絶不能登也。高處有石腫如拳，乃援松頂，施綆挽拳石，通體憑虛，執綆飛躍，如懸絲而上。既上，始得垂綆，下束客腰，俾亦緣石騰空以登焉。岡勢蜿蜒十餘丈，昂首如龍脊，如魚背。毒龍背也，一名鯽魚背。兩箱直削，下臨無底，身不敢直，則騎脊如蛙行，膝隨掌移，抽身而漸進，約五十步，忽中斷，斷處三四尺，導者令起立，立定援手，奮身一躍而過，得坦道五六步。少坐，復攀曲磴，出深林，東折盤盤，踏柏頂為路，柏身不盈尺，大可合抱，枝榦蔓延數畝地，翠色欲滴，奇石衣古苔，錯出柏葉中。南折，至一洞，中有石竈、石牀，由洞轉出山北，又得一洞，深十餘丈，東西百武，前後豁達，上覆一石，大數尋，是名按雲洞，即文殊院所望之天都石屋也。曰按雲洞者，謂天將雨，則雲從洞出，霽則仍歸洞也。洞旁石窟中，積甘泉，滵溢如玉膏，洞之東，巖巒迴異。折而南，奇松鱗次，枝柯皆從頂生，交錯奇肆，非復諸峰所見，松下青苔尺許，踐之没脛，旋復平滿。緣松捫壁，西折，上一崖，得大石寬平如砥，導者乃捨綆，置鎛石上，指昔懸幡鐙曰，是名品字三峰，天都之絶頂也，峰之高更無過此者云。初登峰時，過一石壁而驚，聞導者一言而股栗，得一平處而色定，見一樹一石異者而戀戀，迨凌絶頂，相顧協息，導者指江，一綫外，吴越諸城郭以金陵長，千浮圖依稀煙莽中，若可指而數也，而目始曠然，而心神始暢然。按峰之體，尺尺寸寸皆衆石壘疊為之，玲瓏洞達，故松柏根株，得穿罅穴隙，四面環視，中皆有空處，而天光漏焉。峰之態不可以一面定，從東天門下丞相源，復從源上石樓所見，如巨靈五指，乍伸乍屈，或離或合；及陟慈光寺，仰視則如冕而平，如胄而突；從白龍潭望之，正中如屏，旁無附麗；及登光明頂，則與蓮華相向而立，蓋偭背易嚮，步武换形，如鏡中倒影，横見側出，非坐卧俯仰之久，不能髣髴萬一。峰之色，則雨晴、寒燠、雲霞、日月，頃刻變幻無定相，人各一見，見各不同，欲舉以相告，則轉瞬又非。夫古化工手亦染人所習見之山耳，即或能染此，覺太奇不似山矣，况安得此色而為之染歟？

小心坡

入山者動言艱險，夫艱與險不同，艱則崎嶇犖确，筋憊力疲，體欲憩而趾不寧，然或以道逢瓌異，心神爽豁而忘之；險則身無附麗，目下視無崖岸，心戰戰而足欲浮，跬步一不戒，頃罹不測，雖瓌異盈前不暇顧。山路艱多於險，險舊有數處，小心坡尤甚，循天都峰址上文殊院者，必經之。坡上有兩松側生，根緣石罅，枝葉相接，與遊人相揖讓，曰迎送坡。上巨石仄起，龜脊狹於肩，左右絶壁萬仞，人陟坡，神已先沮，必少憩定魄然後行，趾探踵縮，愈不得前，目視穩處，植其膝，振其氣，然後行也。近好事家疏廣其徑，於險處多鑿石使受趾，兩壁削處，復甃石如欄楯，雖怯者亦得鼓勇而前，向之峰巒不暇顧者，今則羅列襟帶閒，恣人幽討。

卧龍松

別迎送松，取道石級，憑虛直上，雖欄楯外護，心惴惴然已，蹋蹐入石罅中，神益斂已。忽得一巨石，類蒲團，爰據石趺坐，見天都峰幢幢聳聳，儼建幢天半，意氣始得揚已。復見一松，身横左壁，枝偃右壁，長丈有奇，夭矯連蜷，宛然龍卧卧矣。頭忽上昂，角嶄鬣張，如卧將起。松盡，始出罅，耽奇者神思超越，多戀戀留罅中不能去。

附《黄山松説》

松生黄山，獨以奇秀稱，松之遇也。松之遇幸乎？曰有幸，有不幸。何謂幸？曰黄山多石而少土，凡木不能生，惟松生之，殆寄生於石，而以石為母者也。夫黄山之石，峻極者其性，瘦勁者其質，鮮潤者其資，詭怪變幻者其態。松之孕於石腹也，如神聖之人未生而先得母之胎教，既生而相與厚，其生者有日月以為之沐浴，有雲霞以為之渲染，復有百萬嶙峋，周遭環帀以大，為之防人世腥濁之氣、垢穢之塵，無從得而近四境之内。又霆擊霜欺，巖獄穴械，所為盤錯而玉於成者，更不少容其姑息，故長而受其摧折者不一，致而奇秀益生，蓋嚴氣正性屈於巉削，厄於年歲，往往裂石搏峰，離崖赴壑，各逞其詰屈，以鬥勝而呈奇，自非先時所能預料，亦不能預懸一格以相期者矣，此所遇之幸也。而曰不幸，何也？曰所遇之時，山之閟畜靈異，幾千萬年，至明中葉，釋普門開山而徑始通，松於是始與世人相見，由是尊之為帝擾龍松、况之於佛接引松、擬之為龍臥龍松、狎之為耳目近玩棋枰、蒲團、迎送、蓋鶴諸松，松之名不脛而走四方矣。松名日著，保無入山而覬覦者乎？今則幽崖邃谷，刈石劚株者相尋而至，吾懼其終弗能保也，甚至蠢爾樵子，伐為薪，火為炭，覓微利於村市。松之不幸至此，則無寧山未開時，韜其光於混沌未鑿之初，猶得自全其天倪也已。要之，松不知也幸不幸，安於所遇耳。余竊嘆松之生於黃山者，其所遇獨殊也。書之以告世之闇修君子。

一綫天

初，普門安公之荒度文殊院也，自言入天門，延頸上矚，見群峭摩天，奇松掩映，英英有欲出勢，度其上必有異。爰伐石作磴，依崖作徑，愈進而愈奇，遇臥龍松，出罅右轉，忽崖石中斷，下視無底，百計不得前，倦而假寢，似對山有神招之者，覺而架木懸度，果獲殊勝，因伐松為棧，名之曰『斷凡』。過棧，一壁斗絶，勢若削成，旁有片石摩空，若起而與之争高者，兩石勢幾欲合，忽從空若有劈而裂之者，裂處可通人往來，然不能并受趾，止容作壁黿行者。兩壁水淙淙下注，晴亦飛雨，松皆針鬚鐵骨，陰交翠鎖，猿鳥相呼，聞聲如在甕中，天光倒射，青若曳綫，因名之曰一綫天。以別於鼇魚洞之一綫天。

玉屏峰 舊稱文殊院

天都、蓮華兩峰間，高巒崿立，儼若居中以臨者玉屏峰，而人尚呼文殊院也。命名之初，若匪藉仙佛而名，無由重焉者，故峰也，而軒轅之矣；院也，而文殊之矣。文殊未至東土，較軒轅尤不經，而卒莫之易者，以普門安公一夢而命之名。公言在代州時，嘗夢至一山，而恍侍文殊座也，後南遊，由白嶽入黃山，覓其境不得。癸丑秋，遥望玉屏，忽心動，及攀躋而上，至趺石，大驚，宛然夢中境也。爰建院以供文殊，鬬石作級，以通往來，而更名其地曰夢像臺。山之奇奥日鬬，實自兹峰始。峰之奇不勝舉，尤著者，厥有天漏巖、師象石、趺石、立雪臺、仙桃峰、蓋鶴松、神鴉、碧雞、天馬。遊人既度斷凡橋，升級壁絶，石復上合，澹澹如夜，仰瞰石頂，忽漏入天光。有竇如井，竇中植木梯，可二丈許，人緣梯出，竇如瓶，緣繘而出井榦中。既出，則天高雲低，山峙壑伏，若久秘帳中新發之而出者，曰天漏巖。再折百餘武，上石磴，過夾壁，轉逕而至院。院前地平敞數畝，背負玉屏，一石昂首而蹲於左如師，一石曳長鼻右拱如象，二羅松童童如羽蓋面，擁石如覆袈裟，上有趺迹，即趺石也。桃花峰當趺石之足，其流為桃花湯，其東天都，其西蓮華，其南面曠如也，頫眎群峰如飛隼下擊焉。循象石右行，有臺曰立雪，正對後海諸峰，乍視如錐見穎，而雲為其囊也。雲漸解散，千巖萬嶂，次第呈露，疑瀛海中浮三神山，諸仙真人，飛相往來，可乘飆輪、駕雲車，把臂而與之語。臺畔有石如桃，曰仙桃峰。古松數株迸出石縫，倚桃作翔舞勢，臺下臨絶壑，從石隙中頫矚，壑底有石，如鶴展翼，拳一足而立，峰頂一松遥覆之，曰蓋鶴松。山有神鴉一雙，從峰頂下翔，集僧掌中，應候取食，客至必先期鳴，客遊山則背行而先，若相引導。然峰頭得日最早，漏將盡時，有啼禽聲與山下鳴雞相應，僧曰碧雞也。形如雉，翠膊碧臆，鳴聲清越，傅會者以為天雞云。又有獸如馬，曰天馬，毛色耀金，足擁浮雲，峰相隔數丈，或數十丈，騰驤而過，僧及遊人多於院前見之。

破石松

從玉屏峰象石之麓右行，名懸度嶺，山徑似開似塞，水潺潺下於壁，至壁，幾不容趾，捫壁以度，水激石，珠濺人衣。折旋，不及里許，身忽入蓮華、蓮蕊兩峰界中。從小禿脊騰空壘上者，蓮華溝也。溝云者，砂礫錯錯然爾，無泉飛而瀑懸也。溝將盡，有石高二丈，圍丈餘，一松盤旋石上，虬枝四出，陰蔭數畝地，人見頂不見榦，榦蓋藏石腹中，孕結既久，則迸裂石縫以出，盤抱如母懷子。

蓮華峰

百里外，青芙蓉一朵聳秀萬峰之上，望而知為蓮華峰。漸近，則華之全體益露，四面呈形，惟西缺一角耳。蓮蕊一峰，從壑中突起，遥為之聯綴焉。峰峻險不下天都，然有徑入山，而能登者十九。循文殊院而西，峭壁上横度三里，度而復下三里，過蓮華溝，則步步向天。行六七里，至峰半，則蓮華、蓮蕊分莖處也。穿其中西行，駐足四顧，四皓、石幢、仙橋、鼇魚諸峰，若可躍而過，可呼而應耳，而相隔不知其幾十里。望且行，緣西北麓尋級上，有石下垂而象鼻若者數百仞，傅鼻而登，左壁上有凹規而滿月若者，中樹陰長翠類娑羅影，俗名月裏娑羅。下有石撲朔而兔若者，矯首遥望之，名兔兒石。自此以上，徑幾窮，壁忽裂，中空如竇，側身入，肩背摩石以昇，尋復出，且入於竇中。每出一竇，必延頸闚觀，俄而天都峰壁立當前也，俄而雲門諸峰咸伏其下也，俄而蓮蕊亭亭若垂手可摘，俄而竇外直下不見底，一片石横之，憑石下視，得不悸？蒼蒼然雲舫以外諸山，一覽無窮也。歷一竇，心目一換，凡九出入竇中，至厂室而竇盡。厂在峰西懸崖上，萬曆甲寅，釋普門開峰徑時所置也。厂前古柏盤折輪囷，順風飄香，山下十里皆聞。厂旁有泉，積一晝夜可供三人，終歲不竭即不立名字厂，今廢，址僅存。右折而上，有巨石腹若者，微鑿數凹痕，抱腹揣凹，屈伸以進，再轉，險益峻。石中斷，則置木為橋，度橋稍折，遇絶壁，而徑又窮，則置木為梯，梯一至再，則試跨級，僅容趾，身懸萬仞外，摩膝而登，始至頂。未入竇前，從外踏視，謂塊然一鐵壁耳，及穿入，始知數百萬石，旁相聯貫所成，徑藏峰腹中，紆回如蓮莖，穿峰腹而出，又如緣荷本上重臺焉。坐頂，見峰實中黄山立，萬山慴服，獨天都抗不相下。每天氣清霽，極目千萬里，江山湖海，歷歷見之。西北天盡處，一黑影如眠弓，形勢壯闊，蔽天一隅，數時不異，審視之，山也，莫能定其名。巔有三峰，一峰稍低數丈，有小池，清泉出焉，味甘洌，或曰以泉浣目，盲者可復明也。中産細砂，觸手異香，經宿不散。二峰高相若，而石裂中分，人僅登其一，其分處險絶不能登。余友吴之騄[二]言其叔太史廷簡[三]，曾乘輿超距而過，纍石為臺以誌之，已，回顧，大驚，足不能舉，同遊者百計牽曳，始得返，今纍石猶存。距峰數十武，有黿魚石，石窄而險，松檜叢生其上，深巖四絶，人不能至。

喝石居

過玉屏峰二里許，蓬室數椽，數大石粘壁直出，欲墮不墮，室正承石，居者安之。山僧相傳，石從峰落時，將至居而忽止，似有人喝而止之者，因名所居曰『喝石』。僧嘗於春莫時，見群猿各執花，花色無一同者，候其黨畢至，則以次上蓮蕊峰，各選石坐，片晌，忽群嘯一聲，遂不復見，僧蹤迹之，不得。一日乘輿攀援，而陟峰半，見深處一石坎，若窪尊，水色微紅，僧掬而飲之，酒也，甘洌芬馥，知為向所執花釀者云。按山中仙猿一白二蒼，不與衆猿伍，風日晴美，則縱觀雲物，白者踞石如雪，山僧呼為雪翁，舉手禮之，亦起欠相顧，似舉手而答。蒼者鬚亦盡白，常左右白者，或搔其背，或撫

[二] 吴之騄（一六三八?—一七一〇）：字耳公，號達庵，清歙縣人，籍儀徵。康熙十一年（一六七二）舉人，歷官績溪、英山教諭，遷鎮江府教授。有《尚書紹蕘言》《孝經類解》十八卷、《童蒙要語》一卷、《嘉言輯要》《古文續書》十一卷、《芝瑞堂集》三十九卷等。

[三] 吴廷簡：生卒年不詳，明歙縣人。崇禎元年（一六二八）進士，選庶吉士，歷山東副使。有《黄遊紀略》。

摩其體，若侍從，而不敢并行，見之者絶少。其他猿行若隊伍，居無定所，歷一巖壑，必窮搜其中險僻，啜拾其中花果，既盡，然後徙而之他，一山之中，分隊而循環遊覽焉。數之，每隊必九十有九，其毛青黄不一色，温厚足御寒，然當凝沍時，則群相偎藉，旋聚而成大毬，滚滚巖石之上，在内久者復出，而易在外者以入，遞相更轉，無有停息，山中人謂之猿毬。

百步雲梯

過仙鵝採蓮子石，正行間，路忽斷，諦視，得梯石縫中。循梯而下，石砌隘甚，不能全受足，導者時時以手相授，一級一停，身如從天而降，歷級凡七百有奇。曰百步，蓋縮其數以慰怯者心；曰雲，謂昔過梯者，必雲遮不見險，而後敢行也。梯既盡，轉入石峽，奇松秀石，始得放眼瞻矚。至鼇魚洞口，坐石少憩，導者顧指所歷梯石，如鼻懸天半，下空空無所麗，流沙直溜，不知所底。

鼇魚洞

吴瞻泰〔二〕云：歷百步雲梯，級既盡，有揵鰭昂首，凌空而躍，曰鼇魚峰，堵絶北巘，非五丁闢洞口，無從得徑矣。初入口，黝不見人，猿臂相引而上，隙光透穴，始得乃辨遊侣。出洞，則飄飄然立白雲之上，回顧向來徑，不可得，蓋前後海路於是判也。峰右，石壁如削，豐不盈數尺，長數十尋，壁立空際，不相依傍，曰松矼。四周俱臨萬仞，石無寸土，虬枝從石罅中迸出，向人俯仰，可扳枝而坐其頂。

天門

天門在天都峰麓，雙石洞開，如闢門闔，從老人峰而上，步步緣天都之趾，徑如篆，煙梟峭壁中，一路奇松，裂石詭出，爪掌森然，向人翔舞。數人同行，一或小憩，甫相失，而聞前行人聲，已在天際，追躡之，若有人倚松遥待者，及至其地，而始知為石也。蓋石多類人，并肖諸物形，任人意命之

〔二〕吴瞻泰（一六五七—一七三五）：字東巖，清歙縣人。吴苑長子。諸生，屢預鄉試不第。詩文夷簡沖淡，妙合自然。與沈德潛等交善。有《黃山志續集》《陶詩匯注》四卷、《杜詩提要》十四卷、《古文》十卷、《循陔堂自訂詩集》二十六卷、《古今體詩》十卷等。

名，無弗肖，要皆造物小技，名不雅馴，真賞者略之。前坡舊有茶庵，曰趙州，顧宗伯錫疇〔二〕易曰『山郵』。明崇禎〔三〕七年，庵中僧夜夢神告曰，明晨借徑過此，須暫避，當不致驚矣。僧寤，如其言，甫下山半里，山頂風雷大作，雨雹四擊，巨石掀播，聲振陵谷，石火灰埃，如電晱雲飛，水湧峰摧，中有紅光擁蛟飛去，已而聲收塵散，四山寂然如初。僧返，則庵已移數丈地，椽瓦纖毫不損，几席依然，瓶花無恙。一巨石隨水漂墮庵前，上有松五株，石既移，松鱗鬣枝葉亦纖毫不損，俯仰映帶，益覺有情。今松石存，而庵久圮。

擲鉢峰

山一望盡崚嶒也，有石從空擲下，高十尋，廣數十丈，圓若鉢盂，覆崚嶒之上，每新霽，微雲出沒，掩映其旁。疑初覆頃，勢從遠來，雖已落，餘力左摩右蕩，尚旋旋不定也。舊名鉢盂峰，界桃花、

〔二〕顧錫疇（一五八五—一六四六）：字九疇，號瑞屏，明直隸昆山（今江蘇昆山）人。萬曆四十七（一六一九）年進士，改庶吉士，授檢討，崇禎間，遷國子祭酒，終禮部尚書，有《綱鑒正史約》三十六卷、《秦漢鴻文》二十五卷、《四書評説》十卷等。《明史》有傳。

〔三〕崇禎：明思宗朱由檢年號，自公元一六二八至一六四四年，共計七年。

丞相兩源間，湯司成賓尹〔三〕更名「擲鉢」。昔有工人登峰伐木，木掛别崖，工斷木，至峰側，壁有石龕，龕露一牖，紅光映射，持斧入牖，見石蓮花一枝，根連石骨，以斧截之，供院中，其光耀日，數十年色不變。

〔三〕湯賓尹：生卒年不詳，字嘉賓，號霍林，明宣城人。萬曆二十三年（一五九五）會試第一，廷試第二，授編修，官至南京國子監祭酒。以制舉業名天下，門生衆多，明末黨争中「宣黨」領袖。有《易經翼注》四卷、《鼎鐫睡庵四書脉》六卷、《新鐫湯會元四書便解》《湯宣城虚字訣》一卷、《元朝捷録》一卷、《睡庵初集》六卷、《睡庵二集》十四卷、《怡春堂文集》三卷、《湯嘉賓先生詩》八卷。

卷 下

九疊泉

循苦竹溪十餘里，古木深林交柯接蔭，石級遞引，直上青天，中有亭曰天紳。坐亭中，兩耳風濤聲無斷續者，對山峽中泉鳴也。仰視，泉飛處則瀑，瀑渟處則潭，潭復注下，則又瀑，數其潭，則九也。當峽静水緩時，潭色澄虚，如一串緑珠，分散峽中而嵌之，大雨過，激湍怒浪，盤旋衝擊，覺遍山飛溜盡為瀑攝，以助其肆。秋未深，林木得霜，丹黄錯繡，色與山翠相間，練帛一道，半隱半露，蜿蜒雲中，志一稱九龍潭。從亭右折而上，回顧九疊，忽在下，聲亦漸遠，然其源罕有能窮者。

雲谷禪院

雲谷禪院一名丞相源，居缽盂峰下山塢中。由山椒上五里，憩天紳亭，又里餘，有石硿砑如門，側身入，徑曲而奇，怪石蹲伏，喬柯老樹，轉入轉幽，禽聲、泉聲、樹聲，非坐久莫能辨。循行十五里，凡數百折，忽蘿松杉樫，左右列植，若長衢從樹陰中穿小橋而出院門也。院初為巖鎮汪氏别業，萬曆己酉，寓安寄公〔一〕來黄山，主人與師語，大悦，盡以地界之。不數年，前後殿宇告成，廚湢寮室稱是。師幼依雲棲宏公受具足戒，脩浄土業，及開刱兹宇，構殿供佛，以二六時燈光香篆，報荅佛恩；構舍棲僧，以漏盡鳴鐘，宵分擊板，梵響清激，振警昏迷；構寮肅客，以豐儉適宜，廣視平等，規制一本。雲棲僧六七十衆，寂如無人，住院開法，必迎天下古德。余所及見者，檗庵〔二〕師自靈巖，鐵夫〔三〕師自天童，錫先後止院中。院前一峰，矗立天半，與院門對，院外百武即澗，清流乍疾乍徐，一偉石砥柱其中，方廣嚴整，横二丈，縱五丈。登石仰矚，則一山峰崿，盡繞石前。澗上多桃，虬枝曲榦，花色亦異凡種。澗中有魚，长尾四足，虬首龍脊，黑如點漆，能升木餌鳥，遊者或見之，僧則曰龍見矣。下里許，即蘗庵師塔，師名正志，故給諫熊公開元也，崇禎末，疏論首輔延儒，予杖譴戍，後為僧，晚歲駐此。余嘗過謁，為余道恨事，津津不休，尋入華山，未幾示寂，遺命歸骨黄山。

〔一〕寓安：廣寄，名開化，俗家余氏。依雲棲蓮池宏公受具足戒，神宗萬曆三十八年（一六一〇），創建擲鉢禪院。

〔二〕檗庵（一五九八—？）：即正志，名熊開元，字玄年，號魚山，湖北嘉魚人。天啓五年（一六二五）進士，歷初崇明、吴江知縣，入為吏科給事中，以建言還鄉。起為山西按察司照磨，徙光禄寺監。以參周延儒入獄，遣戍杭州。唐王立，起為工科左給事中，連擢太常卿、左僉都御史。明亡，祝髪為僧，隱蘇州靈巖以終。著有《檗庵别録》六卷，行於世。

〔三〕鐵夫：明僧人，俗家淮安。先後駐錫焦山、天童諸寺。

附蘖庵禪師《黄山紀恨》

曷恨乎？黄山億萬人中無一人到，恨莫大予，幸到，而卒不能以予之口，代億萬人之目，恨不解，何也？人事可精鑿，言天與人半可仿佛，言全天焉則絶謂矣。衆多可連類言，鮮少可引伸言，僅有焉，則名模不到矣。故道聽可途説，自怡堪贈人者，皆世間淺事，甚深法不然無惑乎，賦招游，罕喻也。予初耳黄山名甚熟，謂是遊必不可無記，比讀諸遊記，則記遊之氣頓盡，以彼博通巧麗，洪纖備搜，寧復有餘義待拾遺。迨取次登臨，而後知記之於遊各有當，於山則百不盡也，不獨前人不盡，展轉至後人亦不盡也，不獨予今日不盡，展轉至他日亦不盡也。然則從古帝王之所封禪，神人之所窟宅，舉無以加於此乎，非也。漸疲而頓快，夷易而險驚，小拘而大暢，人情也；大則不能頓，領險亦不覺之，三者常苦不得，兼物理也。山與水相得難，著十洲、三島弱海中；石與樹相得難，挺亘古松楸於西華、東岱，非相得之大者乎！然肉眼所觀，不逾芥孔，稍廣則溟涬矣。匍匐若干道路，而後一巒一樹當於乃心，得不酬勞，安得快且驚且暢乎。有解人焉，以盆為沼，石為島，魚環遊之，不知其幾千里也。又有材士焉，畫地為園觀，累土石為山，雜植名材其間，令人屈曲穿通，不知其在几案下也。凡須漸得者皆頓得快矣，然不能使人暢，亦不能使人驚，則大與險闕焉耳。具區三萬頃，所涵秀異，不可以數計，登縹緲之巔而群情競獻也，快矣暢矣，獨不能使人驚。武夷〔一〕九曲，曲皆小險，不窮力可畢收也，驚與快略備焉，而苦不大，不能使人暢，猶嫌其天與人半，非全天也。黃山集千仞、數百仞削成之峰凡千百，置一望中，如天子有事於圜丘、方澤，而羽林軍執殳扈也；如脩竹園林一旦辱於斧斤，而新篁怒生也；如瀟湘日夕商船聚泊，而叢檣指天也。其趾之相去不能以寸，而其肩之相摩亦不能一雉。匡山〔二〕瀑布纔三百丈，仰而矚之，便如銀河天上來，此諸峰且千丈，頫而瞰之，莫窮其際，不如坐非非想，顧閻浮欲墮乎！險無逾、大無逾、頓亦無逾，有不驚且快且暢者，必非人情。乃一雨之後，川原氣合，更有所謂雲海者，其積也厚，則深雪橫皦日中，千百峰或没半身，或及肩，亦有祇存螺髻黛眉，沐浴銀海者。其積也薄，則及踵而止，未没者，如無數青琅玕卓立，脩疎短密咸盡致，而青色青光，白色白光，則世間一切寶無與倫也。向祇謂松生太古，不階一爪甲泥，而身之高與人等，鬣之長與睫毛等，色之葱翠與碧油幢等，凡千百萬，離奇高簡，雜陳峭壁間，應接不暇，而其他一拳一指、逼真人物可擅美他山者，兹山無取焉。石與樹相得，當稱獨步，豈知有此奇幻？山與水亦未嘗不相得乎，然其覽之也，宜向晨風定時，少選，則溼雲就燥，群起為鮫宮之濤，不得波平如鏡，雖蕩漾百端，倏忽異狀，而青光與白光相亂較，輸前皎潔一籌矣。又宜甚霽而薄靄，時萬山銜黛，照人眉髮皆青。若一亘晴空，則赭痕歷歷，直是萬艘沈水香，高廣為鷓鴣棧，短勁為馬蹄，中空而鋭為雞骨，

〔一〕武夷：武夷山，位於福建省境内，是三教名山，自秦漢以來，留下衆多宮觀、道院舊址。

〔二〕匡山：廬山别稱。相傳匡俗兄弟結廬於此，故名。

雖矗天恢詭，所至駴目，而青黯黯之意，不易遭逢，不無遺憾矣。予所見，百粵群山之鋭，匡雲衡雲之變，非不奇，以語於黄山黄雲，則大有逕庭，非諛也。彼山雖鋭，而向背乖，不中繪；雲雖變，而培塿易没，致不多故，讓美也。夫人生如蝨處褌，都無善狀，衹有此快暢驚人，一手掌地，稍致身其上，亦足以抉磨眼眚，浣刼襟塵。海内千萬里，無一寸壤徽人不至，獨不至兹山；海内千萬里，管領徽者未易更，僕數獨靳百餘里，置兹山不至。偶有至焉，則以看山為號，而情存夫東道主人者，雖竟遊，神不善也。夫較著彰明若此，且疾聲呼不應，更語之曰：有快暢驚人，一路秘在形山，瞪目而不見，傾耳而不聞，不動步而可到也，君不好乎？非掩口笑，則掉頭去耳。尚冀其舍齷齪癰膿，逍遥税駕，何異以驪龍珠易蜣蜋之彈哉？終古無一人至，黄山自佳，吾不為山恨，為一切人恨！然如此乎言之，遂以為能盡黄山，猶之西望扶桑也。黄山之勝，必須親到，非筆舌所幾，如可幾，予不恨矣！

逍遥溪

雲谷後，踰二嶺，徑中源庵舊址，又里許，礫没骭，箐没頂，望空明以趨，徑窮壁轉，溪水硌硌出絶压中，漸進漸闊，復得曠豁者，逍遥溪也，一名錦魚溪。沿溪水石相半，石崚嶒詭變，蹲者、昂者、削者、輪囷者，皆透通宛轉，一石各具一態，人行石上，水行石下，呼吸之聲相應。乍舍磵而凌峭，猿鳥幾不能至，有朽木梁之，履而中折，捫壁作蝸延，復振起跉踔以免。溪有三源，一源中出，東西源夾之，東力稍勁，則合中西以敵，激鬥方石間，湯賓尹題曰『鬥玉』。東陿有潭如夾鏡，當崖削而助其豪，下此為潭，殆不可數。尤異者有印潭、月潭、劍潭、犀潭、花潭。以潭形之方者、規者、長者、曲且角者、瓣縷者名之。形奇矣，色復奇，潭淺色淺碧，潭深色深青，潭石白而色濯素也，潭石赭而色研朱也，潭石錯金而色粲黄也。其底皆若有神物蟄焉者，幽不可測。溪行十里，蹋石者三之二，石阻水逕斷，行叢薄中三之一焉。更進，兩壁争束一峰，守溪之麋，老松冠之，水石之不接者里餘，可望不可即。方拱乾云：潭纍纍可數十，一潭獨緑如碧玉光，光與日影去來為幻，杖擊水，緑雨晴飛。予習潭情最熟，惟霜時月白時，秋氣澄浄乃得此，此乃時時爾爾，當是峰色倒映，非關溪也。志云，有探源至此七八里者，會日暮，路迷，群坐石上，見數處火光燭天，因大恐，昏黑中攀陟，踰山十餘里，乃達石筍矼。

散花塢

西北大壑中，諸名勝不勝窮，統名之曰散花塢。其中石勢參錯際天，石必有松，根穿罅隙，側生倒垂不一狀。每雲生壑底，石不為所掩者，半出没雲上，如天龍八部，人非人等，驂貍跨虎，蹄者角者，肩摩趾錯，穿崖蹈海而來。獰狰詭譎，備諸幻相，松枝映射，霞光紛紛滿壑，儼天花漫空飛墜，青紺葳蕤，時密時疎，各具奇趣，昔人謂：『不到散花塢，不知天下無松石。』則所稱散花，指松石也。然志稱春莫時，花色凡千萬種，争奇鬥艶，布滿壑中，幾與峰平，故名之。二説姑存，以竢論定。

皮篷

昔有僧居散花塢中，截古樹枝柯架屋，上即覆以樹皮，遊人多藉以信宿，得覽澗壑、松石、花鳥之奇，因群呼為皮篷。余門人洪雲行〔一〕謂，黄山峰從根起，類皆從上瞰下，此獨居衆壑之中，其望峰也，則自下而瞰上，殆為兹山另闢一境。從雲谷右折而上數里，巒聯嶂接，徑無從入，有石如人，引手向西而指，袖翩翩然，曰指路峰，遊者乃得遵所指以進。嗣有蜀僧心一〔二〕者，依篷舊址建庵以居，名曰兜率。佛廬三間，坐迎遠壑，近圯，址僅存。其中三面皆峰環繞，獨虚東南一面以納雲，雲初起時，遥見飛練一縷，從缺處摇颺入，須臾，布滿山巖壑，望若雲海，雪莊禪師因易所居名『雲舫』也。師淮陰人，嗣法洞宗，愛佳山水，披髮為黄山遊，至此遂掛瓢笠松間，依古洞以棲，繼取槎枒架屋，覆皮如曩時，人無知者，糗糒不足，則掇草根木葉食之，日對奇峰弦歌自樂，無何名動四方，或薦諸朝，使者三返，强起，至京師，不踰月，堅請還山。人聞其行重之，時以衣糧相贈，則援筆寫山花數種以報，千態百狀，悉人目未經見者，余友吴菘輯為《山花譜》〔三〕。篷所對諸峰，肖物形者，不可縷

〔一〕洪雲行：號允翁，生平不詳。

〔二〕心一：明清間僧人，曾主持修建松江府西禪寺萬佛閣等。

〔三〕《山花譜》：又稱《卉箋》，吴菘輯自《黄海山花圖》，後收入閔麟嗣《黄山志定本》。

數，錦屏、送供、天樂、天醫、舞龍、香爐諸峰其最也。肖人形者，則有魚籃大士〔二〕、伯陽〔三〕、老子〔三〕、面壁僧、聽泉僧，則有媪背負兒，兒仰面視者，則有人天外矯首立者，時或見其一，時或見其二三，全見時少，蓋雲氣為蔽虧。云月三時皆從東南缺處出，獨夏月為天樂峰蔽，見月較遲，惟雲舫背之，左右壁上清光先照，師陟級而望，見月從萬松松葉中湧上，一針一鬣無復藏匿，爰構數椽其上，榜曰『得月軒』。香爐峰石上，古苔一片，月夜儼一巨人，白衣科頭，倚石而立，迫之，漸不見也，日出覓之亦不得，夜復見之，因呼為月仙。後凡春二月、秋八月，月極明時，群指而相告曰，月仙來矣。師言初至山時，春夜擁衾臥，空外如聞絲竹、梵唄諸音，中雜鐃角觱篥，聲尤轟烈，始悟春冰初泮，分瀉諸罅中，此磕彼撞，激而成音，則輕重疾徐，均若有節之者，轉聽轉幻，質明審所為鐃角觱篥諸吹，則石縫冰裂如巨筒，水灌其中，彌虛而聲彌壯云。雲舫中，虛閣曲房，次第創成，終艱於瓦，吴祭酒苑偕余相過，師肅客同坐，臥風露中，祭酒為葺竹皮覆之，故遠近皆知雲舫也，而呼皮篷如初。

〔二〕魚籃大士：魚籃觀音，又稱馬郎婦觀音。
〔三〕伯陽：上古賢人，相傳為舜七友之一。
〔三〕老子（約前五七一—前四七一）：李耳，字聃，或字伯陽，周陳國苦縣（今河南鹿邑，一説今安徽渦陽）。仕周為守藏史，主張無為，著有《道德經》。

師子林

師子林在一望平遠高低畦圃中，不知其在後海千峰萬壑之上也。萬曆壬子春，五臺僧一乘〔一〕過此，謂峰壑可供遊覽，畦圃可力鉏灌，吾何求哉！乃構屋數楹，負土拓基，與衆同力作，不踰月庵成，遠近助衣糧者日至，有偷兒潛伏室中，夜分竊所助物，將啓户去，忽有光從門限起，明如白晝，諸匠驚起，執得，師笑而遣之。庵四面山海棠萬株，沿圃遍種薐草，花時盡赭黄色。庵正對師子峰，峰為林案，從林望峰，峰極峻，旁拱一阜，有巨石脩平，一石師蹲伏其上，巨鬣修頞，形狀瓌詭，非約略似也，竟似矣。外獨峙一峰，作林中扃鎖，攢衆石以成群師形，因名林焉。庵廢已久，峰下有庵，曰師子幢，後亦廢。康熙初，太平某邑侯就峰下幢址重建，額書『師子林』，存舊名也。

飛光岫

師子林右，障一石，高數百仞，僧一乘居林中，每霜晨霞夕，必陟石頂眺望。一日曉起，見雲中日出，光彩異常，急呼衆登石望之，宿霧未收，紅光動蕩，中瑩如鏡，外五色為緣，人人自覩其形，

〔一〕僧一乘：生卒年不詳，明僧人，出家於五臺，至黄山，首創師子林。善詩，有《黄山紀勝集》。

師知為攝身光也。又看月，過夜半，月落，忽朗如白晝，自顧遍身作紫金色，念居林中，異光屢見，則是岫也，其光明藏歟？因名飛光岫。趙寒山宧光〔三〕大篆三字，鑱於石壁。

煉丹臺

造物一大丹青手，至黃山，則諸家皴法尤無弗備，披麻、鐵綫、解索、鼠迹、蟹腳，皆各家皴法。各因其地以施，然山勢雄峭，皴用大劈斧皴法為多，至煉丹臺，又迥然異矣。臺在煉丹峰下，黃山諸峰側影旁軼，敷華如菡萏，臺藏貯其中，若菂中之薏，方廣可置萬人。三面劖削，前臨無地，忽一峰拔地而起，端拱乎臺，名紫玉屏。屏頂虛粘危石，筆牀硯山，如几案間物，旁諸峰石，簇簇然似欲從壑底争先以上，而未能者。其為質也皆瘦，其為色也皆澤，其為痕也皆遒，細幽翳蜷，麗婉媚似，全用畫眉筆皴染而成焉。坐臺瞻眺，如姝未離閣，錦未離笥，湛盧、純鉤英英欲出匣，奪人五色，眩而不驚。

〔三〕趙宧光（一五五九—一六二五）：字凡夫，一字水臣，號廣平，又號寒山梁鴻、墓下凡夫、寒山長。明直隸太倉（今江蘇太倉）人，一生不仕，與妻子陸卿隱於寒山，以高士名冠吴中。工詩文、擅書法，尤精篆書。著有《説文長箋》《六書長箋》《九圃史圖》《寒山帚談》《牒草》《寒山蔓草》《寒山集》《刻符經》《動草篆》《寒山志》等。

萬曆末，有僧結茅臺前，中僅容一几席，而榜之曰『萬笏林』，後圮，吴江僧雁黄〔二〕重建。循臺而下，壁嵌丹洞，洞臨幽澗，有石蓮花一瓣，各掩洞口，吴士權〔三〕頌曰：『穿雲雙舄，渡海一栝，狂呼欲絶，凌兹仙臺。玲瓏迢遰，淹湛崔嵬，連峰繡抹，斷崿霞摧。僕隸崑崙，瓦礫蓬萊，紫煙魄長，碧玉夢回。於焉晨夕，優哉游哉！』

光明頂

後海抗天都、蓮華而稱尊者光明頂，即煉丹峰，《圖經》三十六峰之第一峰也。前由師子林逕石鼓，繞飛來石，登天海；後由雲舫問珠林塢，上白沙矼，歷三海門、平天矼而上，皆可至。至則獵仄磴，摩偃松，僧引而上絶頂，頂童而角，嶄然崖起於東方，其下鮮能測者，戲投石測之，琅然磕然，乍轟乍沈，百千聲而未有已。頂之左極陿，前復有大石如席，據席俯眎，近則五老峰，肩摩踵接，拱而環峙。遠則前後海峰，各負勢不相下者，胥俯來朝。其餘遍山怪石，無不争赴壑中，如萬馬脱羈，籋雲飛控，又如百萬羆虎之師，銜枚疾走，偃旗息鼓，斬關奪門而出者。客俯眎方酣，僧乃引手旁指

〔二〕雁黄：大涵，生卒年不詳，號吃雪子，好雁巖及黄山，故又號雁黄，清僧人，俗家潘姓，江蘇吴江人。康熙間來黄山，居二十年乃去，有《雁黄布衲黄山遊草》六卷。

〔三〕吴士權：生卒年不詳，明人，有《黄山行六頌》一卷。

山以外，層疊如波翻浪湧者，曰豫章、閩越諸山也。練帶鋪而不定，雲氣時欲掩之者，曰揚子江[一]也。聚小岫如菡萏者，曰九子[二]也。頹藍沈於天末者，匡廬[三]也。又從天都、蓮華兩峰隙中指，江三折，江以外目將窮際，一氣浩瀚蓬勃者，曰海也。昔有客坐頂至夕，見日復上丈許，光輝異常，逾時乃落也，其落也不以漸，如火輪欲墮，已復躍出，又或墮或出，如是者數，然後落。又有晨起陟頂者，曰輪大十倍於恒，破霞直上，倏然有聲，因悟地高臨海歟！日之墮也，海水分裂，日落其中，浪隨湧合，抱日以沈墮而又出也，海水既合復開，吐日露光，勢如上舉。其旦出而有聲也，則海波激蕩為之也，地高而臨海無疑。

平天矼

平天矼，矼字土人讀如絳，與虹同，謂如虹亘天也。矼上有徑甚平，左右皆石，石皆有稜，石上皆松，松皆不欲翹楚，故宿筋脈以恣其攫拏。人行矼中，石角鉤衣，松針刺袂，數步一折，每歷一折，

[一] 揚子江：長江從南京以下至入海口的下游河段舊稱，因古有揚子津渡口而得名。

[二] 九子：九子山，又名筆架山，位於今安徽池州境，因和九華山相連，又俗稱九華後山。

[三] 匡廬：廬山的別稱。《後漢書》劉昭注引南朝劉宋慧遠《廬山記略》：『有匡俗先生者，出殷周之際，隱遯潛居其下，受道於仙人而共嶺，時謂所止為仙人之廬，而命焉。』廬山，又名匡山、匡廬，位於江西省廬山市境内。中國古代名山，有『奇秀甲天下』之譽，為道教第八洞天。

必枕松踞石良久，然後行。中一松，高二尺，葉密布，蔭數丈地，頂正平若砥，鬖鬑井井，人以為肖蒲團也。每過輒投杖挽松葉以登，葉上可容四人趺坐，指相語，近指一山，巘崿層疊如繪，遠指山外，城郭村墟，谿澗田疇，堆皺蹙摺如錯繡。坐久，風蓬蓬然起，疑松勢欲飛，可乘以御風而去。松殆為有志遐觀，而濟勝無具，不能登蓮華峰頂者設也。

飛來石

山有三石飛來，一落穎林庵前，一落翠微寺西峰側，一落海門峰上。底石皆若預設，待空中飛來，仰承而適與之合，而高危秀聳，則無過海門峰上者。上平天矼里餘，石柱隆起，中缺若户，亦稱海門。登海門望峰，一卷石耳，至其側，則高出群峰數十仞，峰頂脩平，其上片石倚空側立，高十丈許，與下石絶不相屬。僧言曾有人以綫從中界過以驗之，勢如初飛來時，腳尚虛懸，頹頹欲仆，仄身過，其面受足處，僅容趾，石勢直欲倒壓，乃帖地下瞰，股栗不已也。或投小石下相擊，其聲鏗然以遠，更以大石相投，則爆塵高出峰頭數仞，僧戒勿投也。下為鐵綫潭，有龍蟄云。馮夢禎云：自飛來石循崖而北，諸峰逞奇，起伏縱横以千百數，而玲瓏如一龍，窟在下。謝伯貞[一]僕夫戲擲大石，轟轟而下，

[一] 謝伯貞：生卒年不詳，明人，與馮夢楨、丁南羽、戴澳等交。

驚龍，致雨雹大作，伏地移時乃免。

石牀峰

一峰青崖聳削，上有石牀橫陳，如白玉，其平如砥，古松一株，冉冉成陰，如相覆幬。又有紫石牀三，碧石枕三。世傳龜兹國〔二〕有琥珀枕，枕之則五湖、四海、十洲、三島盡入夢中，今但據牀伏枕，不待入夢，而蓬瀛島嶼交於目前矣。枕後一屏為幛，欹枕窺壑，鐵綫潭正在其下。

鐵綫潭

山中龍窟不一，最靈異者鐵綫潭。相傳昔歲大旱，獵人適得活虎，所司命斬虎頭，血淋漓投潭中，致龍驚而風雨作。近遇歲旱，境内外居民鳴金集衆，稽首羅拜，禱於潭，禱畢，一人環綆約腰平，承尻繫瓶，執鐵牌，捧香，懸而下，至潭石盡緑沈，奇寒刺骨處，而窟斯近。乃繫牌於香，置香石縫，以瓶汲水，急挽綆而上，與衆疾趨以歸，計香燼牌落，身去潭已十餘里，回望，烈風震電從潭中起，

〔二〕龜兹國：又稱曲先、丘慈、邱慈、屈支、丘兹、拘夷、歸兹、屈茨，古代西域國家。貞觀二十二年（六八四）唐設安西大都護府於此，為安西四鎮之一。

所負瓶水洶洶有聲，蓋瓶水所至，而甘霖隨焉。衆必持挺執兵護其後，恐途中有截而奪之者，則雨僅及其地而止，俗曰『抄去聲龍潭』也。昔有衆方聚潭而禱，一人失足墮潭底，衆驚散歸，紿其家人曰：『後即至也。』已果至。衆驚問，對曰：『山腹盡空也。始墮時，風颼颼然，似掖而下千仞井，身忽在潭旁石穴中，穴嵌空玲瓏，然黑暗，歷數十百折，有天光透入，因肘膝著地，肩背摩石，望光以趨，古苔亂石間，不計幾十百里，漸聞人家雞犬聲，乃從隙中出，則他郡境也，由是問路歸。』

西海門

飛來石下，平衍里餘，行高岡夾道中，猶入村莊農舍也，僧慈愍居之，曰慈愍庵。庵後級層層上，為藥師殿。前有小池，清夜月明風定，林巒倒影如鏡，清澈可觀。穿庵圃西行里許，忽雙柱擎天，若宸居帝闕，雖閣閬洞天，無敢闌入，惟踞峰頂，則石峰矗立，與足底齊。門以外，蒼嶙丹崿，筆植屏張；門之旁，齊天之峰，絶去膚髮，决爪牙以峙，若龍鬣竝陳，虎羆交鬥。從門俯視，壯者、瘠者、鋭者、髃者、直者、衺者，絶壑中拔脰以起，不知萬億計，如叢竹之新筍亂抽，翠光欲舞；從門仰視，雲門、仙橋、芙蓉諸峰，四帀而環於目，與天俱暮焉，山空日午，形復生形，影復疊影，視久眩眩，目睛為勞，必少閉而徐開，始豁然也。三海門各極靈通，然壁壘一新，胥神功鬼斧所不能至，莫西海門若者。

始信峰

始信峰從散花塢中凸起，三面臨壑，背北面南，緣石脊以登，將至巔而壁中坼，相去丈許，下視無垠，忽彼壁有松曳枝而抵此壁，曰接引松。松下置獨木為梁，遊者委身空中，目不敢瞬，手援松枝，足踹獨木，惴慄以度。度已過峽，峽中三石聳峙，不得上，則資石坼為級，路益峻，屐益滑，周望無路，折而忽通，移步數折至峰頂，峰左右皆松，虬枝老榦，撐崖拄壁，態無一同，伸縮屈强，矯矯極翔舞之勢。坐松根，倚危壁，最遠眺望，右散花塢，紫緑蒼翠，宛若圖繡，左則有二仙對弈，後立幞頭者，背手而觀。余弟洋度〔二〕云，從師子林望兹峰，直培塿耳，及造極，下窺不見底，四顧目摇摇無倚附，然後始信為峰。峭壁環立，中有孤茅，名『定空室』。僧一乘茸三年，每從師子林暮宿於此，雨雪不爽，繼有鳥窠道士〔三〕，採藥入山，亦孑宿室中。石壁鐫『寒江子獨坐』五字，寒江子者，邑烈士

〔二〕汪洋度：生卒年不詳，字文治，清歙縣人。工詩文、書法，與兄汪洪度并有才名。有《餘事集》。

〔三〕鳥窠道士：宋元間淮安人，或曰真定人。採藥至黄山，始信峰之奇，宿其巔，掩關三年不語，自署關額『活死人墓』，後不知所往。

江天一〔二〕也，負奇氣，喜佳山水，常登峰兀坐終日，題名石壁以見志，著有《代黄山寄遠方士大夫書》，卒與金文毅聲〔三〕同殉國難。青原藥地大師〔三〕曾寫兹峰寄余兄弟，約偕隱山中，因擬即定空室舊址結茅，將於是乎老焉。

擾龍松

散花塢一綫石骨，直走入壑，突起為峰，高數百仞，峰頂方石屏立，石上一松覆之，曰擾龍松。松幹不盈三尺，周圍丈許，似欲挾石飛去，不能，姑旋石而舞者。左枝長三四丈，剛極反柔，翠鬣摇曳如垂柳，有客喜搜奇險，嘗從壑中攀援至峰半，見松根長數十丈，蜿蟺出走，不知所之。右轉見峰

〔二〕江天一（一六〇二—一六四五）：字文石，初名涵穎，字淳初，别號寒江子，明歙縣人。明末，從鄉人金聲起兵抗清，被執，與聲同死。有《四書説意》《驚天集》《弗告集求已堂集》《江止庵遺集》八卷。

〔三〕金聲（一五九八—一六四五）：初名光成，字正希，一字子駿，號赤壁，明休寧人。崇禎元年（一六二八）進士，改庶吉士。次年，薦申甫將兵禦清軍，連敗，辭歸。南京破，率衆抗清，隆武元年（一六四五）被俘遇害。唐王追贈禮部尚書，謚文毅。有《金聲文集》九卷、《金先生文録》《金正希詩》等。《明史》有傳。

〔三〕藥地大師：方以智（一六一一—一六七一），字密之，號曼公，又號鹿起、龍眠愚者等，明、清間桐城人。方孔炤長子。崇禎十三年（一六四〇）進士，官翰林院檢討。永曆（一六四七—一六六一）間，為左中允，清兵入粤，於梧州出家，法號弘智，發憤著述，反清復明。康熙十年（一六七一）被逮，逝於江西萬安惶恐灘。著述有《周易圖》《經考》《四書約提》《通雅》《史漢釋詁》《廬墓考》《醫學》《物理小識》《藥地炮莊》《青原志略》《虞山後集》《稽古堂文集》等。

坼，則松從坼中直上透頂，復横厄一石，力盡勢屈，始蟠縮峰頂而成幹焉。左垂一枝，乃其餘怒鬱結，奮迅以出者。壑中千峰，面面與松相向，如群后執玉來朝，松體之秀、松位之尊也無上，人又稱曰『帝松』。

石筍矼

石筍之奇，奇者峰，尤奇者矼。峰之奇，一石耳，高數十仞，豐下鋭上，矗矗茁於新長竹，剥剥落落凈於初解籜，遠望若混同一片，至其側，則孑然秀峙，與群峰實相離遠。矼之奇，筍族蕃衍不可以數計，意其初本一峰，巨靈支敲骨析，蕩為無數化身，撑拄虛空，以作黄山後勁。峰峰偶然，實峰峰位置，造物其有心歟？其無心歟？數里内森然齊，舉目摇摇，四屬無主，口張不得下。覺盡人世所有，形狀器物，咸備畢肖，雜陳天半。西望有立佛，東望有貢寶，番附於矼肭。有遊仙佛，宜冠，冠之；番宜弁，弁之；仙宜劍，劍之；宜佩，佩之；宜髻，髻之；宜巾，巾之，類有意施設者。又石每如累棊萬尋之杪，壘處若懸髮，欲墮不墮，石上必有松，松之奇極，畫師意之所創，不必目之所有，隨筆賦形，即畫師亦自訝其無似而以貌。矼中石上之則無弗肖，有一峰而綴以數松者，有一松而籠覆數峰者，登矼循覽，莫奇於雨新霽時，峰色一一從雨氣中洗出，積靄欲斂，殘雲尚流，尚流一片寵嵷，幙以輕縠，如花在鏡，美人在簾，若有若無，忽遮忽露。且雲之能，匪惟幙之，又從而界之，或兩峰疑一，界之而始知為兩也，或削峰疑肥，界之而始知為削也，一轉一複，神秀迭見。緣崖涉澗，下二十里，至松谷。天啓甲戌，邑人佘書升於矼中得最勝處構庵，曰『穎林』。念峰勢皆高，非樓不足盡其勝，因構樓其上。左循壁，翼以廚寮，右附一軒，為登山樓憩之所。庵前後左右之奇見諸記，亟稱者曰峰峽，開窗正對，若闢一門，現出群峰，劃破青天，為數十百道；曰招隱峰，一峰拔起壑中，上復坼為小峰；南正對仙掌，五峰駢列，長短大小如掌形；曰飛來石，峰如柱石段段，層累縫合無迹，頂立兩石，笅合而中分，復一石飛落笅上，視之常若未穩；曰跏趺峰，峰半忽平如截，後留片石為幛，恰可蒲團趺坐，俯逼深壑，繞坐皆古松，松頂正與坐齊，似擁雲上，登坐數武皆宛轉，松底萬山起伏換變，悉列坐前；曰冰雲庵，隔澗陡削不可登，遠望倚空而林列盡筍也。

松谷

松谷者，張真人尹甫〔二〕別號也。真人宋寶祐〔三〕時為天水郡伯，忤姦被謫，遇異人得法，後遂隱仙

〔二〕張尹甫（一二四四—一三〇〇）：號松谷，浙江人。少習儒，理宗寶祐（一二五三—一二五八）間曾任職天水，革職後學道，隱居錢塘江，後至黃山，闢松谷道場。元成宗大德四年（一三〇〇）卒於黃山。

〔三〕寶祐：宋理宗趙昀年號，自公元一二五三年至公元一二五八年，共計六年。

源，至疊嶂峰下而樂之，結茅松間，即以『松谷』名，明羅汝芳〔三〕書『東土雪山』四字。真人塔在殿後，寺濱小溪，溪上四面皆山，山四面與庵對，方夜云入松谷，坐石上望青龍潭，無語可贊，無色可似，人多與黄龍潭并稱。黄潭雖不及青潭，然逆石而上，沿而下，大亞於青潭、而澄碧與青潭無異者，不可什百計，天下色至此極矣，當無復有出其上者。余輩性躭水石，志欲搜攬宇内，至此則一潭若可了一生也，遊者信耳。至松谷，呼導者引至兩潭上，一觀即策杖言歸，以此多不知松谷潭富。吴瞻泰云：環谷四周，高峰插天，脩竹萬竿，上梢雲日，夜闌人静，惟聞暴風疾雨，豐隆擊裂，崖石作聲，曉視天宇清霽，聲亦窅然以遠，循聲迹之，五潭在焉。然從山麓將至谷里許，亦多潭，遠聽淙淙，然稍近聲漸寂，俯而臨之，則一潭澂澈瑩浄，人影鬚眉畢鑑，曰鏡潭，不在五潭之列。則近寺澂潭，未經物色者，殆不可勝悉乎。

五　潭

將至松谷，遥見澗泉亂流，蓋挾各道所行之水，於層峰疊嶂間，盡力衝擊而下，轟號贔怒，迸為

〔三〕羅汝芳（一五一五—一五八八）：字惟德，號近溪。明南城（今江西南城）人。嘉靖三十二年（一五五三）進士，授太湖知縣，歷任寧國知府、東昌知府、雲南道巡察副使，官至參政。泰州學派重要組織者與思想傳播者。著有《孝經宗旨》一卷、《明通寶義》一卷、《一貫編》四卷、《近溪子明道録》八卷、《會語續録》二卷、《識仁編》二卷、《近溪子文集》五卷等。

深潭，青黄黑白，各如其名，流出則净潔同派。從師子林外注流入寺後者，為黑龍潭。黄龍潭在青龍潭右，高隔一澗。三潭俱當寺之外壑，寺之上壑，則為小白龍潭，潭在路旁，可先一憩。志稱松谷有四潭，合以油潭則五矣。湯賓尹所題為『珠淵』者，則黄龍潭也。潭既受水，砂石在底，魚藻在宫，隨所納見之，天形、山形、水形、人物往來之形，雲煙草樹，爪指鬚髮，紛相掩映，於光明界中混為一迹，都忘上下。吴伯與[一]所稱『潭淵渟泓澄，大石梁斜覆其上，覆不盡者什三，得日如瓊玉，得空若碧琉璃，得雲若燭銀飛瀑』者，則青龍潭也。大石上有天生池，池中白石，光碧晶瑩，渟滀蕩漾，如有神物歕漱其間，令觀者怖悸。至所謂油潭者，以石縫直長，如油榨得名也。越數武，一大石嵌空如屋，題曰『龍淵』，激水横行屋下，聲若轟雷，石竅闢通，各争奇妙，潭如五千人大釜，他潭色皆沈黝，中莫可窺，此獨黟縈黛衍，清澈見底，底白石粲然，如怒魚欲躍，可垂手而取，及以脩綆投之，則僅至潭半而止，雖增至十餘尋，仍餘半也焉。按潭而係以青黄黑白者，各以所映石壁之色名之也，稱龍以表其幽深耳。山中人遂以潭之色為龍之色，曰龍實居之。潘之恒曾更其名：黑曰璺澤，白曰玉檢，黄曰瓚石，青曰空青，油潭色沈緑也，曰懸黎，惜未鐫於潭石也。

[一] 吴伯與：生卒年不詳，字福生，又字見可，號師每，明宣城（今安徽宣城）人。萬曆四十一年（一六一三）進士，歷户部主事、督餉郎中、分守下湖南道、杭嚴道，官至廣東按察司副使。有《宰相守令合宙》十三卷、《國朝内閣名臣事略》十六卷、《老莊因然》八卷、《素雯齋集》十八卷、《西湖造遊草》一卷、《遊黄山紀》一卷等。

仙人榜

由松谷沿溪尋道，宛轉行陡級，三里中，流水聲不絶也，水中巨石纍纍，純白如玉。又數里，至老庵基，基為松谷真人初結茅處，山漸上漸鋭，鋭峰錯崿中，有石如偉丈夫，紳笏而立，以小松為簪纓，掛榜仙人也。榜在仙人近側，一名天牌石，牌緣以黄。中含緑字，青旭射之，行數波捺，髣髴蝌蚪薤葉諸文，然終莫能意會。相傳有道者曾架閣道，上觀詳審，僅識一仙字。是夜，迅雷忽起，擊石去其字，今擊痕猶在。再轉皆絶壁，壁半一穴，穴中類半規，直透隔山天光，俗呼為天眼。

翠微寺

唐中和〔二〕二年，有僧從身毒國〔三〕萬里東來，建寺翠微峰下，因曰翠微寺。僧冬夏衣麻衣，匃其麻

〔二〕中和：唐僖宗李儇年號，自公元八八一年七月至八八五年三月，共計五年。

〔三〕身毒國：自先秦至隋唐對印度的稱呼，唐初改稱天竺。

衣一縷者，輒能已疾，因稱曰麻衣師〔二〕，遺蜕在寺外塔。中庭有井，泉味甘美，不溢不涸，相傳麻衣卓錫處也，曰錫泉。遊者從湯嶺來，南出剪刀峰背，夾溪皆黑壁千仞，古松倒影水中，趹為碧潭，以數十計。至釣橋庵，再跨小橋，燕尾溪流，乃煉丹臺。瀑水衝源而下者，與外溪合，勢愈湍湃，石上碧泓三疊如砌。再西度浮游嶺下，平路依山旋轉，北折而至寺，寺前多古松。一松幹大數圍，偶風折一枝，懸於下，枝幹膚連處，其勢必斷，懸久，本枝漸槁，折者青鱗翠鬣，視他枝較茂焉，曰折枝松。松間石磵横道，僧橋焉，覆之屋以息遊者，元汪澤民榜曰『翼然寺』。寬博塏爽，舉前所見之亂峰磽确魄礨，層環周身者，須臾暫伏，而別以清遠，逸秀相薰，明湯賓尹題其食堂曰『隱翠』。相傳樵者於峰下見牛，形質迥異，遍體皆青，欲牽之，忽入水不見，故翠微深處曰青牛源。潘之恒云：『客問翠微何以稱勝？』余曰：『由萬峰得一峰，則孤勝；由百勝會一境，則幽勝；翠微之在黄山，其猶雲山鶴、淵中龍乎！』又客語余曰：『黄海諸峰，與翠微不可以大小尊卑論矣！在翠微，則黄海諸峰伏而不見，見黄海諸峰，則翠微亦隱，大小尊卑之若相攝而不相乘，相遜而不相凌也。』固如是哉。西峰堂去翠微半里許，平地突起一峰，態甚娟秀，山半築堂，堂前花竹秀野，罊中植茶，花時香雪霏霏。堂側鳴石山房，為焦氏別業。

〔二〕麻衣師：包西來，身毒國人。編麻為衣，冬夏不易，得其麻縷，可療疾。唐僖宗中和二年（八八二），駐錫翠微峰下，為黄山開山之祖。

洋湖

太平縣西二十餘里，一山當前，怪石攢其上，芙蓉峰也。峰下湖名洋湖，湖十頃，峰環泉注，中生荇藻，絲髮可數，明霞返照，倒影湖底，夜嵐如曳練，蘆葦花時，秋雪漫漫，不見涯涘。釋普門擬築臺湖中，中建無量殿，旁開十門，外離水三丈，週遭築隄，隄上建十堂接遊侶，各用橋度入。殿堂後垂檐上建飛閣，四面環湖，往來用筏以渡。志業未遂，今一望為蕪田矣，然鴻雁來，猶多棲宿其中。

黄山奇秀甲天下，叙志紀述不下數十家，然遊歷有詳略，心眼有疎密，記載有工拙，惟不求領要。故讀者迷神眩目，欲藉為兹山之指南，一覽如逢舊識，往往難之。先于鼎公結廬於始信峰頭，讀書十載，古今流傳之迹，峰巒松石之奇，撮其大要，著《黄山領要録》一編。分前後海為上下二卷，週山之脈絡分明，群牘之精華備萃，當時新城、商丘兩先生愛而序之，惜迄今未謀剞劂，殊缺陷也。詥德[二]從稿本中敬録成帙，急付梓人，公之同好，俾遊之士攜諸行笈，經丘尋壑，瞭如指掌，三十六峰奇秀畢集於斯。是録也，亦可謂極黄海之大觀，而無憾矣！乾隆[三]乙未清和月，從玄孫詥德謹識。

[二] 詥德：生卒年不詳，清歙縣人，汪洪度從玄孫，為刊刻《黄山領要録》。

[三] 乾隆：清高宗愛新覺羅・弘曆年號，自公元一七三六年至一七九五年，共計六十年。

黄山史概

江阴陈鼎定九著

天都峰高四千仞，干霄矗雲，直出天表，乃群仙之窟宅，天帝之都會也。世所謂天目之頂僅及其趾者，緣地勢處高，故吴越諸峰盡出其下。曰四千仞者，皆就其趾而論之，非于峰頭論之也，苟登其顛，小天下矣。下有香谷源，源水注于香泉溪，色澄鮮，味甘馥，非塵世之泉可並也。東即鉢盂峰，下則丞相源、仙燈洞、錫杖泉，九龍飛瀑出焉。東南即青鸞峰，下有採藥源，軒皇採百藥之所也。下為紫石峰，湯泉之源出焉，注于湯溪，趨湯口，入太平，合涇邑之水，導鳩兹而下大江者也。朱砂峰自天都峰之耕雲落脈，朱砂源出焉，繞朱砂巖而去。朱砂洞産朱砂，相傳黄帝與浮丘採以煉金丹，服之驂龍而去者，即此砂也。峭壁削成，人迹難到，故世不可得而有也。朱砂泉潛注于慈光寺前之池，入朱砂溪，匯桃源之湯溪而去。

文殊院在天都、蓮花之間，玉屏峙於後，左獅右象為之護衛，前有趺坐臺，登臺望峭壁，天生『小清凉』三字，隱隱蒼苔古蘚中，宛然張旭〔二〕草書也。其下之三字乃後人摹刻者。登玉屏之顛，望後海，奇峰無算，拔石萬仞，若攢笏植圭，離立刺空，分一峰，足名一嶽矣。

西即蓮花峰，如菡萏一枝，仰天而開，下有蓮花洞，蓮花源出焉，源水合桃花源而趨湯溪者也。登絶頂望長江如綫，豫章、三楚、甌越諸峰鵠立於下，卑同臣僕，惟天都傑然高出其上。蓮房其左支，蓮蕊其右隴也。蓮蕊之顛，衡石如舟，俗呼為『仙航』是也。

〔二〕張旭（六七五—七五〇）：字伯高，一字季明，唐吴縣（今江蘇蘇州人），曾任常熟縣尉，金吾長史，以草書著名，後世稱『草聖』。傳世作品有《古詩四帖》《草書心經》《肚痛帖》《郎官石柱記》等。

下即桃花峰，桃花源出焉，匯朱砂源為桃花溪，溪舊有桃萬樹，相傳軒后所植，暮春花開如錦，掩映十里，溪山如石家步障[一]，花落，紅水飛流，為桃花浪，入湯溪為桃花湯，今悉歸爨火也。其下為小桃源，鳴弦泉、山君洞、藏舟壑、醉丈人、落星、試劍、鱗石在焉。再下，藥爐、丹井、白龍潭、狎浪閣、鄭師山釣石也。石人峰宛如人立，在蓮花之北，下有白鹿巖，巖下白鹿時見，毛如雪。少下即駕鶴洞也，相傳浮丘公控鶴處，白鹿源出焉。

雲際峰縹緲直入雲際，下有藏雲洞，長藏白雲，乳水出焉，流入白雲溪。

疊障峰形如屏障，下有石乳巖，長滴石髓如乳，陰阬源出焉。阬長陰不見日色，水入白雲溪，溪有潭，為蛟龍之窟，世傳黄帝曾於此取乳水煉丹者，或曰乳水久服，可延年益算。昔有樵者，失道不得出，棲于巖下，日飲此水，久之體生黄毫，長數寸，壽數百歲，一日偶至山下，見者以為怪，遽殺之。

雲門峰，乃三十六峰之祖也，兩山相并如門，雲從中出，故號曰雲門也，鄉人質，稱為剪刀峰，以其形也。雲門源出其下，水流入雲門溪，合浮溪、曾溪、容溪、揚溪、豐溪、富溪、宋溪、績溪，繞郡城南，會黟水、休水、浙水、率水於浦口，同練水而趨浙江者也。雲門之北隴越湯嶺，為仙橋、四皓、石牀、鼇魚諸峰，自鼇魚轉東為蓮花、玉屏、天都、青鸞、紫石、鉢盂、耕雲、朱砂諸峰。自

[一] 石家步障：《世説新語》卷下之下：『王君夫以粭糒澳釜，石季倫用蠟燭作炊。君夫作紫絲布步障，碧綾裏四十里，石崇作錦步障五十里以敵之。』

鼇魚入北為光明頂、平天矼，迤西為煉丹、丹霞、海門、翠微諸峰，入東北為聖泉、石門、芙蓉、松谷諸峰，入西北為師子、石筍、始信諸峰，入東為散花塢、牛角硔、雲舫、仙掌、太乙、天醫、老子、丞相源、飛瀑諸峰。雲門之東隴為湯口，箬嶺、新嶺、崇山關、績邑諸山，入宣城、金陵、茂苑、蘭陵、雲間，京口、太平，分為臨安、檇李、吴興諸郡也。

浮丘峰在其西，上有浮丘導引壇，彩雲靈禽時止其上，每至三春，衆鳥和鳴，若奏天樂。下有五雲源，入浮丘溪，合曹溪而下豐樂者。前朝盛時，溪上十里梅花，皆異種也，今砍伐已盡，悉歸蒼莽矣。

容成峰，相傳容成子所棲，攀龍之後，奥府猶存寶篆丹書，莫敢捫讀。紫煙源出於下焉，源水去七十里而為容成溪，上有容成臺，容成先生登嘯處也。

軒轅峰，亦黄帝採藥之所，嘗有紫芝、玉菌生于峰顛。《周書異記》云，黄帝于此採紫芝，以合服食之丹者，即是峰也。仙石座，高二仞，相傳軒后與浮丘諸臣曾憩於上，故時有異香從空中來，或曰石座，當梅花發時即發梅花香，當桂花發時即發桂花香。仙人洞，深不可測，昔有探者，秉三日炬而不能窮，乃反，及再往，而徑迷矣。下有紫芝源，水入紫雲溪，溪上嘗有紫雲不散，而紫芝叢生溪畔焉。間有得者，長至五六尺，大如箕，其色紫碧相襍，其臭蘭桂相參也。峰之顛有石室焉，中有石座、石几各一，世謂軒后受胎息之所。

仙人峰，上二石對坐如人，宛若削成，相傳帝與浮丘曾憩此，鼎湖龍去後，雙石化為峰。南向者軒轅，帝也，北倚玉屏，迴如玉扆；北向者浮丘，臣也，俯首恭肅，若對至尊。其下峭壁摩天，即猿猱亦不能上，遊人於鄰峰望之，儼然二人對坐談也。浮丘源出其下，源多産杻樹及芩草，杻材可為弓，芩草可入藥。

上昇峰，高及千仞，昔阮仙于此上昇，故名，俗呼為阮峰，下即阮公巖，阮公源出焉，水入阮公溪而去。山下往往聞仙樂聲，名鈞天之奏，皆呼曰天樂，每聞天樂作，農家皆相慶，必時和年豐。

清潭峰，高八百餘仞，布水之源出其下，注而為大清潭，溢而流入錦魚溪，溪中嘗有錦鱗游泳，俗呼為逍遥溪。溪深十余里，從上而歧派者三，中有石鐘、石鼓，扣之，聲聞數里，石牀、石几、石爐、石臼，以及奇花異草，不可勝數。今多榛莽，虎豹作窟，故遊者不敢深入焉。

翠微峰，隱於諸峰之下，翠微源出焉。翠微洞之下即翠微寺，唐麻衣禪僧開創之道場也。寺旁即青牛溪，青牛時見，逐之不得。

仙都峰，高八百仞，仙都源出焉，舊有仙都觀，羅漢諸峰附之。按《神仙補闕傳》，黟山北峰是神仙遊處。黟山，黄山之故號，唐天寶間，明皇〔二〕因方士之言而更今名。峰顛時有彤雲擁護，白鶴飛翔。

望仙峰，高八百餘仞，龍鬚源出焉，龍鬚巖産龍鬚草，可作簟。世傳黄帝騎龍上昇，群臣攀龍髯

〔二〕明皇：唐玄宗（六八五—七六二），七一二年至七五六年在位。唐睿宗李旦第三子，永昌年間（六八九）過繼給長兄孝敬皇帝李弘為嗣，封臨淄王，後改封楚王。唐隆元年（七一〇）六月，與太平公主聯手發動『唐隆政變』，殺韋后，睿宗復位，立為太子。先天元年（七一二）睿宗禪位，李隆基即皇帝位，改元開元。寶應元年（七六二）崩，廟號玄宗，謚號至道大聖大明孝皇帝。清為避康熙帝名玄燁，多稱其為唐明皇。

而上，髯或墮地，化為草。《周書異記》云，黄帝與容成、浮丘遊于黟山之湯池，得珠函、玉壺各一，攜歸石室，飲瓊漿，披霞衣，簪寶冠，躡珠履，須臾，帝乘飛龍前引，彩幢珠蓋，三仙飄然，從峰頂上昇。山下人聞空中有絲竹管弦之聲，群出望之，見帝驂龍，群臣從者數十人，冉冉入青雲矣，故其鄉至今猶稱望仙、弦歌云，弦歌洞在弦歌鄉之上，弦歌溪亦幽勝可愛。予按《周書異記》及楊用修〔二〕所譯滇人《白古通》〔三〕僰文載，商周中原聞見録〔三〕云，昔軒后問道於廣成，受胎息於容成，得谷神不死，獲金丹於浮丘，遂思超溟涬遊蓬萊，乃謂浮丘曰：『愿敝屣妻子，摳衣躬侍。』浮丘對曰：『凡擇賢而師，學必精奥，擇勝而棲，業必易成。煉金丹必假山秀水正之區，其藥乃靈。唯黟山據得其中，雲凝碧落，氣冠諸山，群仙止焉。山中靈泉奇藥，四時皆芳，若能齋心潔己，晏安其中，萬病皆蠲，百禎俱集，登仙必矣。』帝遂命風后〔四〕奉太子以攝天下，乃與容成、浮丘同遊此山，得道上昇云。予

〔二〕楊慎（一四八八—一五五九）：字用修，初號月溪、升庵，又號逸史氏、博南山人、洞天真逸、滇南戍史、金馬碧雞老兵等。明四川新都（今成都新都區）人，祖籍廬陵。明武宗正德六年（一五一一）一甲一名進士，官翰林院修撰，明世宗嘉靖三年（一五二四）因『大禮議』受廷杖，謫戍雲南永昌衛。三十八年（一五五九），卒於戍所。明穆宗（一五六七—一五七二）時追贈光禄寺少卿，明熹宗（一六二一—一六二七）時追謚『文憲』，世稱楊文憲。有《六書博證》《升庵經説》《易解》《升庵詩話》《藝林伐山》《雲南山川志》《南詔野史》《升庵詩集》《升庵長短句》《古今諺》等。

〔三〕《白古通》：全名《白古通玄峰年運志》，簡稱《白古通》，又稱《白史》。約成書於元代，是一部研究解讀雲南地方歷史特别是白族的歷史文獻。楊慎為了研究南詔、大理的歷史，曾對此書進行了翻譯和整理。

〔三〕商周中原聞見録：疑為古書名，不詳，存疑。

〔四〕風后：中國古代神話傳説中的人物，黄帝的臣子。

向疑黃帝昇天之言，為方士愚秦始〔二〕、漢武〔三〕之説耳。《周書異記》亦後人附會之辭，今閱滇人《古通》之書，及覽黃山之奇秀，并種種相傳古迹，則知軒后於此得仙，不謬矣。

九龍峰，九朵合成，如九龍相擾然。下有九龍巖、九龍洞，九龍源之水入九龍溪，繞九龍觀而去，峰下石田、石廩列於谷中焉。

其次即聖泉峰，上大下小，狀如腰鼓，宛若琢成，顛有湯池，人不能到，於鄰峰望之，池中熱氣蒸沸，故知其為湯池也。池中湧一布水，下合甘泉源，匯於甘泉溪而去。《周書異記》曰，浮丘謂黃帝云，黟山中峰，顛有湯池，水味甘美，可以煉丹煮石，蓋指此也。

石門峰，高插出天，兩山并立，山半有石橫亘，下如門狀。兩崖各有大石牀，長數仞，中有石浮屠四級，級高八尺，其形圓，周二丈，上大下小，宛若削成。半壁有石缾一，引嘴如杓，泉從杓注，經年不竭。下合石門源，入石門溪，猿猴巖、虎豹巖俱在溪側。

棋石峰，黃帝與浮丘諸臣弈處也，仙棋石在焉。昔有遊者登峰，見一石局布子相當，兩無勝負，因亂之而去，還視棋布如初。棋石源出於下，水與石門源合流，入石門溪者也。

石柱峰，平地聳拔，刺日撐空，儼然擎天一柱也。中有石壁峭舉，源水出焉。

〔二〕秦始皇（前二五九—前二一〇）：嬴姓，趙氏，名政，又名趙正、秦政。秦莊襄王之子。自前二三〇年至前二二一年，先後滅掉韓、趙、魏、楚、燕、齊六國，完成統一，建立秦朝。

〔三〕漢武帝：劉徹（前一五六—前八七），西漢第七位皇帝，在位期間，設立中朝、『罷黜百家，獨尊儒術』、攘夷拓土，開創漢武盛世的局面。謚號孝武皇帝，廟號世宗，葬於茂陵。

布水峰，百藥源出其下。源產百藥，水入紅泉溪，水色如丹砂，從巖瀉下，儼然百尺赤練也，如曉霞斜映，則儼似蜀錦。

石牀峰，上有石牀，長咫有半，衡半之，如玉琢出，即帝與浮丘遊息所也。上有碧石枕三，旁有紫石牀三，蓋從臣所晏寢也。下有石室，深十咫，廣數尋，可容百餘人，石室源出焉。

丹霞峰之顛，時有丹霞流出，紅朮之源出焉，產朮，狀如珊瑚。源水入丹霞溪，彌勒諸峰皆附焉。丹霞之東南即煉丹峰，丹臺、丹竈在焉；下即煉丹源，洗藥溪、搗藥杵、舂藥臼俱在也。逾峰即西海門、石鼓諸峰，鐵綫潭在石鼓下，毒龍潛焉，木葉飛墜，霹靂隨震。

北即獅子峰，巖上一石，宛若獅子蹲踞，下有錦霞洞及香林源，嘗有異香馥郁。東即始信、石筍諸峰，景象萬變，莫可名狀。故獅子林一聯云：『豈有此理說也不信，真正妙絶到者方知。』蓋集諸山之額，為此山之實録云。

雲外峰，下有杏花源，杏花無數，夕陽春雨之時，為杏花天，落紅流水，繞為杏花村，今則荒矣。山惟榛莽，壑剩煙雲，良可太息。或曰此峰曩時，杜鵑遍覆，花開如錦繡，近為樵斧伐盡。

松林峰，喬松萬樹，大者十拱，高者二十尋，皆太古時物也，前朝極盛，今存巖石矣。下有黃連源，水流注於松林溪，產黃連，良于巴蜀。石榴巖多榴樹，高者數十仞，今僅存短者數株而已。

紫雲峰，時有紫雲覆於其顛，凝結如蓋。下有柏木源，古柏有高十餘咫者，前代尚存，今亡矣。源下即榆花溪，多榆木。

芙蓉峰之下，白馬源出焉。南即天馬峰，天馬產焉，或現或隱，不可卒而遇也。有馬蹄石，馬迹數十，深者尺許，淺者數寸，宛若印成。

飛龍峰，形如龍之飛舞。下有百花洞，百花源出焉，春月百花叢開，通谷如繡，異香撲鼻，遊人如置身香谷中。

采石峰，下有白龍巖、白龍源，源之水注而為潭，有白龍潛焉，每遇風雷交作，時見頭角於溪中也。白石臺，黑夜望之，熒熒有光，直射人目，雨後瀑水飛流巖下，直可作白龍觀矣。此三十六峰之載于圖經者也。

三十六峰之外，幽奇妙絶之峰，不可勝紀。至于巖谷之佳，丘壑之勝，松石之奇，無如石筍、飛來、光明頂、平天矼、牛角硔、散花塢、西海門也，并未入志。若始信、玉屏、蓮房、蓮蕊、石幢、仙掌、仙橋、鼇魚、佛手、彌勒、五老、文筆、引針、夫子、仙榜、磨盤、枦窗、仙培、麒麟、石鼓、面壁、三品、浮屠、接天、耕雲、紫玉、探珠、引路、天乙、太乙、老子、天醫、老人、四皓、嬰兒、天外錦屏、玉兔、蟠桃、鵝嶼、選供、羅漢、香爐、聚仙、龍棲、牛鼻、餐雲、美人、凌霄、天馬、匣劍、華蓋、逼漢、招霞、三仙、臥筆、青牛、臥龍、仙亭、文硯、玉印、符節、臥纛、嘯師、隱硎、獻花、眠象、天閣、波斯、玉鏡、幔樓、玉女等七十二峰，俱可以兄五嶽而弟四鎮，與匡廬、太和〔二〕、

〔二〕太和：武當山，在今湖北省十堰市境内，又名太和山、謝羅山、參上山、仙室山，道教聖地，列第九福地。

羅浮〔二〕、武夷、九華、天目、峨眉〔三〕、五臺〔三〕、點蒼〔四〕、雞足〔五〕諸名山并驅以行，未知孰得上駟者也。至於一巖、一石、一松、一樹之奇，則以千計矣。縱經年遊之，亦不能窮也。且此山變幻無盡，春夏更化，秋冬遞遷，旦夕異形，陰晴殊態，我遊如此，彼遊不如此，我見云然，彼見不云然，遊覽不同，見聞互異，若天樂時作，金光屢見，仙燈常放，瑞雲數布，非他名山所可仿佛也。余欲以耕雲、仙掌諸峰附於天都，老人、嘯師諸峰附於朱砂，始信、石筍、海門、石鼓諸峰附於獅子，飛來、佛手諸峰附於煉丹，彌勒、紫玉諸峰附於丹霞，蓮蕊、蓮房、玉屏諸峰以及散花塢、牛角硔、光明頂、平天矼、四皓、鼇魚、石幢俱附於蓮花，以登峰皆繞足下也，其仙橋、紫幢諸峰附之於桃花，羅漢、臥

〔二〕羅浮：羅浮山，羅山與浮山合為一體，故名，位於廣東省博羅縣境内。被道教尊為天下第七大洞天、第三十四福地。又被佛教稱為羅浮第一禪林，素有百粵群山之祖之稱。

〔三〕峨眉：峨眉山，位於四川省樂山市境内，為邛崍山南段餘脈，是中國四大佛教名山之一。《峨眉郡志》云：『雲鬘凝翠，鬒黛遥妝，真如螓首蛾眉，細而長，美而豔也，故名峨眉山。』

〔三〕五臺：五臺山，也稱清凉山，位於山西省忻州市境内。《名山志》記載：『五臺山五峰聳立，高出雲表，山頂無林木，有如壘土之臺，故曰五臺。』與普陀山、九華山、峨眉并稱中國佛教四大名山，五臺山列首位。又與尼泊爾藍毗尼花園、印度鹿野苑、菩提伽耶、拘尸那迦並稱為世界五大佛教聖地。

〔四〕點蒼：蒼山，又名點蒼山，古時稱熊倉山、玷蒼山，位於雲南省大理境内，雲嶺山脈南端主峰。《元史·地理志》：『點蒼山在大理城西，周廣四百里。』趙翼《甌北詩鈔·龍尾關》：『點蒼千仞高，洱海萬頃沛。』

〔五〕雞足：雞足山，位於大理白族自治州賓川縣境内，因其山勢頂聳西北，尾迤東南，前列三支，後伸一嶺，形似雞足而得名。是漢傳佛教和藏傳佛教交匯地，享譽東南亞的佛教聖地，也是中國古代十大佛教名山之一，有『靈山佛都』『天開佛國』『華夏第一佛山』的美譽。

矗諸峰附於仙都，藥谷附於朱砂，松谷附於芙蓉，雲谷附於缽盂，雲舫附於天都，其餘諸峰各因其鄰者而附之，列圖七十有二，庶幾不負諸峰之佳妙也。

巖十有七。曰朱砂，在朱砂峰。曰華蓋，與朱砂巖相對。曰阮公，在上昇峰。曰月脇，在趙州庵左。曰石乳，在疊障峰。曰毛人，在軒轅峰。曰猿猴，在石門峰。曰滴水、曰虎頭，俱在桃花源白龍潭上。曰石榴、曰龍鬚，在松林、望仙兩峰下。曰佛掌，在慈光普同塔左里許，有石指三四，儼若如來舒光明拳狀，雲間顧諟[一]題曰『佛掌』。曰九龍，在九龍峰。曰白龍，在采石峰。曰觀音，在老人峰道中。曰法水，在大悲頂之西，即光明頂。曰將隱，在獅子林。曰爛柯，在獅子峰前。

洞十有四。曰朱砂，在朱砂峰。曰仙燈，在缽盂峰下，時有仙、燈出見，幽深莫測，昔有秉炬入遊者，見石榻、石几、石爐、石鼓諸景，以炬不繼而反，他日復往，則不得其門矣。曰錦霞，在獅子峰下，時有錦霞迷洞，映射石壁，煥若天孫機杼焉。曰水簇，在雲門峰東麓，祥符寺後，餐霞洞附之。曰駕鶴，在石人峰，浮丘控鶴之後，有導引者居洞數十年，道成，白鶴來止，遂駕之去。曰仙人，在軒轅峰，時有仙人往來洞中，山下人嘗聞吹鐵笛聲韻繞碧落，前朝隆、萬間遺隻履於洞，縱一咫有奇，衡半之，非絲、非麻、亦非布者，乃仙草捆成，上有龍鳳紋，仙都道士見而趺於中，忽冉冉騰空而起，去地丈許，道士大駭，急躍下，履輒飛去。曰九龍、曰蓮花，在九龍、蓮花兩峰下。曰藏雲、曰弦歌，

[一] 顧諟：生卒年不詳，明直隸松江人。洪武十八年（一三八五）進士，官員外郎。

在雲際、望仙兩峰下。曰百花、曰翠微，在飛龍、翠微兩峰下。曰容成、曰狼豹，在容戎、石門兩峰下。

源三十有六。各附本峰，蓋有一峰則有一源也。

溪二十有四。俱屬諸峰。惟曹公、飛泉、白龍三溪各自為溪，無所屬焉。

泉十有九。曰湯泉，在紫石峰之下，味甘，性温無硫氣，有丹砂之臭，為天下第一，惟滇之安寧州者可與伯仲。疥癬之患，一沐輒愈。煮茗久服可起痼疾。朱砂泉，在朱砂峰下。百丈泉，在湯泉左。錫杖泉，在鉢盂峰。法眼泉，在慈光後老人峰下，味甘香而清洌。天根泉，在獅子峰。瀑布泉，在雲門峰。千秋泉，在蓮花峰。飛雨泉，在紫石峰。澡缾泉，在石門峰，即石甀中流出者。勝水泉，在蓮花峰脰。煉丹泉，在煉丹峰下，供千人不竭，一二人飲亦不溢。聖水、鳴弦、落星三泉，俱在桃源上下。香泉，在天都峰下，甘泉似桂，久服溲汗俱香。惠普泉，在雲外峰。三昧泉，在天海。秋泉，在石筍矼之下。

潭十有二。曰五龍，在芙蓉峰，有青、黄、赤、白、黑五龍之分。曰大清，在清潭峰下。曰鐵綫，在石鼓峰，群龍潛於中，亢旱斬虎頭投之，龍輒起鬥，大雨立至。曰白龍，在藥谷，深不盈尺，皆碧石為底，風來蕩漾，煥如五彩，有龍潛焉。每天欲雨，輒起白雲一縷，少頃，彌漫山谷，甘霖如注矣。曰逍遥，在逍遥溪，為錦鱗之窟。曰九龍，在鉢盂峰下，凡九折，每折一潭，所謂九龍飛布是也。曰桃花，在桃花峰下。曰石井，在新羅源，與九龍潭相并。曰百尺，在紫石峰下。曰雲門，在雲門峰下。曰蕩漾，在望仙峰下。曰石門，在烏泥嶺下。

橋二。曰天虹，在湯嶺北仙橋峰顛，長數十仞，闊數尋，遥望僅箕大洞耳，登視則不然，蓋峰高壑深，目力緲矣。曰通雲，在石門峰，兩峰雙峙一石，亘之宛如天橋。

石室五。一在天都峰，一在煉丹峰，一在丹霞峰，一在軒轅峰，一在石牀峰。

臺六。煉丹臺，即軒后曬藥臺也，在煉丹峰下，平廣可容數百人，俯臨大壑，深不可測，面立小峰，名紫玉屏，從地聳拔，端方秀削，如一座湖山，置於几案，四面峰巒，孕靈包異，變幻無窮，為黄海第一幽細之景也。文殊臺，在玉屏文殊院前，古佛跏趺迹猶存。立雪臺在其西，登臺望後海諸峰，參雲矗漢，不可勝紀，變幻無窮，莫可測也。容成臺，在容成溪，去峰七十里，相隔雖遠，而源水相通也。釣臺，在湯溪，一片石耳，因元高士鄭師山玉垂釣得名。誦法臺，在獅子峰右，平廣方丈，旁立石丈人，俯躬端肅，若聽法者。

溝二。蓮花溝，在蓮花峰下，旁即登峰之道。桃花溝，在桃花峰下，前朝溝多桃花，滄桑之變，盡殃樵牧矣。

坪二。芙蓉，在芙蓉嶺，去太平縣道中。九龍坪，在九龍峰，蹈之錚錚有聲，又名琵琶坪。

井二。曰丹井，在白龍潭上，深一㘭，大如箕，其泉澄泓不流，甘香而清洌。曰洗藥井，在洗藥溪中，深㘭半，大三拱，水色如丹砂，味苦洌，帶藥氣。

谷四。藥谷，即小桃源。雲谷，即丞相源。香谷，在疊障峰，即白雲谷，太史湯賓尹更名。松谷，在芙蓉峰，真人張尹甫故宅。

池四。香砂池，在蓮花峰絶頂，大如箕，冬夏不涸，或曰以水浣目，盲者可復明也，採其砂置衣笥，經年香始散。洗心池，在松林峰，大如錢，數百人飲之不竭。流杯池，在仙人峰顛，縱五咫，衡半咫，凡十二曲，可以汎觴，其水大旱不涸，霪雨不溢。蟹眼池，在仙都峰，泉流如綫，數十人酌之不竭。

石凡五十有三。曰飛來，在翠微寺西峰堂之側。唐開元天寶中，從風雨中飛來者。曰馬頭，在青牛溪上。曰醉丈人，在鳴弦泉下。曰呼龍，在白龍潭右。曰兔兒，在蓮花峰道中。曰海螺，在大悲頂。曰鸚鵡，有二：一在一綫天，一在雲舫。曰迴瀾，在桃花源。曰薌石，在天馬峰。曰擾龍，在散花塢。曰蒲團，在文殊院。曰所思翁，在始信峰，如人反手而立，若有所思者。曰神駿，在西海門。曰杵臼，在洗藥溪。曰藏丹、曰彈琴，俱在桃花源溪中。曰朱砂，色赭如丹砂狀，在朱砂峰。曰龍蟠，在嘯天師下。曰雙龜，在石門峰，一在白龍潭者，曾為雷火擊裂，今復合矣。曰仙棋，在棋石峰，遊者常見布局相當，勝負不判，或有屢遊而不見者，真山靈之幻也。曰馬迹，在芙蓉峰，或曰黄帝所乘神駿遺迹也，不假椎鑿，宛然無二，真乃説也不信，到者方知耳。曰龍吟，在龍吟寺後，以蜀桐作杖擊之，聲如龍吟，大擊大響，小擊小應。曰猿猴，在雙龜之左，動静如之。曰停雪、曰劍石，俱在藥谷。曰鱗石，在虎頭巖下。司馬汪道昆命名曰觀音，在耕雲峰下，俗呼觀音灑净。曰戲蟾，在朱砂峽後。曰橫雲，在老人峰北。曰新鶯、曰天榜，俱在松谷道中，榜有仙篆數十行，奇古不可辨，曾有譯得一字，雷輒擊去，三面皆絶壁，壁半有穴半規，透見隔山天光雲彩，俗呼曰天眼。曰飛魚，去一綫天數十武，鼓鬣排空，宛如飛躍。曰烏員，在蓮花洞，俗呼為貓石。曰笠人，狀如人戴笠，在湯嶺。曰浮石，在文殊院道中，古庵基前，明代崇禎朝，山水暴漲，浮來者。曰鳳凰、曰師象，俱在文殊院。

曰龜魚，在蓮花峰。曰鼓鼙，在石鼓峰。曰慈航、曰法袋，俱在大悲頂。曰八公、曰立佛，俱在石筍矼。曰净瓶、曰達磨，俱在雲舫。曰波斯進寶，在穎林庵。曰丞相觀棋，在始信峰。曰海船，在石鼓峰。曰聽法，在獅子林。曰三仙共傘，亦在始信峰。曰伯樂相馬，登立雪臺，北望宛然。曰硯山，在丹臺紫玉屏上。曰烏紗、曰黄冠、曰文牓，俱在松谷山中。

矼三。白沙矼，在鉢盂峰下。平天矼，在天海。石筍矼，在始信峰。

湖二。曰洋湖，在芙蓉峰，大十數頃，中可筑室，黄山至此如見巨浸。曰隱湖，一勺之多耳。

海有四。曰前海，在光明頂之前，皆呼為前海。曰後海，在始信峰北。曰西海，在煉丹峰西。曰天海，在光明頂之下。

大寺四。祥符寺，即湯院，唐開元、天寶間，僧志滿創始，後改名湯院，至宋大中祥符間敕更今名。翠微寺，唐中和間僧麻衣道場也。松谷寺，宋寶祐間道士張尹甫創，松谷，尹甫之别號也，即以名庵，今為寺。慈光寺，在朱砂峰下，明程玄陽道人〔二〕結茆於此，後惟安僧來開創，初名法海院，既

〔二〕程玄陽道人：又作程玄暘，生卒年不詳，明穆宗隆慶（一五六七—一五七二）間結茅朱砂峰下，名步雲亭，修真養性，為許國所重。

入都門，為太監馬進〔一〕畈衣，留住慈聖太后〔二〕供佛之慈玥庵，見惟安篤實，又符於夢，遂白太后，頒内帑，薙髮賜紫，并藏經、四面佛，及東宮大悲金佛二尊，送於黄山供奉，神宗〔三〕賜寺額曰『慈光』，降敕護持，為一時之盛云。國初寺圮，里人黄僎〔四〕捐貲獨創，復圮，海岳禪僧〔五〕復修焉。

院六。文殊院，在玉屏峰前，即惟安僧尋夢之所也，與夢相符，遂建院焉。前朝朱砂，後倚玉屏，為黄海之堂宇，大有孤雲臥此中，萬山朝拜其下之概，天童僧密悟額曰『到者方知』，誠不到者不知其妙也。擲鉢院，在丞相源，太史湯賓尹命名，即雲谷是也，前朝萬曆間，廣寄〔六〕僧乞歙邑汪氏地所建者。大悲院，在天海大悲頂，供太子所舍金佛者，今廢。普賢院在其西，亦廢。平天院，在平天矼，今廢。普祐院，在曹溪，歲旱為農家禱雨處。

〔一〕馬進：明神宗朝御馬監太監，總理京師慈明庵庵務。

〔二〕慈聖太后：孝定皇太后（一五四六—一六一四），李氏，漷縣（今北京通州）人。明穆宗朱載垕貴妃，明神宗生母。萬曆元年（一五七三），明神宗即位後，為李氏上尊號慈聖皇太后。萬曆四十二年（一六一四）二月去世，謚號孝定貞純欽仁端肅弼天祚聖皇太后，合葬於昭陵。《明史》有傳。

〔三〕明神宗：朱翊鈞（一五六三—一六二〇），明朝第十三位皇帝，明穆宗朱載垕第三子，隆慶二年（一五六八）十一月被立為皇太子。隆慶六年（一五七二）即位，年號萬曆，在位四十八年，是明代在位時間最長的皇帝。萬曆四十八年（一六二〇）崩，廟號神宗，謚號範天合道哲肅敦簡光文章武安仁止孝顯皇帝。

〔四〕黄僎：生卒年不詳，字于升，明末清初歙縣石嶺人，黄奂之弟。少業儒，與兄奂及潘之恒等俱事普門和尚，為重建慈光寺，置四面佛。

〔五〕海岳禪僧：清黄山僧，字中洲，號菌人，俗家丹徒。

〔六〕廣寄：寓安。

觀六。浮丘觀，在浮丘峰，建於唐，後廢，明宣德〔一〕朝，道士鮑興〔二〕復創，今又廢矣。仙都觀，在仙都峰下。龍吟觀，以龍吟石得名，後改為寺，今亦廢矣。九龍觀，在九龍峰下，相傳漢永平〔三〕九年，地湧九泉，因穿九井，泉皆甘美，唐開元中為僧舍，宋政和〔四〕五年敕改為觀。城山觀，在太平之焦村，即宋黄山堂司户焦源建，尋為城山書院，今復為觀。仙源觀，在太平西南，元至元〔五〕中建。

庵舍凡六十有四，廢者居多，惟存師子林、丹臺、雲舫、桃源數處而已。

奇松十有六。曰迎送，在文殊院之松門，一株傴僂以迎，若肅客登堂者，一株鞠躬而俯，若送客降階者，儼然有揖讓之風焉。曰臥龍，在文殊院蒲團石之上，夭矯如龍蜿蜒，蒲伏於石上者仞餘，忽然翻身仰首翹望青天，大有呼吸煙霞，吞吐雲霧之勢。曰鶴蓋，在立雪臺下，一石酷肖仙禽，翱翔崖半，若引頸長鳴者，一松亭亭如蓋，高覆於上云。曰錫杖，亦在文殊道旁，幹直如挺，長咫有半，别無柯格，惟松頂細枝勾結玲瓏，儼然卓錫，今槁矣，枯本猶存。曰蒲團，在光明頂西，幹矮質柔，枝繁形扁，酷似蒲團，可趺數人不墜。曰美人，在丹臺紫玉屏後石上，嫋娜輕盈，儼如玉女臨風。曰接引，在始信峰，山勢突兀，縣崖峭削，衹通一綫，忽然中絶，好事者以木續之，然略勺難行，下臨無

〔一〕宣德：明宣宗朱瞻基年號，自公元一四二六年至一四三五年，共計十年。
〔二〕鮑興：明黄山道士，募新安衛千户趙安等，重創浮丘觀，並修砌道路。
〔三〕永平：漢明帝劉莊年號，自公元五八年至七五年，共計十八年。
〔四〕政和：宋徽宗趙佶年號，自公元一一一一年至一一一八年，共計八年。
〔五〕至元：元世祖忽必烈年號，自公元一二六四年至一六九四年，共計三十一年。

地，心目蒼茫，此松屈曲如龍，於彼崖斜舒一柯，直接此崖，遂得援手而度。曰擾龍，在始信峰深谷中，蜿蜒百尺，忽起忽伏，乍昇乍降，繞崖纏澗，穿隙透石而上，如龍擾焉。曰棋枰，亦在始信峰，兩石如洞天仙客，覿而趺坐，一松生於膝下，平準如局，儼若兩人對博也。旁有峨冠巨人，反手俯視，俗謂丞相觀碁也。一人螺帽側身，手捧一盤，傴僂而立，俗謂波斯進寶也，眉目畢具，宛然有生動之象。曰仙蓋，在石筍道旁，三石如仙，趺坐於崖，一松高覆於上，俗呼三仙共傘，今槁，樵斧，僅存枯幹矣。曰文松，在夫子峰下，黄山松多雄健古拙，獨此松恂恂有儒雅風度，故名曰『文』。曰破石，在一綫天，根生石中，枝覆石上，松幹壯茁，石不勝受，乃分裂以容，遊者見枝而不見幹，謂松以石為幹也。崇禎朝為雷火所薄，石崩松槁，枯本尚存。曰春睡，在天都峰，婆娑如著早醺，依依欲睡春風也，畫家謂春山如睡，豈松亦然耶！曰倒掛，在蓮花峰道中，其根一絲貫於壁隙，倒懸於下，歷千古而青葱自若。曰縹緲，在軒轅峰，勁幹扶蘇，柔枝綽約，縹緲于蒼崖白石之間，可望而不可接也，如澹煙微罩，薄霧輕籠，恍如廣寒仙子，亭亭玉立於碧紗厨矣。曰耕雲，在耕雲峰上，榦曲如耟，枝葉蓬葱，狀如青牛，一犁春雨，耕白雲於無盡矣。曰翁仲，在軒皇臺下，兩株鵠立，若翁仲然，峨冠執笏，侍立於兩旁。翁耶仲耶？豈軒皇之壇，即曩之金馬門耶？抑帝驂龍之後，群臣思之，葬衣冠於壇上耶？吾不知是松之幻耶？是造物之幻耶？

奇樹五。曰蒲團柏，有二：一在蓮花峰，一在天都峰。曰月裏娑婆，在蓮花峰峭壁間，有石中窪如規，儼似望夕之月，中産一樹，婆娑如桂，獨少吴剛〔一〕斧影耳。曰連理，在慈光寺前得心亭上。曰遊龍柏，在光明頂，狀如龍，竟與松争奇，今槁。曰紫檀，在蓮蕊峰，香翠接地，勁幹擎天，不受霜雪，不怯風露。按紫檀惟産崑崙〔二〕、盤盤國〔三〕，與世之紫榆大殊，今黄海有之，足徵山之靈異，直欲父崑崙而臣五嶽矣。

靈禽三。曰神鳥一對，每有客來，則先至慈光、文殊、擲鉢等處鳴，育雛至秋，引遊諸峰，送出山外，即不復入，老者常居山中，不知幾何年矣。曰山樂鳥，每於春曉，和鳴林間，備八音之律，若鈞天之奏。曰碧雞，毛羽陸離。班班可愛，狀如小鳳。其他若元鶴、白鷴、鴛鴦、雉、鵲之類，山中頗多，皆尋常之物，不足紀也。

果有數十種。榛為上，榴、栗次之，亦難概載也。

奇草三。曰雲霧，可作茗，能消煩暑。曰龍鬚，可作簟，軟勝桃笙。曰翠煙，可作藥，性寒，色碧如雲，蔓延石上，又名翠雲。

〔一〕吴剛：古代神話月中仙人，被天帝懲罰在月宫伐桂樹，隨伐隨癒。《酉陽雜俎·天咫》：『舊言月中有桂，有蟾蜍，故異書言，月桂高五百丈，下有一人常斫之，樹創隨合。人姓吴名剛，西河人，學仙有過，謫令伐樹。』

〔二〕崑崙：崑崙山脈，又稱崑崙虚、玉山，中國西部山系的主幹。西起帕米爾高原東部，横貫新疆、西藏間，延至青海境遇。古代有『萬山之祖』的地位，古代神話傳説多與崑崙山有關。

〔三〕盤盤國：古代海外小國。據文獻記載，自公元五世紀中期劉宋元嘉中至七世紀中期唐貞觀中，一直同中國保持通使關係。《梁書·海南諸國列傳》《通典》第一百八十八卷、兩《唐書》等均有專條記載。現代學者一般認為在今泰國南萬倫灣沿岸，當克拉地峽要衝。

奇蔬四。曰珍珠菜，曰長春芥，曰蒟蒻藤，曰赤骨薤。

異味三。曰石蜜，野蜂廬石隙中所釀，味厚勝家蜜，久服延年益算。曰花醞，山猿采百花釀酒石窪中，覓得，飲之甘香似玉液，可長生久視。曰石蛙，產溪洞山澗中，食之大裨腸胃，至秋殺人，不可食。

神獸五。曰猿，一白、一黑，各數千歲，見人輒作拱揖，黑者常引群猿覓食諸山，白者常隱不常見，出則四猿輿以行，見者為瑞。曰天馬，亦常隱，偶飛騰天都、蓮花諸峰，有電光繞其足。曰白鹿，有二，亦不常見。曰青牛，大於象，常啃草青牛溪上，逐之則飛馳而去。曰紫豸，龍首、麕身、牛尾、馬蹄、一角，似麟。

異物七。曰放光木，產深谷，置室中，夜輒放光。曰晶光石，狀如水晶，照日有光，多產大谷中。曰香子砂，產蓮花峰頂香泉池中，其臭如蘭。曰紫英石，產西海、北海澗中，色淡紫，質瑩澈，無論大小皆五稜。曰五色石，產蓮花溝，椎碎入熾火中，起五彩光。曰紫芝，產高崖，長者數尺，短者尺許，五彩可玩。曰磁石，產引針峰，即吸鐵石也，峰以石得名。

怪物三，曰魶魚，四足、長尾、無鱗，聲如嬰兒，能昇木含水，餌鳥為食，取其膏，燃燈久而不息。曰廬狨，似穿山甲，而無鱗，性嗜猿及蜂，每呼群猿至，繞跪於下，擇肥者以木葉或磚石覆其頂，擇定，麾瘠者去，乃食。曰石斑魚，無牡，至春與蛇醫交而胎，釣而治腊，久而不餒，春月有毒，食之殺人。

藥有數百種。黃連、紅朮良於他產，人蓡味少遜於上黨耳。

花以千計，皆莫能辨。以木蓮為第一，慈光寺前一株，大十數圍，高二尋，孟夏花開，香聞數里。杜鵑、海棠，皆有色有香。其他若望春花樹極高大，開花最盛。金縷梅似臘梅，而瓣如縷，春日開時，翩翩欲舞，撚蠟色黄，一包五朵，開以春杪。旌節花儼如旌節。海罽仿佛睡香。瓔珞花幽倩澹冶，清香雋永，有垂柳之態。若春桂、若蕡桃、若山櫻，或秋樹而春開，或葉竹而幹木，或未花而先實，與他山之卉迥異耳。至於紫雲之色，軟奪日光；石蘭之香，硬欺九琬。玉玲初開，則駕於白璧；查葡大放，則壓倒丹砂，尤以色勝矣。覆杯傲雲，壘雪推態，大殊群卉，仙都之花，或云即萬壽芙蓉；麈麈之花，或云即垂絲仙鳳。其若青鸞、鵓兒、紫綺、玉環、珊瑚、鞭子，皆象物肖形，極其艷目者也。

嶺八九十，亭榭數十，木石梁十餘架，皆不足述也。古迹有軒轅碑、圓石塔、馬蹄跡、碧石枕、紫玉牀、丹井、藥臼、石杵、藥爐、錫杖泉、浮丘壇、白龍堂、新羅庵、麻丞相墓，此黄山之大略也。尤奇者，幻雲鋪海，雨後彌漫山谷，一望無際，儼若滄溟，獨少番航賈舶揚帆於中耳，黄海之名由斯著也。其次則放光，毋論白晝月下，山谷忽放金光，五色燦爛，或為樓臺殿閣，或為人物花鳥，或為蛟龍虎豹，或為介胄干戈，變化無窮，即海市蜃樓，無其幻也。又有仙燈時出，初則一點燐燐，既則千百為群，漫山遍谷，照耀丘壑矣。

至于人物，漢則陳業，唐則温伯雪〔一〕，宋則陳偰〔二〕，元則陳玉峰〔三〕、鄭玉、吴萬竹〔四〕，明

〔一〕温伯雪：《莊子·田子方》：『温伯雪子適齊，舍于魯。……仲尼見之而不言。子路曰：「吾子欲見温伯雪子久矣，見之而不言，何焉？」仲尼曰：「若夫人者，目擊而道存矣，亦不可以容聲矣。」』李白《送温處士歸黄山白鵝峰舊居》：『黄山四千仞，三十二蓮峰。……亦聞温伯雪，獨往今相逢。』則處士之名未必為伯雪，當為李白借典代稱。

〔二〕陳偰：生卒年不詳，字玉峰，南宋太平人。通《尚書》《春秋》，寶祐（一二五三—一二五八）進士及第，任宣城縣尹，辭歸，隱居黄山翠微峰之麓，讀書懷古，終身不仕。著有《黄山詩集》，早佚。

〔三〕陳玉峰：即陳偰。此文分作兩人，誤。

〔四〕吴萬竹（？—一三五〇？）：名字不詳，至元（一三三五—一三四〇）中，隱居黄山仙源觀，植竹萬竿，因號『萬竹』。與汪澤民等相交。

則程誥〔二〕、周怡〔三〕、汪道昆、方弘静〔三〕、王寅〔四〕、許國〔五〕、程顯爵、汪元功〔六〕、潘之恒、吴伯與、

〔二〕程誥：生卒年不詳，字自邑，自號泭溪山人，明歙縣人。程玄輔從子。生平好遊，足跡半天下，所至山川都邑，輒紀以詩，見知於李夢陽。有《霞城集》二十四卷。

〔三〕周怡（一五〇五—一五六九）：字順之，號都峰，改號訥谿，明太平人。周懌從弟。嘉靖十七年（一五三八）進士，授順德府推官，擢吏科給事中，以劾嚴嵩下錦衣獄。穆宗隆慶元年（一五六七），召為太常寺少卿，歷山東按察司僉事、太常寺少卿，卒，謚恭節。著有《訥溪詩録》九卷、《文録》十卷、《奏疏》一卷、《雜録》二卷、《尺牘》四卷。《明史》有傳。

〔三〕方弘静（一五一七—一六一一）：字定之，號采山，明歙縣人。嘉靖二十九年（一五五〇）進士，歷東平知州，視學粤西，官至南京户部右侍郎，學者稱采山先生。著作有《千一録》二十六卷、《素園存稿》二十卷。

〔四〕王寅：生卒年不詳，字仲房，一字亮卿，明歙縣人。諸生，北上問詩於李夢陽，不遇，遂詣少林習兵仗，入胡宗憲幕抗倭，不得意。中年習禪，事古峰和尚，自號十嶽山人。與高應冕、祝時泰等人組織西湖八社，吟咏唱和，盛極一時。有《周易圖説》《十嶽山人詩集》四卷。

〔五〕許國（一五二七—一五九六）：字維楨，明歙縣人。嘉靖四十四年（一五六五）進士，授檢討。神宗即位，進右贊善，充日講官，歷禮部左、右侍郎。萬曆十一年（一五八三）以禮部尚書兼東閣大學士，入參機務。以附首輔申時行，屢為言官所劾，帝護之，罪言官。加太子太保，改文淵閣大學士，進太子太傅。十九年（一五九一）以册立事得罪，罷歸。卒，贈太保，謚『文穆』。有《四書貫解》十卷、《新刊論策標題古今三十三朝史綱紀要》七十二卷、《外紀》七卷、《許文穆公遺文》《精刻大學衍義補摘粹》十二卷、《新刻儁英珠璣》。《明史》有傳。

〔六〕汪元功：生卒年不詳，號蒼衡，明歙縣人。萬曆二十三年（一五九五）進士，歷官江西糧道，陞山西按察使，未到任卒。輸資闢治黃山道路十餘里，好事有功。

邵樸元〔一〕、王之傑〔二〕、汪汝鵬〔三〕、王應辰〔四〕、丁自宣〔五〕、程嘉燧〔六〕、項如皋〔七〕、鮑正元、佘書

〔一〕邵樸元：生卒年不詳，字鎮之，明、清間太平人。萬曆四十六年（一六一八）舉人。精研理學，主講於白鹿洞書院。入清，主纂《（康熙）太平縣志》十卷。

〔二〕王之傑：生卒年不詳，字于凡，明歙縣人。性好山水，與潘之恒、鮑正元諸人賦詩桃花溪上，盟曰：『有曠歲不遊天都者，為軒轅叛臣。』潘之恒撰《黄海》，王之傑與之商榷，與有功焉。

〔三〕汪汝鵬：生卒年不詳，字圖南，明歙縣巖鎮人。其先世有書屋在丞相源，萬曆間捐出建擲鉢禪院。與弟汝鸞、汝鳳以理學著稱。

〔四〕王應辰：生卒年不詳，字介石，明歙縣人。登天都峰，陟險幾死，頓悟生死，遂從寓安禪師受衣鉢。後遊南嶽，開叢林，為湘潭禪宗。

〔五〕丁自宣：生卒年不詳，明休寧人。結茅黄山中，累年不出。曾買地贈慈光寺，以供樵採。與潘之恒等結詩社，吟咏唱和。

〔六〕程嘉燧（一五六五—一六四三）：字孟陽，號松圓、偈庵、耦耕，晚年皈依佛門，法號海能，明休寧人。明末布衣，先後寓居武林、嘉定、虞山，與婁堅、唐時升合稱『練川三老』，又合李流芳稱『嘉定四先生』。工詩文，善書畫。有《破山興福寺志》四卷、《浙行偶記》一卷、《松圓浪淘集》十八卷、《松寥集》三卷、《松圓偈庵集》二卷、《程孟陽松崖圖》等。《明史·文苑·唐時升傳》有附傳。

〔七〕項如皋：生卒年不詳，字孟凱，號幾石，明末太平人。讀書祥符寺，開廉衣道場。崇禎九年（一六三六）舉人，授刑部主事。黄道周之獄，力為斡旋，得減死，尋病卒。

升、沈壽民〔二〕、羅逸〔三〕、黄奐〔三〕、遯峰〔四〕。國朝則曹應鵬〔五〕、王泰徵〔六〕、朱宏祚〔七〕、譚學份〔八〕、程弘志、程從伸〔九〕輩，以為山川生色。

〔二〕沈壽民（一六〇七—一六七五）：字眉生，號耕巖，明、清間宣城人。沈寵曾孫，諸生。崇禎中，以劾楊嗣昌奪情及熊文燦主撫之罪名動天下。明亡，隱居講學以終，學者私謚貞文。有《劾楊武陵三疏》《閑道録》十六卷、《姑山遺集》二十卷、《姑山續集》六卷、《剩庵詩稿》等。事迹附《明史·田一儁傳》。

〔三〕羅逸：生卒年不詳，字遠遊，號『山中耐久朋』，明、清間歙縣人。好遊歷，癖嗜黟山，善屬文，與潘之恒、李維楨、佘書升、鮑正元等交。有《亘史補》十二卷、《黄草詩》《僦庵集》等，已佚。

〔三〕黄奐：生卒年不詳，一名允文，字玄龍，明建平人。國子生。博涉書史，工詩文，得鍾惺、楊維楨等推賞。有《黄玄龍集》十二卷。

〔四〕遯峰：姓名、生卒年不詳，浙江人。登黄山蓮花峰絶頂，遂有絶世之意，居之數載，號遯峰。家人迎之不還，後不知所蹤。

〔五〕曹應鵬：生卒年不詳，字僧白，清歙縣巖鎮人。家世鹽商，任俠好施，以其白龍潭山地讓於法海叢林。能詩，卓然成一家言。

〔六〕王泰徵：生卒年不詳，字嘉生，號蘆人，又號半士、黄谷老人，明、清間歙縣人。崇禎十年（一六三七）進士。歷知吴川、新會、建陽縣，陞禮部主事，未赴。入清，隱西檀山，杜門教授，學者宗之。

〔七〕朱宏祚：不詳，待考。康熙時有閩浙總督朱宏祚，未見其與黄山有何關係。

〔八〕譚學份：生卒年不詳，字古野，清太平人。喜與僧侣遊，筑半偈山房于獅子峰下，讀書習静。

〔九〕程從伸：生卒年不詳，字申之，清歙縣人。太學生，挈家居䢼中四十餘年。

仙則太古有軒轅、浮丘、廣成、容成、阮公、曹公，唐有羅文祐〔一〕、竇子玥〔二〕、釀酒道士〔三〕，宋元則有張尹甫、申清虛、曹元育〔四〕、烏窠道人，明則有程玄暘、福暘〔五〕、酒家媪〔六〕之徒。

釋則唐有麻衣、志滿，宋有文太、清素〔七〕，明有智空〔八〕、惟安、如孝〔九〕、廣寄、本豫〔一〇〕、通忍〔一一〕、

〔一〕羅文祐：生卒年不詳，晉南昌人。父羅瑭，同許遜學道。西晉太康（二七九—二八九）中奉母至歙，尋軒轅故迹，結廬長春里。煉丹成，乘白狼去。

〔二〕竇子明：又作篋子明，好釣魚，釣得白龍，放生。後得魚腹中書，有服食法。遂上黄山，採五石脂沸水而服之，三年，龍來迎去。

〔三〕釀酒道士：黄山軒轅峰下有石室，曾有樵翁入室中，見一道士釀酒，疑為仙人。

〔四〕曹元育：宋道士，休寧人，寄居歙縣長春里。數十年未嘗有求於人，破窗塵榻，凝坐達旦，或一臥輒六七日。一旦，以衣物道具遍散鄰里，遂卒。

〔五〕福陽道人：程玄陽之徒。玄陽羽化，命其繼主雲亭。普門和尚至黄山，遂盡交與普門，任從興造。

〔六〕酒家媪：曹溪謝才浩家婢女。事主終身，無一日離。事三幼主，幼主相繼壽終；凡更三夫，夫亦相繼老死。不知其年歲，晝往山中析薪，暮則市酒飲，舉人曹應鶴異其人，醉以醇醪，飲畢，歡然而逝。

〔七〕清素：宋僧，自五臺山至新安，結茅曹溪。高宗紹興（一一三一—一一六二）間，敕建普祐院，賜號神慧永濟禪師。

〔八〕智空：明僧，穆宗隆慶（一五六七—一五七二）間賜紫，不受，遁迹居光明頂十五年。

〔九〕如孝：明僧，號敬賢。精修戒律，普門舉爲慈光寺主。

〔一〇〕本豫：（？—一六四五），即林皋大師，號晦夫，俗家崑山陳氏。得法於磬山修和尚，居黄山，與普門心契，後據夾山法席。著《唐宋尊宿語録》，為宗門誡範。

〔一一〕通忍（？—一六四七）：即朝宗大師，俗家武進陳氏。能詩文，決意參禪，年僅三十餘，已開堂金陵。遊化至天都，居別峰庵。

音可〔一〕。國朝有毒鼓〔二〕、老巢〔三〕、正志、弘道〔四〕之流，以宏宗門。孰謂黃山荒僻也哉！

〔一〕音可：即元白大師，俗家武岡鄧氏。年二十祝髮，先後主慧山、舒城蓋山、皖城清凉庵，常棲黃山蓮花峰庵。集《圓通廣懺》六十卷。

〔二〕毒鼓：清僧。愛黃山蓮花峰奇勝，遂棲止焉。每夜下浴湯池，路持佛號，聲震山谷，歸時達旦。

〔三〕老巢：清僧，北方人。於黃山丞相東源編竹為籬，獨居黃谷庵中，數十年如一日。

〔四〕弘道（？—一六六七）：清僧，號柏子，俗家歙縣堨田吕氏。母老歸省，住大悲頂，有琉璃見瑞之異。

黃山紀勝

桐城徐璈輯次

卷一

黄山在歙縣北百二十里。

羅願《新安志》：黄山舊名黟山，漢末陳業隱此，而世復傳黄帝、容成子、浮丘公之事，其後又有仙人曹、阮之屬。唐天寶六年，敕改今名。

《黄山圖經》[一]：黟山雲凝碧漢，氣冠群山。靈泉香美，神僊止焉。黄帝昔與容成、浮丘同遊於此，煉丹上昇，故曰黄山。余按：《史記》云：華山、太室[二]、首山[三]、泰山、東萊[四]，此五山，

[一]《黄山圖經》：宋佚名著，有圖有文，為現存最早的黄山志書。現存版本最早者為明天順年間明人程孟輯本（藏於北京大學圖書館），常見版本為明萬曆間潘之恒所輯《黄海》本，又有鈔本流傳。宋代歙人汪師孟亦撰有《黄山圖經》一卷，早佚。

[二]太室：太室山，為嵩山之東峰，相傳大禹元妻塗山氏生啓於此，故名。一般又以太室指稱嵩山。嵩山，古稱外方，又名嵩高、崇高。屬伏牛山系，東為太室山，西為少室山，在今河南省登封市境内。為中國古代名山之一，五嶽之中嶽。是道教第六洞天。

[三]首山：傳統中以其為伏牛山首，故名，在今河南省襄城縣境内。中國古代名山之一，相傳黄帝鑄鼎，取銅於此山。王充《論衡·道虚篇》：『黄帝采首山銅，鑄鼎荆山下。鼎既成，有龍垂胡髯下迎黄帝。黄帝上騎龍，群臣後宫從上七十餘人。』

[四]東萊：東萊山，又稱萊山，今名大基山，在山東省萊蕪市境内。中國古代名山。

黄帝之所嘗遊，與神會。雖上稽皇古，言由方士，未聞南及黟山也。《黄山辨》〔二〕：山産黄蘗，鄉俗稱為黄蘗山。曰黄山，省詞，名從主人可也。《新安文獻志》〔三〕趙汸《序》〔三〕曰：山隤然居中，以降勢委和於四表，有坤道土德焉，故名之黄山。余按：《漢·地理志》〔四〕：丹陽郡黝縣〔五〕。師古〔六〕注：黝音伊，同黟。《水經注》：浙江〔七〕北

〔二〕《黄山辨》：佚名撰，辨黄山名實與得名緣由。程弘志等《黄山志》與閔麟嗣《黄山志定本》均予收録。

〔三〕《新安文獻志》：明代學者程敏政所撰徽州地方文獻志書。共一百卷，分類輯録自南北朝至明代有關新安的詩文與名人事迹，卷首有『先賢事略』上下編。現有明弘治十年祁司員、彭哲航等刊本（丁丙跋，南京圖書館藏）、明萬曆四十二年刊本等。《四庫全書·集部》著録。程敏政（一四四五—一四九九），字克勤，號篁墩，明休寧人。程信之子。少敏慧好學，人目為神童。成化二年（一四六六）中進士第二，授編修，歷東宫直講、少詹事、太常卿，官至禮部右侍郎、兼翰林院學士。弘治十二年（一四九九），主會試，被劾泄題下獄。出獄後，因憤懣發疽卒。博學善屬文，為一時之冠。《明史·文苑》有傳。

〔三〕趙汸序：元人趙汸《送陳太傅遊黄山還詩序》。

〔四〕《漢·地理志》：班固《漢書·地理志》，為《漢書》十志之一，班固首創，是中國歷史上第一部以『地理』命名的著述。簡述前代政治地理的演變和發展，叙述西漢末疆域政區的設置情况，記録有關山川、水利、特産、官營工礦，著名的關塞、祠廟、古迹等情况，開我國疆域地理與沿革地理的先河。

〔五〕丹陽郡黝縣：漢武帝建元二年（前一四一年），更秦鄣郡為丹陽郡，郡以境内丹陽縣而名。領宛陵、秣陵、丹陽、江甯、江乘、溧陽、胡孰、於贊、春穀、故鄣、涇、石城、陵陽、蕪湖、黟、宣城、歙、句容等縣，治宛陵。

〔六〕師古：顔師古（五八一—六四五），名籀，字師古，以字行。琅琊臨沂人，生於京兆萬年，名儒顔之推之孫。博覽群書，學問通博，長於文字訓詁、聲韻、校勘，為《漢書》作注，至今為學者所遵從。貞觀十九年（六四五），從唐太宗征遼東，薨於途，謚『戴』。

〔七〕浙江：又名錢塘江。發源於安徽省休寧縣懷玉山，上游為新安江，中游為富春江，下游稱錢塘江，注入東海。江流曲折，稱之江、折江，又稱浙江、漸江。

歷黝山，縣居山之陽，故縣氏之。《廣韻》〔二〕：黝，縣名，屬歙州。《說文》〔三〕：黝，微青黑色。黟，黑也。《毛詩傳》〔三〕：山南曰陽。今黟縣猶處黃山之南。《寰宇記》〔四〕曰：天寶六載，敕改歙之主簿山為飛布山。易黟而黃，事同斯載矣。

《黃山領要録》：色微青黑，謂之黝；色黑而澤之，謂黟。山膚剥盡而骨理蒼潤，空青所凝，遥望成黛，以黟名山，允為不易。自唐為道家之說，僞撰《周書異記》，引黃帝改稱黃山，後遂因之也。

〔二〕《廣韻》：全稱《大宋重修廣韻》，是北宋官修韻書，宋真宗大中祥符元年（一〇〇八），陳彭年、邱雍等奉敕編修。全書五卷，平聲二卷，上、去、入聲各一卷。分二百零六韻：平聲五十七韻（上平聲二十八韻，下平聲二十九韻）；上聲五十五韻；去聲六十韻；入聲三十四韻。

〔三〕《說文》：全稱《說文解字》，東漢許慎所撰。是我國第一部分析字形、考究字源的字書，以小篆為研究對象，同時參照小篆以外的古文、籀文，奠定了我國文字學的基礎。計十五卷，一至十四卷為文字解說，十五卷為敘目，每卷又分上下，實為三十卷。共收字頭九千三百五十三個，重文（古文、異體等）一千一百六十三個，字頭以小篆為準，兼有古文、籀文等異體。《說文解字》首創漢字部首，全文共分部首五百四十個。許慎（約五八—約一四七），字叔重，東漢召陵人，由郡功曹舉孝廉，再遷，除洨縣長，入為太尉南閣祭酒。從賈逵學，博通經籍，時人曰『五經無雙許叔重』。

〔三〕《毛詩傳》：全稱《毛詩故訓傳》，一作《毛詩詁訓傳》。漢人對《詩經》的訓釋作品。《漢書・藝文志》著録三十卷，毛公作。鄭玄稱『大毛公為《詁訓傳》於其家，河間獻王得而獻之，以小毛公為博士。』至三國吴陸璣，始言大毛公為漢魯國人毛亨、小毛公為漢趙國人毛萇。

〔四〕《寰宇記》：全稱《太平寰宇記》。

山之東有黃蘗山。《江淹集》〔一〕《遊黃蘗山詩》：『長望竟何及，閩雲連越邊。南州饒奇怪，赤縣多靈仙。金峰各虧日，銅室其臨天。陽岫照鸞采，陰谿噴流泉。殘杌千代木，廧萃萬古煙。禽鳴丹壁上，猿嘯青崖間。』詩狀奇峻，殆統概黟山矣。

又按《江南通志》〔二〕，池州〔三〕西南亦有黃山，其最高者曰古牛岡，可望匡廬。是山罕所遊稱，崇奇莫著，不得比並兹山也。

《會稽志》〔四〕：陳業，上虞人，漢末為會稽太守，值世之季，嘆曰：世塞山通，自古所誌，虞夏〔五〕有忽殂之時，煙霞無板蕩之日，吾其隱乎！乃遁迹黟山，終身不出。

〔一〕江淹（四四四—五〇五）：字文通。濟陽考城人。先後入新安王劉子鸞、建平王劉景素幕。舉南徐州秀才，轉巴陵王國左常侍。入齊，任驃騎豫章王記室，遷中書侍郎、御史中丞。入梁，至金紫光禄大夫，封醴陵伯。《江淹集》，《隋書·經籍志》著録九卷，另有《後集》十卷，今存《江文通集》十卷。

〔二〕《江南通志》：清代江南省（包括今江蘇、安徽兩省）方志，康熙、乾隆兩次纂修。康熙《江南通志》七十六卷，于成龍等修，張九徵、陳焯纂，康熙二十三年（一六八四）江南通志局刻本；乾隆《江南通志》二百卷首四卷序目一卷，尹繼善、趙國麟修，黄之雋、章士鳳纂，雍正（一七二三—一七三五）間開局纂修，乾隆元年（一七三六）修成刊刻。以乾隆《江南通志》較為通行。

〔三〕池州：唐武德四年（六二一）始置，治石城。貞觀元年（六二七）撤，還隸宣州。天寶元年（七四二），分宣州置秋浦郡。永泰元年（七六五），改池州。清代池州下轄貴池、銅陵、青陽、石埭、建德、東流六縣。民國三年，撤州。

〔四〕《會稽志》：南宋會稽地方志，計二十卷，沈作賓修，施宿等纂，宋寧宗嘉泰元年（一二〇一）修成。現存明正德五年刻本、清嘉慶十三年刻本、民國影印嘉慶本，又有明、清鈔本多種。

〔五〕虞夏：有虞氏與夏朝的合稱。相傳夏代是我國第一個父子傳承的王朝，之前則是有虞氏。《左傳·莊公三十二年》周内史過曰：『國之將興，明神降之，監其德也；將亡，神又降之，觀其惡也。故有得神以興，亦有以亡，虞、夏、商、周皆有之。』

《會稽典録》：朱育〔一〕對濮陽興〔二〕云：近者太守陳業潔身清行，志懷霜雪，正亮之性，同操柳下〔三〕。遭漢中微，委官棄禄，遁迹黟山，以求其志，高邈妙蹤，天下罕聞。蓋黨錮風興〔四〕，懷清避地，事類幼安〔五〕，情同孺子〔六〕。巖棲之士，隱寄兹山，業為初祖矣。

〔一〕朱育：生卒年不詳，三國吴會稽山陰人。初任會稽郡門下佐吏，曾為太守濮陽興陳述會稽人文歷史。後入朝，為東觀令，遥拜清河太守，位至侍中。著有《會稽土地記》一卷、《幼學》二卷、《異字》二卷。

〔二〕濮陽興（？—二六四）：字子元，三國時陳留人。歷上虞令、尚書左曹、會稽太守，至丞相。永安七年（二六四），與張布等迎立孫皓，旋為人譖毁，流放廣州，途中被追殺，並夷三族。

〔三〕柳下：柳下惠（前七二〇—前六二一），展氏，名獲，字子禽（一字季），謚號惠，春秋魯國人。仕魯為士師，四黜而不憂。又有『坐懷不亂』之舉。因而以操行著稱，有聖賢之譽。

〔四〕黨錮：東漢桓帝（一四六—一六七在位）、靈帝（一六八—一八九在位）時期，士大夫、外戚對宦官專權現狀不滿，進行激烈抨擊與抗争，宦官集團則以『黨人』之罪名誅殺並禁錮士大夫、外戚。史稱『黨錮之禍』。

〔五〕幼安：管寧（一五八—二四一），字幼安。北海郡朱虚人。與華歆、邴原等友善齊名，漢末避亂遼東，講《詩》《書》，魏文帝黄初四年（二二三）返中原，于公孫氏前後饋贈，一無所取。不奉曹魏歷代君主徵召，終身不仕。陳群云：『伏見徵士北海管寧，行為世表，學任人師，清儉足以激濁，貞正足以矯時。』

〔六〕孺子：徐稺（九七—一六八），字孺子，東漢豫章南昌人。家貧隱居，淡泊不仕。

《後漢・地理志》〔一〕：丹陽郡，歙縣有三天子鄣。《山海經》：浙江出三天子都，一曰天子鄣。按：是山為浙江之源，故言三天子都者，並目黃山也。《新安志》：黟山與大鄣山，皆有三天子都及鄣山之名。

《新安志》：山高千一百八十仞。《圖經》：高千三百七十丈。《黃山志》〔二〕：蓮花、天都高九百仞；翠微、望仙高八百五十仞。黃汝亨〔三〕記：黃山舊稱高四千仞，廣五百里，天目之巔，乃及其趾。

〔一〕《後漢・地理志》：《後漢書・郡國志》。《後漢書》紀十卷、列傳八十卷為范曄所撰，八志取自司馬彪《續漢書》，為《律歷志》《禮儀志》《祭祀志》《天文志》《五行志》《郡國志》《百官志》《輿服志》。《郡國志》五卷，上接《漢書・地理志》，記録了東漢時期上至州，下至縣的地理情況。司馬彪（？—三〇六），字紹統，河內温縣（今河南温縣）人，高陽王司馬睦的長子，史學家。著有《九州春秋》，已佚，今有輯本。《續漢書》紀、志、傳八十篇八十三卷，范曄《後漢書》問世後，《續漢書》散佚，唯八志因補入《後漢書》而留存。

〔二〕《黃山志》：記黃山的專志。清代先後編纂多種，計有：《黃山志》八卷，釋弘眉纂，康熙六年刊本；《黃山志》四十九卷首一卷，程弘志、汪濟淳纂，康熙十三年刊本；《黃山志定本》七卷圖一卷，清閔麟嗣撰，康熙十八年刊行，後有康熙二十五年、乾隆三十二年刊本，收入《安徽叢書》《叢書集成續編》《續修四庫全書》《四庫全書存目叢書》《故宫珍本叢刊》《中國山水志叢刊》等叢書中；《黃山志略》十卷圖一卷，黃省身撰，康熙三十一年刊本；《黃山志續集》八卷圖一卷，汪士鋐等撰，康熙刊本，收入《安徽叢書》；《黃山志》，清方學成撰，已佚；《黃山志》二卷，張佩芳輯，乾隆三十六年刊本。

〔三〕黃汝亨（一五五八—一六二六）：字貞父，明錢塘人。萬曆二十六年（一五九八）進士，官至江西布政司參議。有《天目遊記》《廉吏傳》《古秦傳》《古秦議》《寓林集》《寓庸子遊記》等。

余按：《山海經》：大華之山削成而四方，其高五千仞。《十道志》〔二〕：天台山高萬八千丈。《郡國志》：天目山亦高萬八千丈。黄山之峻，如志所稱，比於台、目才若什之一矣。《太平御覽》〔三〕曰：江南諸山之大者，有天台、天目。而天目近連浙江，天台俯瞰滄海，江海以地下，為百川所歸。而歙州則江之上游，海之濫觴也。今計歙之平地，已合與二山齊矣。况其山又有摩天戛石之高耶！蓋諸所度量，非必尋丈相引，繩墨相求，高下懸殊，莫可依據。以余足武所陟，自麓至巔，層級而上，無復坡迤者，蓋四十里而遥。吴士奇〔三〕曰：『從湯泉逶迤上，四十里抵天海。』此為紀實也。陳敬脩〔四〕

〔二〕《十道志》：《十道四藩志》，共計十六卷，唐梁載言撰。唐代全國地理總志。書中先述其地理方位、四至八到，各道州數并府州名，按州分述，一般為地理位置、地名演變、建置沿革和山川走向。是研究唐代地貌和疆域、物産、名勝古迹和民族風俗的重要史料。《直齋書録解題》記録為十卷，《郡齋讀書志》載十三卷，《舊唐書·經籍志》和《新唐書·藝文志》均記載為十六卷。今存王謨著《重訂漢唐地理書鈔》所輯，祇兩卷，另有王仁俊《經籍佚文》中載《十道志佚文》一卷。梁載言（約六九一—？）博州聊城（今山東聊城）人，歷任鳳閣舍人，知制誥，後為懷州刺史。

〔三〕《太平御覽》：一千卷，北宋學者李昉、徐鉉等奉敕編纂的類書，成於太平興國八年（九八三）。初名《太平總類》，書成後宋太宗日覽三卷，一歲而讀周，更名《太平御覽》。採群書以類集之，以天、地、人、事、物為序，共分五十五部，五百五十門。書中引用古書一千多種，保存了大量宋代以前的文獻資料。

〔三〕吴士奇（一五六六—？）：字無奇，號恒初，明歙縣人。萬曆二十年（一五九二）進士，歷寧化知縣、歸安知縣、南京户部主事、九江知府、浙江按察副使等，擢湖廣布政使，官至太常寺卿。以忤魏忠賢，致仕。有《白鷺洲書院三祀志》十三卷、《皇明副書》二百卷、《徵信編》五卷、《考信編》二卷、《楞嚴同》十卷、《緑滋館稿文》八卷《詩》一卷、《西青集》二十卷、《吴太常緑滋館稿三種》等。

〔四〕陳敬脩：不詳。

曰：『層級四十里而遥，此斜綫也。勾股法以斜求直，得三十里。計高一萬四千四百丈。若天台之層級上者，僅二十餘里，志乃云萬八千丈，紀載浮夸，往往有是耳。』又按《吴船録》〔二〕曰：大峨山頂去峨眉縣平地，不下百里。若黄山天都、蓮花之頂，去歙縣平地，殆亦六七十里矣。

《新安志》：山東南則歙，西南則休寧，西北則蔽於寧國之太平邑。《新安廣録》〔三〕：郡西北黄山，與宣、池接境，巖壑峻秀，仙翁釋子多隱其中。《寰宇記》：北黟山一名黄山，在歙縣西北一百六十里。按《元和郡縣志》〔三〕：北黟山在歙西北二百六十里。『二』當為『一』，傳寫增訛。量計里數，與《記》同也。《一統志》〔四〕：黄山在府城北百二十里。《江南通志》：黄山在府西北百三十里，在太平縣南三十里，當徽、寧二郡界。汪澤民記：山去宣治所二百四十里，不當通都大邑、舟車之走集，凡道塗為里若干，皆樵牧負販者隱度云然，非有堠以步而計也。

〔二〕《吴船録》：宋范成大著，上下兩卷。記載自成都至杭州水路沿途名勝古迹，並加以考證。

〔三〕《新安廣録》：宋姚源纂，新安地方志，已佚。

〔三〕《元和郡縣志》：《元和郡縣圖志》，簡稱《元和志》，四十卷，唐李吉甫撰，現存最早的古代地理總志，完成於唐元和八年（八一三），故名。以貞觀十道為基礎，將所屬各府州縣的户口、沿革、山川、古迹與貢賦作了叙述，保存了大量豐富的歷史資料，開創全國總志的先河。《圖志》每鎮篇首有圖，但南宋以後圖已亡佚，故稱《元和郡縣志》。

〔四〕《一統志》：《清一統志》，清代官修地理總志。共三部，康熙《大清一統志》三百二十四卷，康熙二十一年（一六八二）年始修，乾隆八年（一七四三）完成；乾隆《大清一統志》五百卷，乾隆二十九年（一七六四）始修，乾隆四十九年（一七八四）完成；《嘉慶重修一統志》五百六十卷，凡例、目録二卷，嘉慶十六年（一八一一）始修，道光二十二年（一八四二）完成。

《太平御覽》：黟山諸峰，悉是積石，有如削成。煙嵐無際，雷雨在下。其霎城、洞室、符寶、瀑泉，無峰不有。若林洞之下，巖巒之上，奇蹤異狀，不可模繪，信靈仙之窋宅也。

李錞《圖經序》：『黃山在新安郡，或謂之北黟，亦曰小華。其廣則宣城、池陽分壯其趾；其高則廬阜、天目僅及其肩。若夫削成拔地之體，峻極隱天之勢。岧嶤崮崒，崎嶇客岩，層巖絶壁，重岡屬嶺。軒若龍翔，竦若鸞跂，肅若人立，伏若獸踞。豁若通門，挺若植柱，横亘若橋梁，曲折若屏障。或崇或庳，或鋭或平，或離或合，或扶或侍，千態萬狀，不可悉數。固玄化之妙用，而神明之奥司矣。』錞，宋景祐時判郡事。許楚《圖經考》：『山舊有《圖經》，景祐時李錞鎸之。元符時，雁蕩周尉鎸之。其後紹興丙子、嘉定戊辰及明洪武、天順、萬曆時繼鋟焉。』余按：自是之後，郡人閔麟嗣

與趙吉士〔二〕、吴綺〔三〕、汪楫〔三〕有《黃山志定本》〔四〕，汪士鋐、吴荃〔五〕、吴菘有《山志續集》〔六〕，

〔二〕趙吉士（一六二八—一七〇六）：字天羽，一字恒夫，號漸岸、寄園，清間休寧人，錢塘籍。趙時敭三子。順治八年（一六五一）舉人，歷交城知縣，入為户部主事，主揚州鈔關，擢户科給事中，至國子監正，卒官。有《魏忠賢始末》一卷、《流寇瑣記》二卷、《交山平寇詳文》一卷、《寄園叢鈔》《康熙徽州府志》十八卷《圖》一卷、《萬青閣自訂文集》八卷、《寄園詩》一卷、《新又堂詩》一卷、《萬青閣全集》八卷、《寄園詩話》一卷等。

〔三〕吴綺（一六一九—一六九四）：字薗次，號綺園，又號聽翁、紅豆詞人，明、清間歙縣人，僑居江都。順治十一年（一六五四）拔貢生，授中書舍人，歷兵部主事，員外郎，至湖州知府。能詩，尤工駢文，與陳維崧齊名。有《嶺南風物記》一卷、《揚州鼓吹詞序》一卷、《聽翁文啓》《種字林詩鈔》二十卷、《藝圃詩為姜仲子賦》一卷、《亭皋集》六卷、《林蕙堂集》十二卷《續刻》六卷、《亭皋詩鈔》四卷、《藝香詞鈔》四卷、《唐近體詩永》十四卷首一卷、《蕭瑟詞》一卷、《歌吹詞》一卷、《扶醉詞》一卷、《登樓詞》一卷、《水嬉詞》一卷、《鳳鄉詞》一卷、《林蕙堂填詞》《六懷詞》《嘯秋風》等。

〔三〕汪楫（一六三六—一六九九）：字舟次，號悔齋，清休寧人，寄籍儀徵。康熙十六年（一六七七）歲貢生，官贛榆訓導。十八年（一六七九），舉博學宏詞，授翰林院檢討，為明史館修纂，充使册封琉球國王。出為河南知府，擢福建按察使，至福建布政使，内陞光禄寺卿，殁於途。工詩善書，與孫枝蔚、吴嘉紀齊名。有《使琉球雜録》五卷、《琉球奉使録》一卷、《中山沿革志》二卷、《京華詩》一卷、《經進詩文》一卷、《觀海集》一卷、《中山詩文》一卷、《消寒集》一卷、《悔齋集》一卷、《悔齋詩》六卷等。

〔四〕《黃山志定本》：七卷，圖一卷，清閔麟嗣撰。分為七大類，形勝、建置、山産、人物、靈異、藝文、詩賦七志，每志之前冠以小序，叙其旨義，統轄全篇。有康熙十八年（一六七九）初刻本，康熙二十五年（一六八六）重刻本，乾隆三十二年（一七六七）方祈宣翠積樓補刻本。

〔五〕吴荃：生卒年不詳，字劍宜，清歙縣人。有《花嶼堂存稿》。

〔六〕《山志續集》：《黃山志續集》八卷，《圖》一卷，汪士鋐、吴菘、汪志遠、吴瞻泰、汪澍琪纂，有康熙刊本、民國二十四年安徽古籍叢書影印本。

比于《圖經》，滋為詳備，其簡而别出者，則汪洪度之《黄山領要録》、黄殿友〔二〕之《山志略》〔三〕、張佩芳〔三〕之《歙山志》、汪瑾〔四〕之《黄山導》也。又焦竑〔五〕《經籍志》〔六〕有《黄山圖志》〔七〕四卷，不著撰人名氏；《四庫》存目有《黄海》〔八〕六十卷，潘之恒撰，蓋未鋟木，故罕副墨矣！

〔二〕黄殿友：黄身先，生卒年不詳，字殿友，號紙費居士，清歙縣人。承家學，博學能文稱。有《黄山志略》十卷，《圖》一卷、《黄山志略雜文》《黄山志略遊記》。

〔三〕《山志略》：《黄山志略》，黄殿友撰。删減前人志書而成，分為圖考、山水、寺院、古迹、遊記、詩歌、雜文、圖畫、道里、物産十目。

〔三〕張佩芳（一七三二—一七九三）：初名汝芳，字蓀圃、公路，號卜山。平定城里（今山西平定）人。乾隆二十一年（一七五七）進士。有《陸宣公翰苑集注》二十四卷、《平定州志考誤》一卷、《歙縣志》一卷、《黄山志》一卷、《公餘雜談》三十卷、《社倉考》一卷、《春秋世系》《榆關考》等。

〔四〕汪瑾：生卒年不詳，字彩五，號沖巖，清休寧人，寓吴縣。著有《一鷗亭詩話》，輯有《黄山導》十四卷、《幻影集》三卷、《鸞嘯集》三卷、《默音集》三卷、《雪蕉酒趣》二卷。

〔五〕焦竑（一五四〇—一六二〇）：字弱侯，號漪園，又號澹園，又號龍洞山農，山東日照人。萬曆十七年（一五八九）一甲一名進士，授翰林院修撰，至南京國子監司業。有《澹園集》四十九卷、《澹園續集》二十七卷、《國史經籍志》五卷、《熙朝名臣實録》二十七卷、《金陵舊事》十卷、《春秋左傳鈔》十四卷、《禹貢解》《國朝獻徵録》一百二十卷、《焦氏筆乘》《焦氏藏書目》等。《明史·文苑》有傳。

〔六〕《經籍志》：《國史經籍志》五卷，卷首一卷，明焦竑撰。萬曆年間陳于陛議修國史，引焦竑專領其事，書未成而罷，僅成此志，故仍以『國史』為名。

〔七〕《黄山圖志》：四卷，不知撰人。焦竑《國史經籍志》、黄虞稷《千頃堂書目》均著録，此後佚失。

〔八〕《黄海》：明潘之恒撰。《四庫全書總目》存目為六十卷，《明史·藝文志》記載二十九卷。今國家圖書館藏明刻本不分卷。

由潛口歷容成溪而北，逾山口嶺右衖中，至湯口山麓。

縣北三十里為潛口，又北楊千社、容成溪。《歙志》：潛溪一名阮溪，經紫霞山而出莘墟。余按：茲鎮當潛溪之合，故曰潛口。北五里有黄山巡檢署，椽宇簡陋，門扉晝闔。詢之村人，則寄治于潛口也。道西有黄山谷口碑碣，屋桷傾圮，石立如故。戴澳〔二〕記：潛口十里，逕楊千寺，寺臨石磵，面豐山。按：今村南有楊千社，徽歙村堡多立社宇，祈賽奔走，蓋近古者成群之義矣。曹鈖記：出郡之朝河門而北，四十五里至容溪。戴澳記：容溪有橋，曰容成橋，橋西北麓即容成臺，址圓如甃，三面環水，一脈連山，土人謂容成燒丹處也。謝兆申〔三〕記：容溪即阮溪、曹溪合焉，其峰曰容成，高九百仞。余按：《山志》，容成溪源出容成峰，溪距峰七十里。今之谿旁固無峻峙之峰，村氓野士或以緣溪之山為容成峰者，非也！

又北，為石壁山、洽社、洽嶺、山口嶺，有覲黄亭。馮夢楨記：度容成臺而下，曰石壁山，溪

〔二〕戴澳（一五七八—一六四四）：字有斐，號斐君，明奉化（今浙江寧波）人。萬曆四十一年（一六一三）進士，官大理丞、順天府丞。有《杜曲集》十一卷。

〔三〕謝兆申（？—一六二九）：字伯元，一作保元，號耳北，又號太弋山樵。邵武（今福建）人。萬曆間貢生，喜交友藏書，其藏書範圍廣泛，至六萬卷，多秘册珍本。一生刊刻圖籍甚多，多精良。有《謝兆申詩文稿》八卷，《謝兆申文集》十六卷。

亘其中，曰曹溪。石壁陡削，衣苔被蘚，樹木葱蒨，新筍怒生。黃汝亨記：由容溪而前，逕緣壁轉，溪迴繞山，水石粼粼，荇帶可掌。五里外，傍溪皆竹，隔竹看山。又十里，為洽嶺，青松架壑，行綠蔭中。閔麟嗣曰：由石壁渡溪，三里為洽舍，舍户數百，依水擁壁，在洽嶺南也。戴澳記：風日澄爽，筍輿有繹，行皆緣磎，溪上皆好山。山合溪迴，則度嶺至山口矣。《山志》：山口嶺之巔，為覲黃亭，嶺上有庵。按：今嶺上庵右，新構層樓，棟宇明焕，遊者至兹，可憇可宿，庵外有亭，以蔭行旅。立亭北眺，則蓮花、翠微，互見疊出，覲黃之義，有同朝嶽。榱楹如故，顔額弗彰矣。

又北，石嵁嶺折而東，為絀中。　王之傑記：石嵁嶺上有亭，可憇行者。踰嶺，修竹萬竿，林寒如凍。戴澳記：度石嵁，見嶺下溪滸園亭，則絀中也。謝肇淛[二]記：絀中，汪伯玉道昆所營菟裘也。汪道昆記：絀中，南北相距百步，東西五百步。由石嵁東折曰壺嶺，又東曰壺山。依山闢土，累石為阯，墾田十五畝。畦外有溪，即豐樂水也。由飯牛蹊而西，為桂竹潭。潭之上，石磴達谷口，入谷，為石門。入門，就巨石為釣磯，磯以東為棧道，進而石林，延十五步，俯臨石磴，為欄楯，遊者可班荆息也。依壺山為華陽館，堂曰『韋堂』，易教也。墻東為圃，東北隅為樛木亭，亭中視南北山，群木

[二] 謝肇淛（一五六七—一六二四）：字在杭，明長樂人，號武林、小草齋主人，晚號山水勞人。明萬曆二十年（一五九二）進士，歷任湖州、東昌推官，南京刑部主事、兵部郎中、工部屯田司員外郎。天啓元年（一六二一）任廣西按察使，官至廣西右布政使。有《五雜俎》十六卷、《麈史》四卷、《文海披沙》八卷、《北河紀略》八卷、《謝在杭文集》二十六卷、《滇略》十卷、《太姥山志》三卷、《八閩鹺政志》十六卷等。

干雲，蔽蔭百畝，編竹為簿，衆芳萃焉。華陽西為冷風閣，閣居南端，三面綺疏，天風豁至，翩翩千仞之上矣。當牖見行人，杖履度石磋嶺，出没木末，若圖畫然。其南瞰，群鹿下飲，曰鹿蹊。冷風閣西下，築石為象隄，隄横出截谿流。隄上為西枝室，奉瞿曇。隄下乘橋而南，水涓涓出石罅，當暑不絶。置屋懸崖中，為方舟榭，形如樓船，居者若舟遊耳。吴日宣〔二〕記：至山口嶺，枉道詘中，冷風閣已為寓室。佛像移徙，松芒匝徑，堂廡闃寂，啼鳥數聲，令人意盡。按戴澳《遊汪司馬舊館》句：『魚老寒塘存繡尾，夢殘春草剩枯荄。石牀蘚活重陽雨，野鼠蹤深古壁灰。』又云：『山陽故好惟餘向，摩詰追從僅有裴。』俯仰今昔，同慨盛衰矣。

又北，為楊村、金竹坑、芳村，以抵湯口。閔麟嗣曰：由洽舍而北十里，三踰嶺，至楊村而上，水晶庵據嶺上，再進為甜珠嶺。方學成〔三〕記：水晶庵為吴少司馬藏修地，土木之變，司馬與忠肅

〔二〕吴日宣：生卒年不詳，字大士，明休寧人。博覽能詩，有《黃山遊記》。

〔三〕方學成：生卒年不詳，字武工，號松巖，清旌德人。康熙（一六六二—一七二二）廩生，雍正七年（一七二九）舉孝友端方，歷夏津、棲霞、武城諸知縣，告歸。嗜學，尤長詩古文。有《華南先德述》一卷、《黃山志》、《梅川文衍》十二卷、《履齋時文》一卷、《春風堂試帖》一卷、《硯堂四六》二卷、《栗山詩存》十八卷、《唱詶紀勝》一卷、《梅溪韻會》一卷、《學古偶録》三卷、《檀園雅音》五卷、《松臺詩話》等。

同捍社稷者也。按《史·于謙傳》〔二〕：吴寧，字永清，歙人，官兵部主事。謙〔三〕御寇，寧赴軍中，指揮兵士，助方略。景泰〔三〕改元，乞歸，家居三十餘年，卒。司馬有捍城之功，而不與奪門之禍，以其退居之早也。惜庵碣黴蝕，歲月罕徵矣。戴澳記：自芳村而南，尋兩崖勝處，問水晶庵。黄葉自飛，白雲不掃，薌石絡藤，蘿間搴蘿，則汪司馬題字在焉。按《許國集》〔四〕《秋日遊黄山道中詩》：『邨落秋風裏，行唫逸思饒。芙蓉欹水面，苔蔓上墻腰。酒國黄花近，天都碧漢遥。浮丘如有待，舉手願相招。』蓋遊覽兹山者，暄凉足適，遐邇具瞻，爽秋為宜矣。馮夢楨記：過壺嶺中段，行谿山間，逾十里至芳村。謝兆申記：芳村舍宇數百，林木奇鬱，如文錦焉。《山志》：净土庵在浮溪巡司前。按：今芳村北五里有庵，庵側遺阯，村民謂是巡檢舊署。潘照〔五〕句云：『僧寺爐無火，巡司廟作家。』蓋荒寂之狀，自昔為然矣。錢記：由楊千至芳村，其徑坡迤犖确，擁厓據壁，谿流縈折，漘岸相錯。其人家衣美箭，被芳艸，略彴拒門，疏籬阻水，褰裳濟涉，嵐障煙霏。由長潭嶺而山口，山率環谷，水

〔二〕《史·于謙傳》：《明史》，三百三十二卷，張廷玉等修纂。記載了自洪武元年（一三六八）至崇禎十七年（一六四四）二百多年的歷史。順治二年（一六四五）設立明史館，康熙十八年（一六七九）以徐元文為監修始修，乾隆四年（一七三九）年定稿刊刻。

〔三〕于謙（一三九八—一四五七）：字廷益，號節庵，明錢塘人。永樂十九年（一四二一）進士，官御史、兵部右侍郎。正統十四年（一四四九）土木堡之變後，進兵部尚書，親自督戰破瓦剌之軍，加少保，總督軍務。天順元年（一四五七）明英宗復辟，被殺。後復官賜祭。謚『肅愍』，萬曆中改謚號『忠肅』。有《于忠肅集》。《明史》有傳。

〔三〕景泰：明代宗朱祁鈺年號，自公元一四五〇年至公元一四五七年，共計八年。

〔四〕《許國集》：《許文穆集》，二十卷，許國撰。

〔五〕潘照：生卒年不詳，字鸞坡，清吴縣人。與袁枚、張問陶友善。有《釣渭間雜膾》《烏闌誓》。

率拒谿，溪水清激，文石錯落，深淺見底。百里之内，天容沉寥，雲物澄鮮，游埃飛坌，望崖卻返。《歙志》：十三都村曰湯口，湯口者，温湯下流之會也。登山之逕於是為始。

山北有太平邑路，其西有休寧邑白嶽路。《江南通志》：黃山三十六峰，其八屬太平。汪澤民記：由太平焦村南道，二十五里至湯嶺。朱苞〔二〕記：由太平三溪，踰黃瓜嶺，至麻皮潭，兩岸如屏，一溪如帶，水色練碧，細波浮光，石子纍纍，篠薈紛錯。前過高嶺分途，一由長園至祥符寺，一由虎嶺至松谷庵。徐宏祖〔三〕《遊記》〔三〕：自白嶽抵南溪，登虎嶺，過古樓坳，越雙嶺，凡七十里，至江邨。又十五里，會於湯口。楊補記：由休寧北三十里，行揭溪、扳嶺，至漁村，陟雙嶺，逕御泉庵，達湯口。《黃山導》〔四〕：由休寧縣起程，道經余村、高橋、江村、大河橋，亦至湯口入山。謝肇淛記：至

〔二〕朱苞：生卒年不詳，字以九，明涇縣（今安徽涇縣）人。詩文俱工，聞名於當時。歷户部郎中、嘉定知府。有《讀書此子會心》一卷、《半庵詩集》。

〔三〕徐宏祖（一五八七—一六四一）：字振之，號霞客、霞逸，明南直隸江陰（今江蘇江陰）人。性好山水、史籍，博覽群書，一生遊歷，詳記所歷山川形勝。於地理學、水文、地質、植物等多有重要發現。有《徐霞客遊記》。

〔三〕《遊記》：《徐霞客遊記》，徐宏祖撰，以日記體為主的地理遊記著作。記載了徐宏祖萬曆四十一年（一六一三）至崇禎十二年（一六三九）遊歷所得，對地理、水文、地質、植物等都有詳細的記録。其中有天台山、雁蕩山、黃山、廬山等名山遊記十七篇，有《浙遊日記》《江右遊主》《楚遊日記》《粵西遊日記》《黔遊日記》《滇遊日記》等。世傳本有十卷、十二卷、二十卷等數種。

〔四〕《黃山導》：四種十四卷，清汪堪輯。皆録黃山紀遊詩詞。汪堪，生卒年不詳，字彩五，號沖巖，清休寧人，寓吴縣。有《一鷗亭詩話》，輯有《幻影集》三卷首一卷、《珠璧集》三卷首一卷、《鸞嘯集》三卷、《默音集》三卷、《雪蕉酒趣》二卷。

湯口，逾山背而登，七里至苦竹溪，過十三灣，十里為九龍潭。吴日宣記：登山道有四：一由湯嶺上白雲庵；一由丞相源；一由韭岡出水月庵；惟由湯院出朱砂庵，攬勝為多。

由紫雲峰麓浴湯泉，逕祥符寺而西，循桃花源至白龍潭。

自湯口逕逍遥亭，又北，為湯泉。《山志》：逍遥亭距温泉二里許，沿溪中，凡七八潭。許楚記：湯口五里許，至祥符寺，寺前蒼陰交蔓，蒙絡摇綴，下帶寒飆，兩岸争高，欹聳相亂。山皁之不接者二丈，度小石橋數武，湯泉在焉。《明一統志》〔二〕：湯泉在黟山東峰下，其水四時如沸。《新安志》：第四峰下，有泉出香溪中，號硃砂湯。大曆中，刺史薛邕就立盆杅，以病入浴者多愈。《寰宇

〔二〕《明一統志》：《大明一統志》，明代官修地理總志，九十卷，李賢、彭時等修纂。天順二年（一四五八）始修，天順五年（一四六一）書成，明英宗賜名《大明一統志》。體例仿《元一統志》，卷首京師，次南京，以兩京與十三布政使司以及所屬一百四十九府為綱，詳述各府州建置沿革、郡名、形勝、風俗、山川、土産、公署、學校、書院、宫室、關津、寺觀、祠廟、陵墓、古迹、名宦、流寓、人物、列女、仙釋等，末兩卷附外夷，並繪有全國總圖和各布政使分圖。有天順五年（一四六一）經廠原刻本、弘治十八年（一五〇五）刊本、嘉靖三十八年（一五五九）刊本、萬曆十六年（一四五八）年增訂本。李賢（一四〇八—一四六六），字原德，明鄧（今河南鄧州市）人。官室吏部尚書、華蓋殿大學士。彭時（一四一六—一四七五），字純道，號可齋，明廬陵安福（今江西安福）人，官至吏部尚書、文淵閣大學士。

記》：泉口大如碗，出于石澗，熱可燖雞。《曲洧舊聞》〔一〕：新安黃山，在郡西，巖岫秀麗可愛，山有溫泉，其色紅，其源可瀹卵。劉宜翁〔二〕嘗遊焉，題詩寺壁曰『山有靈砂泉色紅，滌除身垢信成功』也。潘旦〔三〕《湯泉記》：湯池有二：上池廣六尺，深三之一，大石覆其上如洞，浮漚滾滾，吐白砂中。上懸崖千尺，鐫元鄭師山詩，文磨滅不可讀。溪流數十步為下池，里人呼為女池，沙漲水淺，白石齒齒，如榴子狀，絶壁篆『湯泉』二字。予遊斯泉，方嚴冬沍寒，深山積雪，萬象閉藏，而斯泉溫然可浴。余按：今池石壁北峙，旁皆甃砌，池口泉出，便已淒冷，末流涓涓，以浸稻畎，無復下池之跡矣。《山志》：湯池長丈許，闊半之，池左一竅，流垢隨滌隨潔，浴者快之。許楚記：泉味甘烈，熱可點茗。泉上作石伏，逗隔谿水，拗欄堅密，蔭以半巖。即風雨來浴，鮮不奪其煩鬱。又泉壁北向，沁寒泉一綫，三伏時出以調濯者，秋冬則槁滅。錢記：湯泉初浴汗蒸，蒸溢毛孔，已而慨然霍然，如

〔一〕《曲洧舊聞》：南宋朱弁著，共十卷。作於朱弁被羈金國期間，記録了北宋及南宋初期朝野遺事、社會舊聞和士大夫逸事。朱弁（一〇八五—一一四四），字少章，號觀如居士，婺源（今江西婺源）人。建炎二年（一一二八）自愿使金，隨王倫赴金，被拘不屈，留十六年，至紹興十三年（一一四三）南歸。《宋史》有傳。

〔二〕劉宜翁：劉誼，生卒年不詳，字宜父，號宜翁，宋長興（今浙江湖州）人。治平四年（一〇六七）進士，提舉江南西路常平，後歸隱三茅山，自號三茅翁。有文集三十卷，已佚。

〔三〕潘旦（一四七六—一五四九）：字希周，號石泉，明婺源（今江西婺源）人。弘治十八年（一五〇五）進士。歷右副都御史、刑部右侍郎、兵部左侍郎、兩廣軍務提督。改任南京兵部，託病乞休。卒，贈工部尚書。

醒斯析，如痁斯解。浴罷，風於亭下，巾屨衣袂飄飄然，皆塵外物也。唐賈島〔二〕詩：『在卦得既濟，備象坎與離。下有風輪扇，上有雷車馳。霞掀祝融〔三〕井，日爛扶桑池。氣殊礜石厲，脈有靈泉滋。』詩咏温泉，固未徑目黃山，然『氣殊礜厲』〔三〕，非兹泉莫克稱也。又《詩綜》〔四〕程用楫〔五〕《湯泉詩》：『黟山崚嶒神所家，丹崖石柱攢蓮葩。陰陽爐炭爇坎窞，温水千斛流谽谺。人言驪山亦礜石，惟有此地根硃砂。傳聞軒帝服丹匕，肌膚皴裂人驚嗟。香泉一浴浸七日，白龍晝見何衙衙。珠衣寶冠照山谷，便跨鱗鬣隨青霞。至今玉壺酌酒處，石室尚有樽罍窪。嗟予清静本無垢，追逐世好羈籠笯。裹糧偶到天子鄣，解衣初試靈泉涯。浮丘天子不可見，身輕疾瘉何足跨。山亭晞髮發長嘆，安得躡足登雲車。』李敬方銘：『黟山南垠，湯泉沸騰，伏陽韜燄，陰火潛蒸。盛夏不增，窮冬不冰，其誰永張，唯龍是

〔二〕賈島（七七九—八四三）：字閬仙，自號碣石山人。唐范陽（今河北涿州市）人。受教於韓愈，累舉不中第。唐文宗時貶為長江（四川大英縣）主簿。唐武宗會昌年間由普州司倉參軍改任司户，未任病逝。

〔三〕祝融：中國古代神話傳説中的人物，又稱為火神。

〔三〕氣殊礜厲：原作『氣硃礜厲』，似誤，據上文賈島詩改。

〔四〕《詩綜》：《明詩綜》一百卷，明代詩歌總集，朱彝尊輯録。收録明洪武直至明末崇禎歷朝詩人及明亡後遺民及殉節大臣共三千四百餘人的作品，附有作家小傳及汪森、朱端、張大受等人的輯評。朱彝尊（一六二九—一七〇九），字錫鬯，號竹垞，晚號小長蘆釣魚師，秀水（今浙江嘉興）人。早年參加抗清復明活動，康熙十八年（一六七九）舉博學鴻詞科，授翰林院檢討，充《明史》纂修官。康熙三十一年（一六九二）罷官，潛心著述。有《經義考》三百卷、《日下舊聞考》四十二卷、《曝書亭集》八十卷，編有《詞綜》二十六卷。

〔五〕程用楫：生卒年不詳，字濟臣，明休寧人。有《遜敏居遺草》。

膺。刺郡二年，病不能興，發汗五日，信而有徵。乃作龍堂，于湯西陵，乃刻龍像，為神依憑。王徭步將，陳顗歙丞，迭掌吾事，各勤爾能。未盡瞻依，去懷愛競，苟肆慢心，貽神怨憎。盲聵瘡壅，災亦相仍，壬申既夏，一陰始昇。銘石室壁，庶無騫崩。』《郡志》：敬方大中五年刺歙州，因患風疾，再浴是泉，夙疾遂瘥，勒茲銘也。按《唐書・系表》〔二〕，有歙州別駕李軫〔三〕，無敬方名，蓋非宗屬矣。吴士權劄：泉之幅幀横十笏，縱半之，布沙如粟，欹石如枕，清鑑毛髮，香奪蘭芷。乃復碧樹參天，周設帷幄，苔厚如茵，巖花點繡，石平如几，澗藻作純。胡仔〔三〕《漁隱叢話》〔四〕：東坡所記湯泉，秦州之駱谷，渝州之陳氏山居，秦君之所賦東城，及匡廬、汝水〔五〕、尉氏〔六〕、驪山、惠州，共有其八。余所見新安之黃山，閩中之劍浦，亦有其二。第湯泉多作硫氣，浴之襲人肌膚。惟驪山是礬石泉，黃

〔二〕《唐書・系表》：《新唐書・宰相世系表》。

〔三〕李軫：生卒年不詳，唐鄭王亮四世孫，官歙州別駕。

〔三〕胡仔（一一一〇—一一七〇）：字元任，宋績溪人。胡舜陟之子。以蔭入仕，歷兩浙轉運司幹辦公事，官至晉陵知縣。後卜居湖州，自號苕溪漁隱。著有《苕溪漁隱叢話》一百卷、《孔子編年》五卷。

〔四〕《漁隱叢話》：《苕溪漁隱叢話》，前集六十卷，後集四十卷，共一百卷，胡仔編撰，詩話集。有宋刊本（配明鈔本）、元翠巖精舍刊本、明嘉靖七年徐梁鈔本、唐天桂鈔本、乾隆楊氏耘經樓刊本、道光二十六年潘氏刊海山仙館叢書本。

〔五〕汝水：汝河的古稱，即南汝河，是淮河支流洪河的重要支流。發源於河南省泌陽縣五峰山，流經遂平、汝南、平輿、正陽、新蔡等縣，匯入洪河，全長二百多公里。

〔六〕尉氏：今河南尉氏縣。秦置，漢屬陳留郡，北朝廢置不常，隋開皇六年（五八六）再置，沿至今。現屬開封市。

山是硃砂泉。劉大櫆[二]曰：黃山之泉，清芬無硫氣。蓋天下多温泉，而黃山為之冠云。《新安志》：元符三年，有民三人來浴，凌晨，水變赤如流丹傾之。地勢傾動，波流沸湧。寺僧山民，争來汲取，貯以瓦器，而緘藏之，久而發視，宛然香甘。泉清而砂沉，好事者澄其砂以為藥。耿公南仲[三]時以部使者巡按，至山，僧文太以一器獻，公嗟味久之。而主簿徐元龜[三]亦乞其一器，歸以遺親。由是，人始信為朱砂泉焉。《歙山志》[四]：聖泉峰在桃花峰東北，狀如腰鼓，絶頂有温湯，其泉流下，入湯池。《周書異記》曰：黟山中峰之頂有湯池，水味甘美，可煉丹煮石也。余按：兹泉瀵出，獨成温流，以其下丹砂聚熾，陰火潛燂也。如謂出于聖泉中峰之頂，則自高而下，固亦易燠而寒。《志》《記》之談，良為膠執矣。

泉上有紫雲庵，近紫石峰麓，庵側為百丈潭，踰澗西為祥符寺，寺前有釣磯。《山志》：紫

[二] 劉大櫆（一六九八—一八七〇）：字才甫，又字耕南，號海峰，清桐城人。雍正（一七二三—一七三五）兩舉副貢，乾隆六年（一七四一）舉博學鴻詞，不遇，六十後始任黟縣教諭，歸卒。工古文，為方苞推許，姚鼐從之學，遂為桐城派「三祖」。有《浮山記》一卷、《海峰小稱集》六卷、《海峰文集》八卷、《五七言近體詩鈔》十八卷、《論文偶記》一卷等。

[三] 耿南仲（？—一一二九）：字希道，宋開封（今河南開封）人。元豐五年（一〇八二）進士。歷提舉兩浙、河北西路常平，提點廣南東路、夔州路刑獄，荆湖、江西路轉運使。入為户部員外郎，辟雍司業，坐事出知衢州。徽宗政和二年（一一一二），為太子右庶子，改定王、嘉王侍讀。欽宗即位，陞尚書左丞、門下侍郎。建炎二年（一一二八）授單州別駕，南雄州安置，行至吉州卒。《宋史》有傳。

[三] 徐元龜：北宋元符（一〇九八—一一〇〇）間歙縣主簿，生平不詳。

[四]《歙山志》：即《黃山志》。閔麟嗣《黃山志定本》卷一即有此段文字。

雲峰上恒有紫雲籠之。《志略》：紫雲庵又名茆篷，在紫雲峰下，距湯池數十武。余按：是庵舊止誅茅葺茨，烹茗列磴，今則殿宇巋然，廂寮森構，門外株林成蔭，風篁自鮮，入山之程，此為初憩矣。《山志》：紫石峰色紫如玉，峰下有百丈潭，潭水乘崖下瀉，分映脩林，如積雪之未融，如亂雲之初起。方大治〔二〕詩：『東風斂夕霏，山色靄晴暉。天上銀河落，潭邊白練飛。深林啼鳥絶，危磴採樵稀。已冒垂堂戒，岡頭一振衣。』《新安志》：大中祥符禪院，唐大中五年，刺史李敬方建龍堂于寺西。天祐元年，刺史陶雅建寺，號湯院。南唐保大二年，敕為靈泉院。宋大中祥符元年，敕改今名。院内掛石為魚，其聲清越。《山志》：祥符寺在紫石峰下，唐僧志滿創始，寺前群峰聳秀，温水生香，古木千章，風動谷鳴，清谿激越，有若響答，真入山之奥區也。宋寺僧行明，志存文獻，景祐間，刻《黄山圖經》並唐宋題咏，山史肇興，明為功首。或云寺即軒轅宫，温泉石壁，『軒轅行宫』四字，鐫石猶存。《領要録》：寺前後皆峭壁絶巘，從東南入山者，至此見石漸多，土乃漸少。寺後有樓，天都、紫石、青鸞諸峰，冷光濕翠，倒入窗櫺，浸人毛骨。其上祀軒轅帝及浮丘、容成公，宋魯宗道〔三〕

〔二〕方大治：生卒年不詳，字際明、在宥，號九池，歙縣巖鎮人。祖、父累世積書，至大治藏貯益富，博覽精研，學問日進。嘉靖二十一年（一五四二）重九與王寅等十六人結天都詩社。

〔三〕魯宗道（九六六—一〇二九）：字貫之，北宋亳州人。咸平二年（九九九）進士，歷濠州定遠尉，海鹽縣令、歙州軍事判官、秘書丞，至吏部侍郎、右諫議大夫、參知政事。為人剛正，疾惡少容，時貴戚用事者皆憚之，目為『魚頭參政』。卒，贈兵部尚書，謚號『簡肅』。

題湯院壁曰：『新安此山，凝嵐積靄，邈然雲際，養靈孕粹，雄鎮一方。故歲旱民饑，郡刺史修舉祀典，躬事禱祈，厥報如響。景德〔一〕四年，因公信宿於靈泉院，爰誌所懷，繫詩于石。』宗道，亳州譙人，景德時判歙州軍事。今詩載《志》內，石鐫韜迹矣。汪道貫〔二〕《宿軒轅宮詩》：『黃山表南服，川路何渺默。薄言巾柴車，從公事行役。遵渚招涼颸，曜靈漸西匿。稅駕軒轅宮，偃仰長松側。山氣日巃嵸，雲光媚將夕。天籟廣樂鳴，仙廚衆香食。中夜素月流，鮫珠泣深澤。志士隘八埏，達人悟一室。遠近寧足經，玄覽各有適。』汪澤民《祥符寺詩》：『屹立四千仞，緣回八百盤。藤蘿孤寺合，苔蘚一碑殘。風急龍髯斷，雲深鶴睡寒。玆山可招隱，吾亦掛吾冠。』是詩亦以黃山高四千仞，與太白〔三〕詩同也。王之傑記：祥符寺前為香谿，元鄭師山釣磯在焉。《新安文獻志》鄭玉《富登釣臺記》：『富登渡一石巍然出江上，予每一登臨，或坐或釣，輒裴回不能去。淮南余帥廷心〔四〕，甚妙篆隸，聞予之有是石也，書「鄭公釣臺」四字以寄。』又《鄭玉行狀》：『先生居師山書院，間被短簑，游釣岑山之

〔一〕景德：宋真宗趙恒年號，自公元一〇〇四至公元一〇〇七年，共計四年。

〔二〕汪道貫：生卒年不詳，字仲淹，明歙縣人。汪道昆之弟。工詩文，與從弟道會並稱『二仲』。有《題方氏墨雜言八則》一卷、《墨書》一卷、《汪次公集》十二卷、《二仲詩》二卷。

〔三〕太白：即李白（七〇一—七六二），字太白，號青蓮居士，又號謫仙人。有《李太白集》。

〔四〕余帥廷心：余闕（一三〇三—一三五八）字廷心，又字天心，廬州（今安徽合肥）人。元統元年（一三三三）進士，歷泗州同知、淮西宣慰副使。元末，分兵守安慶，至正十八年（一三五八），紅巾軍攻陷安慶，余闕自刎而死，謚忠宣。著有《青陽集》。

陽，鄉人目岑山曰「鄭公釣磯」。』《元史類編》〔一〕：『鄭玉，字子美，歙縣人，隱居教授。至正十四年，以翰林待制徵，不起。十七年，明兵入徽，守將迫之，殉節卒。』余按：《江南通志》：岑山在府南十五里，鄭玉更名之曰小焦山。《徽郡志》〔二〕：富登渡在歙南。并無緣移置兹山麓也。名迹疊傳，遠彌互見，鄘生云：隱迹朝市，遯釣魚水，何必渭濱，然後磻溪？善乎！斯言今昔同趣矣。

又西，桃花峰下為桃花源，有藥溪、藥臼、藥銚，其上為蓮花庵，庵側有丹井。汪濟淳〔三〕記：由湯泉跨石越澗，左行數十步，折入桃花源。有徑幽仄，側身入室，或覆或露，有堂有奥，有廣有霤，明暗斷續，敞隘賒促，不一其態。寒梅老柯，參差隙布，名桃花源者，從其朔也。《志略》：桃花源在桃花峰下，一稱藥谷，有桃源庵。沈德潛〔四〕《遊黄艸桃花溪詩》：『桃花峰直下，下有桃花溪。溪水去無盡，花林望欲迷。鄔深時見鹿，村斷不聞雞。為憶虞山叟，空懷結屋棲。』《領要録》：故老相傳，桃花峰下，舊有桃花數萬株，花時競艷，赤遮山谷，佘書升嘗建庵于桃花澗上之藥谷中，曰桃花源。

〔一〕《元史類編》：四十二卷，清邵遠平撰，以《元史》為基礎改編，兼采《元文類》《經世大典》《元典章》及元人文集。分本紀和列傳，無表、志。邵遠平，生卒年不詳，初名吴遠，字戒三，清浙江仁和人。康熙三年（一六六四）進士，官至翰林侍講學士、詹事府少詹事，曾參與纂修《一統志》。

〔二〕《徽郡志》：即《（康熙）徽州府志》，十八卷，丁廷楗、盧詢修，趙吉士等纂。康熙三十八年（一六九九）萬青閣刊本。

〔三〕汪濟淳（一六〇〇—？）：字公龐，號脈望，明、清間歙縣人。順治（一六四四—一六六一）歲貢生。博覽能詩，擅書畫，晚年尤精妙。有《黄山遊記》一卷、《史測》《脈望公集》十三卷。

〔四〕沈德潛（一六七三—一七六九）：字碻士，號歸愚，清江南長洲（今江蘇蘇州）人。乾隆四年（一七三九）進士，曾任内閣學士兼禮部侍郎。有《沈歸愚詩文全集》《古詩源》《唐詩别裁集》《明詩别裁集》《清詩别裁集》等。《清史稿》有傳。

其徑由祥符寺折入，水聲在耳，峰影在目，夾徑大石，與喬木參差互映。行可半里，乃踰橋登級，歷梅花小塢，再折而登，折凡數十，景輒隨異，其上為狎浪閣，正對白龍潭。群山飛瀑，奔赴交流，風震喬柯，與衆流競響。臥是閣者，枕上嘈嘈，如風雨驟至，又如遠客江湖，夢中聞波濤之砰訇也。其西有軒，曰飛白，後有亭，曰響雪。《別裁集》〔一〕汪徽遠〔二〕《狎浪閣詩》：『高閣臨溪水，薄暮軒窗開。不見庵中僧，微雨潭上來。』莫春暉〔三〕《遊記》：由軒轅故宮循徑而西，有狎浪遺址，秀石蹲臥茂艸間，問桃花源，如漁父重尋，杳不可得矣。王之傑記：桃花源左腋為藥臼，臼之上流即洗藥溪。臼水瀉石坎中，為藥銚。汪家鈐〔四〕《藥銚銘》：『水石相輝，空明無依。憺爾忘歸。』謝陛〔五〕《志》〔六〕：溯湯泉而上，度亂石，凡三踰，小徑砰磕，從屐齒間出，覓竹影下，得徑，達蓮花庵。庵地平曠，約二

〔一〕《別裁集》：《清詩別裁集》，原名《國朝詩別裁集》，清代詩歌總集，沈德潛編選，三十六卷，入選九百九十六人，三千九百五十二首詩。曾被刪減，以乾隆二十五年（一七六〇）三十六卷本較為完備。

〔二〕汪徽遠：汪士鋐。

〔三〕莫春暉：生卒年不詳，字廣元，號葵齋，又號樵谷人，清黟縣人。從王愫習山水畫，疏老蒼秀。兼工醫。有《黃山遊草》一卷、《臨戴本孝黃山圖冊》。

〔四〕汪家鈐：即汪家珍，生卒年不詳，又名葵，字璧人，一字叔向，明、清間歙縣人，諸生，入清棄舉子業，以布衣終。工山水，知名當時。有《續亘史》二十卷。

〔五〕謝陛：生卒年不詳，字少連，明歙縣人。少攻舉子業，性尚恬退，精史學。有《季漢書》五十六卷、《定唐書》、萬曆《歙志》三十卷、《黃山總記》《花乘》《談書論》等。

〔六〕《志》：萬曆《歙志》，三十卷，張濤修，謝陛纂。

畝許，四楹三室，左右修竹，籬茨幽麗。石縫産茶，清香冷韻，襲人齗齶，所謂黄山雲霧茶也。《隨見録》〔二〕：徽産松蘿，以出紫霞山者為佳，又有南源北源之異。黄山絶頂，有雲霧茶，别有風味，迥出松蘿之外。《茶經補》〔三〕：天都有抹山茶，茶生石間，味淡香清，採之甚難，不可多也。吴廷簡記：由藥臼上，為蓮花庵，以正對蓮花峰名也。汪洪度曰：庵左為浄林居，後為華嚴閣。有鐘，勒『建文四年月日』字。成祖革除建文年號，金石碑版咸更洪武，兹鐘歷年三百，銘勒猶存，匪山實深，曷克遘此？魯宗道《洗藥源詩》：『採得千年藥，臨流浄洗藏。至今源裏水，猶帶舊時香。』即湯院題壁詩也。戴澳記：由釣臺渡溪行半里，一小澗有石徑，廣丈餘，方坎如鑿，仰受上流，水色似白龍潭，深半之，是為藥銚。銚左欹出水，水作懸溜，承溜一石窟，口如甕，深不見底，指為丹井，或曰，龍實棲此也。湯賓尹記：蓮花庵左丹井，一石圓如盎，受水十斛許，湊底皆卵石。方拱乾曰：鍊丹臺畔有方池，云是丹井，井中松影倒垂，枝柯可畫。余按：祥符舊稱軒轅宫，故寺側溪、銚、井、臼，咸以藥名。丹井有二，無庸是彼疑此矣。

又西，為水簾餐霞之洞，嗚弦落星之泉，有軒轅碑、丁公庵遺址。劉大櫆記：由寺右緣天梯而上百餘步，幽壑不可越，以二木�崖而度。折左，紆行半里許，有洞穹然出巖上，飛泉蔽洞門而下，

〔二〕《隨見録》：屈擢升撰。屈擢升，生卒年不詳，清初山西太平（今山西省襄汾縣）人，字秀甫，號恒齋，學者稱聞道先生。常讀《四子大義》《太極通書》《西銘》等，有所得則筆記，成《隨見録》，已佚。

〔三〕《茶經補》：即《續茶經》三卷，陸廷燦撰。所引文字在卷下之四。陸廷燦，生卒年不詳，江蘇嘉定（今上海嘉定）人，字秋昭，自號幔亭。貢生，官宿松教諭。從王士禛、宋犖等學。撰有《續茶經》三卷、《藝菊志》八卷、《南村隨筆》六卷等。

灑灑不絶，是曰水簾之洞。江瓘〔一〕記：水簾洞深可三丈，高二尋，廣稱之。洞徹裏，崇一級，二尺許，復敞一小洞，洞石黑白相錯，瑩潔可把，蒼苔翠蘚，爛如綺繡。坐洞裏歌嘯，聲如出甕中。群峰聳峭，效奇獻秀，冥坐移時，悽神凜骨。出洞，循崖左十餘步，倚崖開二小洞，高深廣邃，視水簾半之。時有高霞孤映，曰餐霞洞。有荆扉竹籬，石牀丹竈，相傳攻苦鍊性者居焉。宋石應孫〔二〕《水簾洞詩》：『珠簾巧費水晶裁，萬古垂垂濺碧苔。幾度月鉤鉤不出，孤雲難入此中來。』黄汝亨記：虎頭巖下，有石如横琴，亘十餘丈，石皆中虚，應泉作箜篌聲，是為鳴弦泉。汪濟淳記：壁瀑懸落，跳浪瀾翻，派殊勢殺。去地二丈，横石若琴，中空水徑焉。沫濺石上，其聲清越，如鼓琴然，故曰鳴弦。稱名賢者，謔也。汪鎬京〔三〕《篆讚》：『山静太古，泉聲鳴弦，風來樹舞，客到神恬。』蓋理會動寂，志兼山水矣。王灼〔四〕《紀遊》：泉甘可飲，清可濯罍，故亦名洗杯泉。《領要録》：入谷行半里，有泉泠然，注石而成，科者三盈，科復下衝，激而成科者五，光粲粲然，曰落星泉，又曰餐霞洞。左有石

〔一〕江瓘（一五〇三—一五六五）：字民瑩，號篁南子，明歙縣人。江珍之兄。以母病亡，而己又患咯，遂棄儒業醫，知名當時。《論遏纙書》一卷、《九邊論名醫類案》十二卷、《霞石稿》《江山人集》七卷。

〔二〕石應孫：生卒年不詳，南宋福建晉江人，淳熙十一年（一一八四）進士，紹熙二年（一一九一）為池州貴池尉，嘉定十二年（一二一九），由雷州通判放罷。

〔三〕汪鎬京（一六三四—一七〇二）：字宗周，一字快士，號西谷，清歙縣人。不求仕進，遍歷名勝，工詩，喜篆刻。有《文字原》二十五卷、《紅朮軒山水篆册》四卷、《紅朮軒印範》一卷、《磨兜堅室銅印譜》《黄山印篆》一卷等。

〔四〕王灼：生卒年不詳，字晦叔，號頤堂，南宋遂寧府小溪縣（今四川省遂寧市）人。終生未入仕，晚年潛心著述，有《頤堂先生文集》五卷、《碧雞漫志》五卷、《頤堂詞》一卷、《糖霜譜》一卷。

類馬迹，曰馬蹄石，石旁有石，方而長，天然碑也，曰軒轅碑。洞右舊有丁公庵，今庵圮而址存。

又北，為白龍潭、虎頭巖、醉石、停雪石、劍石、羅漢級。　江瓘記：由湯池石逕而上，群峰夾澗，峭立如壁。多桃李梨杏，檜榧梗楠，望春諸花，摇颺葳蕤，草則蘭茝蕙若，赤箭青芝，粉紅縟緑，蓊香葧苾，莫可殫述。南行里許，叢石怒生，交加澗曲，懸水傾注，匯而為潭。潭幅幀可十尋，清深可斞，黛蓄膏渟，有白石鱗甲，横亘潭底，衝湍動摇，若將起伏，能出雲作雷雨，曰白龍潭。汪灝〔二〕《紀遊》：白龍潭，銀河高注，勢因石扼，左閂右拒，四折乃衝潭底。汪濟淳記：過桃花源，見雪砫倒垂，紺潭仰受，怒雷鳴吼，素虬張鬣，是名白龍潭。潭深二十仞，瞰者神慄，目舌相鰔。《領要録》：或曰雨過風發，四山瀑水掉頭捽尾，望若奔虬，故名潭。方廣數十丈，雨急泉怒，如挾千百雷霆，横空飛越，潭静時，空明洞徹，四周高蘿古木，如張幄幕，時有群猿接臂下飲焉。趙汸《白龍潭詩》：『絶澗下深黑，寒泉瀉巖隈。中有玉蜿蜒，不知何年來。隱顯與道俱，泊然息風雷。石林絢金碧，洞府皆樓臺。善保至陽德，春霖遍九陔。』汸，郡人，號東山。《通志》〔三〕：東山在休寧西北，汸筑精舍于上也。江瓘記：循潭滸里許，有石如虎，昂首咆哮，狀若搏噬，相顧駭愕。石下有巖，傍有

〔二〕汪灝（一六五八—？）：字紫滄，改名淏，清休寧人。從趙吉士學，能文工詩，康熙四十二年（一七〇二）以獻賦召入内廷，次年賜同進士出身，授編修，歷侍讀學士、武英殿纂修事。五十一年（一七一二）以《南山集》案革職。有《隨鑾紀恩》一卷、《遊黃山紀》一卷、《知止堂讀杜詩目録》《佩文韻府拾遺》一百六卷、《知本堂讀杜》二十四卷、《寄園十六詠》一卷、《披雲閣詩集》等。

〔三〕《通志》：《江南通志》。所引文字在卷十五《輿地志》。

鏬，傴僂穿之，行可容數十人，曰虎頭巖。又半里許，有石，曰醉石。石傍有泉，為洗杯泉。泉下有伏石，陽白陰黝，如積雪之狀，曰停雪石。谷折而徑，有巨石倚巖折裂，為劍石。汪灝《紀遊》：由劍石岸行里許，復度危澗，曰藏舟壑。壁下石舟，無人自横。謝兆申記：羅漢級凡五百，從下眂級，若梯懸焉，從上眂水，若帶圍焉。許楚記：由白龍潭東入桃花源，源多異香，自成馨逸，上則風籟傳空，下則泉聲不斷，悽駐遊耳，一步一勝，得鳴弦泉。溯泉而上，忽頽崖倚木，徑皆崄岨，行路所至，如鼯鼠之穿林端。進則伏泉沮洳，抗級相望，忽墮平曠，窅然中息，為慈光寺。

卷二

北抵慈光寺，又東北躋觀音巖，陟老人峰。

硃砂峰下為慈光寺，寺内有法眼泉，寺後為普門塔。　閔麟嗣《程記》：由祥符至慈光，有兩道，西徑舒而平，南拾羅漢級，歷茶亭山門，險而峻。徐宏祖《遊記》：中懸鳥道，兩旁泉瀉如練，從此攀躋而上，泉光雲氣，繚繞衣裾，磬韻香煙，穿石而出，即慈光寺也。汪灝《紀遊》：慈光自山門而上，數折一亭，磴道平闊，飛泉沿梯，左右喬木，相為夾侍。謝兆申記：由硃砂峰而下，五伏五起，垂寺脈也。《歙山志》：慈光寺舊名硃砂庵，玄陽道人舊居也。普門入黄山，乃改創建法海禪院，立鍊魔場。萬曆辛亥，賜名慈光寺。按《詩綜》程用楫句曰：『鬱鬱慈光書，銀牓何飛越。』蓋易題自天暉映巖壑矣。《山志》：山門第二亭曰得心亭。楊補記：尋徑上慈光寺，曲磴密林，杖而登，自此始。寺為普門開山地，坐階前，見天都、蓮花，負戴雲氣，有如懸亭。《山志》：萬曆二十七年勅諭：『惟佛氏藏經，舊刻六百二十七函，慈聖太后續刊四十一函，兹者朕嘉善道之可依念，傳布之未廣，爰命所司，印造金藏六百七十八函，施捨在京及天下名山寺院，永垂不朽。此經頒布之處，寺僧衆等其務齋心禮誦，敬奉珍藏，毋得褻玩。』〔二〕三十九年，太監閻鸞〔三〕、馬進、劉朝〔三〕等奉太后懿旨，欽頒《龍藏》〔四〕並賜佛像、綵幡等件，送黄山安供。按汪溥〔五〕《上梁文》曰：『紫宸賜衲，親沾長樂之恩；白馬函經，遠送天都之麓。為慈闈而祝聖壽，命仁祠而榜慈光。』蓋紀述異數，非虚頌也。方士亮〔六〕云：聖母造七層四面毗盧，將於清凉〔七〕、峨眉、南海〔八〕三大名山卜所適，復益以黄山。當日宫中三卜，皆得黄山，遂以頒賜。《徽郡志》：四面滲金佛像，像七層，層四尊，凡二十有八尊。高四尺，有蓮花座，座有七準提，居葉中，一葉一佛，佛以萬計。謝兆申記：《兜沙經》稱四面佛，四

〔二〕關於《永樂北藏》，明神宗聖諭：『朕惟佛氏之教，具在經典。用以化導善類，覺悟群迷，于護國佑民，不為無助。兹者聖母慈聖宣文明肅皇太后，命工刊印續入藏經四十一函，並舊刻藏經六百三十七函，通行頒佈本寺，爾等務須莊嚴持誦，尊奉珍藏，不許諸色人等，故行褻玩。致有遺失損壞。特賜護持，以垂永久，欽哉故諭。』與下之合計數相合。則此『六百二十七』，當為『六百三十七』之誤。

〔三〕閻鸞：明萬曆間御馬監太監。

〔三〕劉朝：明萬曆間御馬監太監。

〔四〕《龍藏》：佛教經典的通稱。此處當指《永樂北藏》及萬曆所刊《續入藏經》。清乾隆以後，專指乾隆版《大藏經》。

〔五〕汪溥：生卒年不詳，字貞明，明清間歙縣人。明末補錢塘縣學生隱居著述，足跡不入城市者四十年。著有《丹石齋史論》等。

〔六〕方士亮：生卒年不詳，明歙縣人。崇禎四年（一六三一）進士，歷嘉興、福州推官、兵科給事中。多建樹，後削職下獄，後釋歸。福王時，復官，明亡後卒。

〔七〕清涼：五臺山。

〔八〕南海：普陀山，位於舟山群島的普陀島，為中國佛教最著名的觀音道場，有『海天佛國』『南海勝境』之稱，與五臺、峨眉、九華並稱為中國四大佛教名山。

維上下，無不化身，圓見法界，不獨毗盧遮那佛爾也。汪灝《紀遊》：毗盧佛前有金鉢盂一，金杖一，萬佛袈裟、紫袈裟各一，金、銀字佛經各一，皆出大内。余按：《明史》：孝定李太后，神宗生母也。神宗即位，上尊號曰慈聖。性好佛，内外多置梵刹，動費鉅萬，帝亦助施無算。滲金四面，遠致黟黄，斯亦其信奉之實録矣。岳和聲〔二〕《募衆疏》：粤有普門行人，誅茅黄山，經五六載，誓將構殿，供佛設法，安僧化衆，齎大誓願，來於京師。適有七層寶蓮毗盧，為大内所施造，滲金莊嚴，計且訖工，常侍蔡公欽〔三〕奏啓獲請。於是宰官居士、緇白衆道，各宏誓願，為普門再竣此役，于佛前作大供養。潘之恒記：惟安奉到欽頒，乃謀諸善信，庋閣藏經。作郭亭，以遲之，拓地從鍊魔場上百步許，開方廣十丈以置堂楹，籠以硃砂，靈氣足當龍樹所遊。由石磴拉獅子項而登，俛仰躋顧，各具異相，題曰獅乳臺。進闞裂缺而束之，古松盤結如華蓋，為松石峽，苔蘚斑翠，淋漓欲滴。轉而左陟，則大悲閣冠其巔。由鍊魔場循級而下，得法眼泉，有石障其委，使之蓄積，一晝夜可供千僧。下此數折，經地藏殿，左壁兩瀑争流，界破山色，如玉龍赴壑。《山志》：寺内伽藍堂前，方池作鑒，一泓泠然，朱魚聚族，皎若行空，遊人投餌，唼呷有聲。余按：今池底沙壅，無復泉源，石梁架空，遊鱗罕覿矣。又

〔二〕岳和聲：生卒年不詳，字爾律，號餐微子。明嘉興人（今浙江嘉興）。萬曆二十年（一五九二）進士，除汝陽知縣，徵授禮部主事，歷員外郎。出為慶遠知府，改贛州、東昌，遷福建副使，歷廣西參政，以右僉都御史巡撫順天。天啓中，起補延綏巡撫。有《餐微子集》，事具《明詩紀事》。

〔三〕蔡欽：明萬曆間太監。有《慈光寺四面大佛奏疏》，閔麟嗣《黄山志》卷三收録。

寺内有千僧釜，可盛水數石，米數十斛，供千人食。釜厚殆寸，烘爨久熄。僧侣數十，各各峰棲，蒔蔬蓺菽，如農家流也。《詩傳》[一] 金兆燕[二]《慈光寺》句曰：『峭壁作繚垣，陰森舛昏曙。遥筧十餘里，清泉不假濾。』山寺取泉，置筧高壑接續之，予達于廚，所遠或十里，匪獨慈光寺矣。《山志》：普門名惟安，郿縣人奚氏子。萬曆丙午，由五臺入山開創，後北至清源坐寂，葬骨黄山，建塔寺後。白石粼粼，桃花流水，圍繞塔前。今殿宇巍峨，法眷寥落矣。江天乙[三]《寺詩》：『曲磴千盤列，何曾任鑿穿。本來超色相，不假幻因緣。翠滴松枝雨，嵐開嶂外天。此中饒静解，無事問棲禪。』天乙，歙之江村人也。汪灝《紀遊》：向之山遊者，祇能達湯泉，望三十六峰，謂之遊湯。或從湯嶺至海子，遂謂窮賞黄山矣。自普門槌幽鑿險，檻繩砌石，由慈光闢徑達文殊，而山之奇奥始開。

又北，為硃砂巖，有蟹螯、蝦蟆石，逾飛來洞，眺空相廬。又北，為龍翻石、觀音崖。謝兆申記：出慈光寺，踰西，東揖硃砂峰，眎其壁半，上厂下吐，曰硃砂巖，有丹砂，望之若崩，其下洞、若石、若溪，皆曰硃砂，硃砂之泉，是注湯池。戴澳記：由寺側折而行，路右一峰高數丈，象蟹

[一]《詩傳》：《湖海詩傳》，四十六卷，清王昶編，收自康熙五十一年（一七一二）至嘉慶八年（一八〇三）六百餘位詩人的作品。王昶（一七二四—一八〇六），字德甫，號述庵、蘭泉，清青浦（今上海）人。乾隆十九年（一七五四）進士，官至刑部右侍郎。

[二]金兆燕（一七一九—一七八九）：字鐘越，號棕亭，清全椒人。乾隆三十一年（一七六六）進士，歷揚州教授，至國子監丞。工詩詞，尤精於曲。有《棕亭古文鈔》十卷、《棕亭駢體文鈔》八卷、《棕亭詩鈔》十八卷、《棕亭詞鈔》七卷、《旗亭記傳奇》二卷、《嬰兒幻傳奇》三卷。

[三]江天乙：江天一。

鼇形焉。余涉是徑，見青龍峰側，巨石高出，狀如蟾蜍上躍，村人目之為蝦蟆峰矣。又前，有洞曰飛來，長狹盈丈，穿竇而上，乃得逕。又前里許，崖欹逕斷，以木為彴，揞壁而過。劉大櫆記：溯硃砂溪而上，徑老人峰趾，兩崖峻削，捫壁而前，忽洞若門開。自是，危巒曲磴，傾側欹行，坐石上稍憩，乍見前塗茫乎。石壁之虛，有庭有除，若户若樞，像佛攸居，湢室坐廚，周於四隅，若有浮屠持鉢而倚于門閭，是曰空相之廬。空相者，石影也。去石影三里許，至觀音巖。王煒〔三〕記：自普門塔後，壘磴而上，叢木森鬱，天光全移，穿援其中，但有酣緑，如寒魚泳槮，折折不盡。汪濟淳記：出慈光寺，策筇樹蔭中，樹皆拳奇繚曲，蔽日遮岑，蒼翠撲人眉宇。紺碧篩光，行荇藻中，泉流活活，石臥道上。如是十里，至觀音崖，崖視虎頭，高廣倍之。又里許，至龍蟠坡庵。閔麟嗣曰：自慈光而上，沿崖傍澗，春夏之交，山花綺望，異艸暄萋。行人坐石臨水，憺焉忘歸。至觀音巖，巖下可盤列十數人。《領要録》：過觀音巖，疎林廣石，可眺可行，至採藥源。源中巖曰緑簑，坡曰龍蟠，谷曰香谷。行數里，蒼林緑石，轇轕成徑，遊人之身，幾化凍碧，正晦塞甚，忽有豁處，則老人峰矣。按《志》：龍蟠坡庵，在青鸞峰下。龍翻石，在東溝。今盤石壓徑，號曰龍蟠坡庵。舊址礎礫難尋，惟自龍翻石三里許，至打鼓墩，墩有觀音庵遺砌焉。

〔三〕王煒：即王艮（一六二九—一七〇一？），本名纓，又名煒，字雄右，號無悶，又號不庵，明、清間歙縣人。少客雲間，與夏完淳齊名，又從顧炎武、漸江等遊，為文頗有法度。著有《不庵易贅》二卷、《黃山遊記》一卷、《嗒史》一卷、《葛巾子内外集》《鴻逸堂稿》《漢皋小草》等。

又北，為老人峰、趙州庵、横雲石。《領要録》：自觀音巖而上，老木揞徑，壽藤冒石，青竹緑莎，蒙絡摇綴，日景乍穿，飛泉忽灑，陰沉窅窱，非復人間。及昇老人峰，天宇恢廓，雲物在下，怳怳然又度一世。許楚記：老人峰小而鋭，壁立無堦，攀茆挽葛，趾以漸進，上有石螺砢，夾以蒼松，相肖為理，如巧者所設。王灼《紀遊》：峰横可丈餘，縱三丈餘，左右皆絶壑，攀左壁，再轉歷石級，跨越至巔，俯視飛鳥，皆在其下。來徑所歷諸峰，已如落井底。錢記：老人峰，石立如老人傴僂，懸巖多奇松，裂石迸出，糾枝覆蓋。忽見白雲蓬蓬，冒松起，盤旋老人腰膂間。俄而滅頂，卻迎凌亂，迫遽迴合，瀰漫匼匝，蕩胸撲面，身在層陰中。久之，雲氣解駮，絡繹四散，不可復跡矣。余至老人峰側，忽睇前山來雲，微風將送，冉冉相逐，飄襟綴袂，左右行侶，以聲相聞。天都蓮花，如招如吸，出没變見，瞬息殊異，甫慮晦冥，旋復開霽，有若《記》狀也。施閏章〔二〕《老人峰詩》：『觀化百代後，獨立萬古前。時時嵐霧裡，濯濯水雪顔。俛睇見白雲，舉首見青蓮。軒后既冥邈，藥鼎空

〔二〕施閏章（一六一九—一六八三）：字尚白，一字屺雲，號愚山，又號媲蘿居士、蠖齋，晚號矩齋，清宣城人。施譽之子。順治六年（一六四九）進士，授刑部主事，歷山東提學僉事、湖西道。康熙十八年（一六七九）舉博學鴻儒，授侍講，纂修明史，進侍讀。文章醇雅，尤工於詩，時稱『宣城體』。有《擬明史稿》七卷、《使廣西日記》、《山門遊記》一卷、《遊九華記》一卷、《康熙袁州府志》二十卷、《硯林拾遺》一卷、《學餘堂文集》二十八卷、《學餘堂詩集》五十卷、《蠖齋詩話》二卷等。

聞傳。竦身躡峰頂，把袂親拍肩。欲語若凝睇，夕陽在前山。為問容成子，螭駕何時還。』《程夢星集》〔二〕《老人峰歌》：『山煙作霧朝濛濛，模糊煙外疑遠峰。風開日出始破笑，一峰背負兼頭童。何年南極下霄漢，無事僵立空山中。諸峰兒孫並臚列，形體雖具難相同。平生儕輩想無幾，匡廬五老齊高風。世人少壯幾時好，等閒倏作雞皮翁。此峰既老復不老，前古後今無始終。浮丘容成每來往，俯視塵世如雞蟲。』吴廷簡記：過老人峰，跨嶺，劃然天開，千態萬狀，絀目駭見，精奪神摇，口不能語，仰則天都、蓮花，猶在霄漢，俯則深巖邃谷，下臨無地，老松古柏，貫石而出，矯激離奇，不可思議。再數百武，有小庵，曰山郵。《山志》：趙州庵在天都峰下，顧錫疇題曰『山郵』。崇禎甲戌，龍起庵側，山崩石墜，驀庵而下，椽棁無恙。近庵有晤仙亭，以對石人峰名。許楚詩：『舊日茶庵是，精廬老翠封。俗傳龍送石，僧説佛留松。歇杖看雲滿，凌峰笑鳥慵。石人何代客，碧髮恁蒙茸。』余按：自慈光而上，亭庵俱圮，僧俗寂然，陰雨陽曦，無所棲蔭，道之云遠，我勞如何，行杖至茲，慨然興念矣。王灼《紀遊》：由老人峰右轉，徑八卦峰麓，再折，石壁横出如墉，繁英蔽之，色赭而氣青，是為横雲之石。閔麟嗣曰：由觀音巖五里許，登石人峰，至天都峰麓，則山路岐矣，右趨天都，左趨蓮花，再岐入海子。其中道則自觀音巖二里許，至龍蟠石，進至晤仙亭、趙州庵，庵對面為桃花峰，

〔二〕《程夢星集》：《程午橋集》七卷。程夢星（一六七八—一七四七），字午橋，一作伍喬，號香溪，又號汎江、茗柯、杏江，清歙縣人，僑居揚州。程文正之子。康熙五十一年（一七一二）進士。官翰林院編修，丁内艱歸。有《重訂李義山年譜》一卷、《新安岑山渡程氏支譜》六卷《首》一卷、雍正《揚州府志》四十卷、雍正《江都縣志》二十卷《圖》一卷、乾隆《江都縣志》三十二卷、《平山堂小志》十二卷、《今有堂詩集》六卷、《廣陵唱和集》四卷、《茗柯詞》一卷。

庵後過嶺二里，為貝葉庵，再一里為蓮花洞。

逾天門坎東，北循天都峰麓，逕臥龍洞。

方拱乾記：由老人峰折而上，曰白沙嶺，轉而過天門。天門者，天都峰之足，中開一隙，與諸峰援接者。《領要録》：天門在天都峰麓，雙石洞開如闕，門閾，珠璧集。張鵬翀[二]《天門坎詩》：『天海巉窺第一門，老人峰已似兒孫。侵衣衹有煙霞氣，過午初收雨露痕。崖上翻飛如化鶴，洞中穿透卻驚猿。黏天一綫微茫路，杖屨無憑手獨捫。』

由石人峰而北，則青鸞、獅子、錫杖、雲際、仙桃、仙橋諸峰，環天都西南焉。《山志》：青鸞峰如青鳥之蹲峙，為天都之輔，下有採藥源。吴廷簡記：過祥符寺，見青鸞峰，上有道人趺坐，諦

[二] 張鵬翀（一六八八—一七四五）：字天扉，一作天飛，號抑齋、南華山人、南華散仙，人稱漆園散仙。清崇明（今上海）人。雍正五年（一七二七）進士，改庶吉士，授編修，充雲南鄉試正考官，乾隆間歷官侍講、右庶子、少詹事。以詩名天下，又工繪畫，尤長山水，書法亦蓊潤明秀，時稱『三絶』。有《南華文鈔》《南華詩鈔》。事見《清史稿》《清史列傳》《國朝先正事略》。

視之，石也，謂之仙人打座。《續山志》〔二〕：峰下有益然〔三〕師塔，黃宗羲〔三〕塔銘：『益然，歙西汪沐日〔四〕也。崇禎癸酉舉于鄉。中原板蕩，以策干時，不能用。南渡，授職方主事，歷唐及魯。國亡，祝髮于閩。故人程上慎〔五〕、黃于升〔六〕以其老，勸歸故鄉，處黃山。益然燈炧夜闌，無故痛哭，鷗背鷺頂，非其本懷。預知逝日，先期，集諸故人與別，遺殖塔于峰麓。』《山志》：獅子峰昂首蹲趾，如巨猊欲搏，下有錦霞洞、香林源。雲際峰在天都峰側，下有藏雲洞。按：今謂之耕雲峰。汪于鼎曰：峰頂側臥一石如牛，故曰耕雲也。又案：錦霞、藏雲，雲霞由之出没，志所謂靉靆蔽映，遊者罕見洞口也。錫杖峰在石人側，下有錫杖泉。仙桃峰即硃砂峰，羅漢石之背，自北望之，如雙桃連枝。仙橋峰如梁橫列雲間。汪濟淳記：由湯嶺望仙橋，峰架碧落間，梁洞歷歷如畫。楊補記：橋長亘天，三石合成，中斷，嵌以尖石，脗合無迹。橋側臨萬丈淵，從鍊丹臺望，橋有五孔，乍隱乍見，無定在然。

〔二〕《續山志》：即汪士鋐等撰《黃山志續集》八卷圖一卷。

〔三〕益然：汪沐日號。汪沐日，生卒年不詳，字扶光，明、清間歙縣人。崇禎六年（一六三三）舉人，任兵部武選司主事，明末抗清失利，與漸江等入閩，於吴山受古航禪師剃度，法名弘濟，或作正濟，號益然。

〔三〕黃宗羲（一六一〇—一六九五）：字太沖，一字德冰，号南雷，別號梨洲老人、梨洲山人、藍水漁人、魚澄洞主、双瀑院長、古藏室史臣等。主要著作有《明儒學案》《宋元學案》《明夷待访録》《孟子師説》《思舊録》《明文海》《行朝録》《四明山志》等。

〔四〕汪沐日：原作『汪沐日』。按，汪沐日，字扶光，法號益然，當是。據改。

〔五〕程上慎：程量入（一六一二—一六九四），字承之，號上慎，清歙縣人。康熙年間著名鹽商。

〔六〕黃于升：黃僎。

余按：《水經注》：廬山上有三石梁，長數十丈，廣不盈尺，吴猛將弟子登山，過此梁。《天台山志》〔二〕：石梁長亘二丈，廣盈尺，僧智顗〔三〕嘗度石梁，脩建道場。若茲梁則側劍成形，流雲作水，穹窿在望，登逝無階矣。

又北，三觀嶺為天都峰趾，西望白鶴洞。謝兆申記：度三觀嶺，嶺首有菡鐘之石。葛寅亮〔三〕記：過老人峰，折而東上，名觀音坳者，即文殊洞口菩提路也。汪灝《紀遊》：觀音坳，一名月脇巖，為第二天門。錢記：由老人峰沿澗上，皆緣天都之趾，援危柯，攀罅芥，或折而昇，或懸而度，旋觀天都，巍峨峻極矣。《汪道昆集》記：天都壁立而出九霄，無贅附，無坡陁，甚則飛鳥不能度，猿猱不能躋，視西嶽四方，尤為卓絶。許楚記：尋天都者，矜疑圖進，上則巨石嶄立，排竦千仞，或斜垠斷壁，無繘受手，無坳受足，望巖返者什九矣。獨普門老人〔四〕嘗登峰造極，設蘭盆大會。旌幢連雲，縹緲天際，非佛力冥助，曷克臻此？王灼《紀遊》：天都者，天帝之所都也。黄山諸峰，以天都、

〔二〕《天台山志》：一卷，作者不詳，當是明清時人作。

〔三〕僧智顗（五三八—五九七）：俗姓陳，字德安，隋荆州華容（今湖北監利）人。十八歲出家，二十歲受具足戒，中國佛教天台宗四祖，天台宗實際創始人，世稱智者大師、天台大師。有《法華玄義》二十卷、《法華文句》二十卷、《摩訶止觀》二十卷、《四教義》《净名義疏》《金光明文句》《觀音義疏》等。

〔三〕葛寅亮（一五七〇—一六四六）：字冰鑒，號屺瞻，明錢塘（今浙江杭州）人。萬曆二十九年（一六〇一）進士，授南京禮部儀制司主事，官至通政使大理寺卿，少司農。著有《金陵梵刹志》。

〔四〕普門老人：僧惟安。

蓮花為最高。潘之恒記：天都，黄山第一峰也。向背轉側，晴雨寒暑，各具變態。慈光仰視，如冕而平，如胄而突，如劍而倚。自丞相源石樓見之，如佛輪五指，乍屈乍伸。從金繩庵分脊，左天都，右仙都，如鵬張兩翼，各展雲垂天而挾二溟。從光明頂望之，與蓮花若二佛分座，又與鍊丹鼎足而三，呼吸雲霞，遊者屏迹，惟普門嘗挾緇流陟之云。登峰自文殊臺界道履壁，猨臂貫引，上十餘里，得一團瓢地，有水，一泓可掬。乃入缺緣甕，觸竇躋奧，上百餘仞，從髻頂出，有方石二丈可履。近巔路塞，峭石矗立，有罅可側身入，復上，如發天牖，石纍纍，四五莼，有圓石最高踞之，可容十餘人。《領要録》：近有僧登天都者，云出松門，逶迤至山峽，從峽中援蘿蔓而上觀音灑浄石，過石皆榛莽，後人頂接前人踵，魚貫而昇，絶險處，以爪勾而趾躋之。五六里，始届耕雲峰，由峰向東，攀龍鬚蔓葛，行絶壁間，至岡首，復折而北，崖迴谷轉，崎嶇犖埆，躋刁斗石，上陡下削，身懸萬仞。又攀援而上，抱馬鞍石，翻身以進，當抱石迴顧時，身若翔空，莫辨從來。折而南，一壁面立，高二丈許，曰鰲頭石，則梯兩枯木以登。又南行，見峭壁，高廣數十丈，曰閻王壁，壁半横開一縫，寬僅尺許，乃以身伏縫中，握松根蚓行而前，復挽綆躋石，其上為毒龍背。岡勢蜿蜒，兩箱直削，下臨無底，則騎脊掌行，抽身而進。又前，遇中斷處，援枝奮身，躍而過焉。復攀曲磴，出深林，踏巨柏頂為路，南折，至一洞中，有石牀石竈。又北，一洞前後豁達，上覆一石，名按雲洞。天將雨，則雲從洞出；霽則雲仍歸洞，即天都石屋也。洞旁石窟，中積甘泉，瀅溢如玉膏。復緣松捫壁，西折上一崖，得大石如研，昔普門懸幡鐙於此，是名品字三峰，則天都之絶頂也。吴啓元〔二〕《登天都峰記》：峰絶頂小如一楹，中平，西南為數峭石，參差架疊，普門燈石在西角，拄木横斷巔上。又云：行至石梁，地既高危，天風摇撼，鮮不股慄。蚓度蛙行，抵中斷處，幾欲撒手懸崖矣。余案：今之山僧樵子，年少氣盛，或則奮臂鼓勇，猿貫蟻旋，攀躋此峰，然遇險絶處，輒心悸膽落，涕泗交頤，既登而降，不敢言復陟矣。鄢翼明〔三〕記：偃息白砂矼，仰視群峰削成，古松出巖，虬結梃直，疑是開闢時物。余按：自趙州舊阯而前，緣徑趺憩，遠近在目，仰視天都，峻壁千尋，崇墉萬尺，蒼松虬枝，穴石而立，特植群聚，衡盤斜倚，輕雲微籠，寒翠欲滴，足使張璪〔三〕失其生枯，韋偃〔四〕韜其丹碧也。西望採蓮峰下，有洞如广，中立白鶴，翹足引吭，若將奮飛。謝陛《志》曰：石人峰下有駕鶴洞，兩洞遥若相望，鶴立未翔，將俟王喬矣。羅汝芳詩：『兩拜天都峰頂峰，風雲萬派起虬龍。乘風便欲歸天上，覓取蓬

〔二〕吴啓元（一六五七—？）：字青霞，號霞槎里人、三十六峰老農，清休寧人。布衣，工於詩，放遊秦、蜀、吴、越，所至有詩。有《秀濯堂文集》一卷、《秀濯堂詩集》《黄山遊草》一卷附《遊天都峰記》一卷等。

〔三〕鄢翼明：生卒年不詳，字在公，號廷輔，清遼東（今遼寧遼陽）人。順治十二年（一六五五）進士，曾任辰州知府、汀州知府。編纂有《辰州府志》八卷。

〔三〕張璪：生卒年不詳，字文通。唐吴郡（今江蘇蘇州）人。官至檢校祠部員外郎。善畫山水松石，尤精於畫松。有《松石圖》《寒林圖》《松林高僧圖》等。著有《繪境》，已佚。

〔四〕韋偃：生卒年不詳，唐京兆（今陝西西安）人。官至少監。善畫馬，有《雙騎圖》《三馬圖》《散馬圖》《沙牛圖》等。

萊舊住宮。』釋今種〔二〕詩：『縹緲丹臺上，軒轅擁二仙。玉壺甘露瀉，珠蓋彩霞懸。日月歸黃海，笙歌滿碧天。龍髯攀莫及，悵望淚潛然。』《潘耒集》〔三〕《天都峰詩》：『黃山百千峰，茲何獨稱長。大巧不炫奇，尊嚴故無兩。中天開帝庭，萬靈此朝饗。肅穆垂冕旒，森嚴排甲仗。梯空一萬重，拔地九千丈。煙雲昇及腰，日月行在掌。群山自言尊，對之失氣象。譬如見真人，群雄自頭搶。石闕望峨峨，天橋矚朗朗。載肉無由昇，徒然結遐想。』吴啓元《登峰頂詩》：『陡絶原無路，懸空勢獨尊。猿猱過石壁，日月到天根。古帝藏書府，群真執玉門。洞牀丹竈在，至道孰能論。面面蓮花壁，煙雲入紫霄。歲時仙樂奏，風雨鬼神朝。豈有天能到，還愁雪未消。玉龍天外立，我已度長橋。』余聞山僧云：每陰晦寂寞之時，往往見天都峰上有冠裳葆羽，風梵雲歌，似仙似佛，或騎或徒，歷歷于蒼翠之間，冉冉于青冥之表。啓元親陟峰巔，形之歌咏，良為信録矣。

又東北，為貝葉庵、蓮花洞，瞻觀音石，又北為雲巢、琵琶石、小心坡。　方拱乾記：越嶺而行，亂石巉巉，崖頭一庵如瓢，曰貝葉。門對兩石，皆無蔕孤植，一高松距其間。再逶迤數里，有石立數十丈，兩松表之，則蓮花洞也。王之傑記：下玉蘭谷，度棧至蓮花洞，洞極高廣窈邃，洞頂有精

〔二〕釋今種：屈大均（一六三〇—一六九六），初名邵隆，號非池，字騷餘，又字翁山、介子，號菜圃，明廣東番禺人。清軍陷廣州，削髮為僧，法名今種，字一靈。與顧炎武、李因篤、朱彝尊等交往。著有《皇明四朝成仁録》，後遭文字獄，被焚毁。有《廣東文集》《廣東文選》《道援堂集》《翁山詩外》等。

〔三〕《潘耒集》：潘耒（一六四六—一七〇八），字次耕，又字稼堂，清吴江（今江蘇蘇州）人。師事徐枋、顧炎武，博涉經史、曆算、聲韻之學。以布衣召試博學鴻詞，授翰林院檢討，參與纂修《明史》，纂修實録。有《明五朝史稿》《類音》《遂初堂集》。

藍，飛橋以達。洞後突起一峰，峰上石筍雙峙，如建幢焉。劉大櫆記：洞方廣三丈，左壁峭絶，直出懸霤，作碎玉聲。其前大石突起數十尺，直當洞門。右劈一峽凌洞巔，背負懸崖如覆，旁一池，停水泓碧。余按：泰山有蓮花洞，記曰石瓣倒垂，滴溜如露。兹洞之狀，亦名實相賓矣。釋大壑〔一〕詩：『洞裏青蓮秀，跏趺得静觀。樹沉崖竈緑，雲湅石牀寒。山果猿争擲，溪花鳥共餐。夜來聞忽悟，飛溜響巑岏。』葛寅亮記：由觀音坳折而上，石巖欹仄，若無徑術，緣此而入，懸崖百仞，中僅一罅，如巨靈擘者。按：當徑有琵琶石，如掛琵琶壁間，推手可引也。吴廷簡記：自山郵上行，瞻觀音石，慈容儼然，當握處生小樹，恍若執楊枝而灑甘露者。余按：大千變現，隨在聲聞，丈六莊嚴，獨煩模肖，兹則範金匪埴，化石即身。致瞻敬者，何必身逝南瀛，心傾西土也？劉大櫆記：上嶺東行，有巨石當路而中虚，於其中累石為磴，數十級以上，如門焉，題曰『雲巢』，亦謂之巢雲洞也。折而上，有松夾路，枝柯交結，若與來者相揖讓，名曰迎送之松。靳治荊〔二〕記：老人峰上二里許，為一天門，小心坡之半，為二天門。汪濟淳記：從趙州庵左僂而昇，罅盡踰背，至小心坡。下視千仞，舊稱絶險，近好事家疏其徑，石欄之，可徜徉過矣。程守〔三〕記：登小心坡，左右數千仞，不敢視息，最艱險處，

〔一〕釋大壑（一五七六—一六二七）：字元津，明净慈寺僧人。著有《南屏净慈寺志》十卷。

〔二〕靳治荊：生卒年不詳，字熊封，號書樵。清初大興漢軍鑲黄旗人。王士禛門人。曾任歙令、高平守、吉安知府。著有《思舊録》。

〔三〕程守：生卒年不詳，一名守信，字非二，號蝕庵，明、清間歙縣人。弱冠入籍錢塘，諸生，與漸江等為友。明亡不出，一意為詩，書法奇崛。留心内典，悉禪宗支派。有《省静堂集》《汰錦詞》《傳後集》一卷。

置鐵繩。坡盡得石，或先手，先肩背，舉身皆用力處，入崖如屋，路絶，引以木梯，如自井出昇者百尺，聞其上小犬狺狺，知為文殊院矣。《周準集》〔二〕《緣天都峰趾度巢雲洞上昇仙梯遂憩文殊院詩》：『天都信岧嶤，特立若翠屏。取徑過其趾，俯仰皆奥境。松石俱象形，巖巒類盤綆。將陟目屢眩，恐墜心更警。行經陰洞中，恍惚陷深井。須臾從井出，冉冉首露頂。睥盼多創遘，頗非人世景。境斷緣梯昇，氣逼毛骨冷。意堅斯有獲，出險真自幸。向晚憩禪扉，一燈照孤影。』

又北，為蒲團石、斷凡橋、臥龍洞。又東北，蓬萊島、一綫天、文殊洞。汪濟淳記：過小心坡，得磐石，平圓如蒲團，遂名焉，有松蔭其上。閔麟嗣曰：蒲團平坦，一松如蓋，遊人傴側，羊腸邅迴，蚓徑至此跏足，粗得息心矣。許楚記：有二壁塊然中斷，廣可十步，下瞰不測，名曰天險。有二松交柯，度之者狂舞，但存餘幸。謝兆申記：緣天都趾西趨，又北陟巘已，緣松降危級，附壁蟻行，道絶度棧，是曰斷凡之橋。劉大櫆曰：斷凡橋，架木為筏，筏薄而脩，下臨深壑，左倚蘚壁。余按：茲橋今已易木而石，過者俯瞰，猶心悸股慴也。許楚記：又東逕巨石，如剖甕，上懸一松，蜿蜒其脊，名曰臥龍松，首支洞口，尾蟠石户。劉大櫆記：二壁夾立如墻，入罅中行，見天甚狹，有松臥其右壁，長數丈而枝翹石上，名曰臥龍。《領要録》：夭矯連蜷，宛然龍臥，枝梢上昂，角嶄鬈張，

〔二〕《周準集》：周準，生卒年不詳，字欽萊，號迂村，清長洲（今江蘇蘇州）人。諸生。受業於陳鵬年，能詩。與沈德潛友善，參與修《明詩別裁集》。有《迂村詩鈔》八卷、《迂村文鈔》《虚室吟稿》《迂村漫録》《瓢中》《鶴阜》《玉楮》《人海》《黄海》等集。

又如臥將起也。按今松株偃臥洞壁，已枯六年矣。程彩亭〔二〕云：此松百餘年間嘗三枯，每一枯，則慈光為設道場祈請，便輒復活。今玆枯已數載，鱗甲剥盡，鬱勁質于千齡，摧生意于一旦，蜕形雖存，噓枯無術，摩挲移時，是增永嘆矣。程，湯口人，余所倩導遊者。其故族人某，健步强力，諳悉夷險，遊者恒賴扶掖，厥有海馬之稱也。洞側有蓬萊島，崖岫上峙，壺橋排空，有群仙往來彈璈拊石之狀。袁啓旭〔三〕詩曰：『鬱華避恒陸，列缺垂金庭。赤鬚御長虬，高樹驂雲軿。幢節香飄颻，玉女何娉婷。游戲紛九垓，申旦光熒熒。』舉似玆島，庶得髣髴焉。《領要録》：渡斷凡棧，巖峻摩空，兩石欲合，忽若有從空劈裂之者。裂處可通人行，兩壁水淙淙下注，晴亦飛雨，松皆針鬚鐵骨，陰交翠鎖，猿鳥相呼，聞聲如在甕中。天光倒射，青若曳綫，名之曰一綫天。曹鈖記：由臥龍而前，石壁剗束，徑由中裂，天可尺較，是為一綫天。由此登峭壁，摩背者可二十武，沿而北，度木橋，入文殊洞。洞高二丈，緣梯直上，人從隙出。汪濟淳記：出臥龍洞，架木度修隘，俯瞰無極，左賴薜壁，攀倚以度，入石屋中。三壁環阻，徑復窮斷，仰視屋頂若突，憑梯出突，天高雲低，山峙壑伏，別一世宙。余按：從絶壁仰視，如持管窺，酈生所謂『非亭午夜分，罕見曦月』者，玆其地也。《領要録》：度斷凡橋，昇級壁絶，石復上合，澹澹如夜，仰瞰石頂，有竇如宧，漏入天光，竇中植梯，人緣梯出，曰天漏巖。

〔二〕程彩亭：湯口本地導遊，生平不詳。

〔三〕袁啓旭（一六四八—？）：字士旦，號中江，清宣城人。康熙諸生。從吴肅公學，又遊王士禛門，工於詩。有《中江紀年詩集》二卷、《中江紀年詩集》四卷、《黃山紀遊詩》一卷、《中江詩略》一卷。

按：今謂之文殊洞也。靳治荆記：出洞豁然開爽，循石壁行，上有題字，曰『小清凉』。汪灝《紀遊》：天漏巖上有『小清凉』字，策勒依稀，相傳為仙迹。又有谷口鄭簠〔二〕題『群峭摩天』四字。錢記：緣天都趾，下嶺復上，人從石罅中上，歷數里許，逐罅而進，攀磴而陟，甫瞪目而踵已失也，甫曳踵而目又失也。梯而下，如綆汲井也，穴而上，如從井幹出也，乃達文殊側。

至文殊院，西循蓮花溝，躋嶺北，陟蓮花峰。

疊嶂峰南為文殊院，前有文殊臺，右有立雪亭，有獅象石。許楚記：文殊院在玉屏峰下，依峰構室，旁佐二廡。前望歸巍，峰羅巑岏，蟻伏蚓紆。右腋小閣，凴虚御空，廣不踰尋，娛備萬狀。惟石壁寒影下射，雖炎夏挾裘，鮮能久駐。徐宏祖《遊記》：文殊院翼然雲際，左天都，右蓮花，兩峰秀色，俱可手擥。四顧奇岫錯列，衆壑縱横。《高唐賦》〔三〕有曰：仰視山巔，肅何芊芊。俯視崝嶸，

〔二〕鄭簠（一六二二—一六九三）：字汝器，號谷口，清江蘇上元（今南京）人。為名醫鄭之彦次子，得家傳醫學，以行醫為業，不仕，工書，擅隸書，精行草書，兼工篆刻。喜收藏碑刻，尤喜漢碑。

〔三〕《高唐賦》：宋玉撰。以楚襄王夢中與巫山神女相會為由，鋪陳描繪巫山地區的山水風物。宋玉（約前二九八—前二二二），又名子淵，戰國時期鄢（今湖北宜城）人，宋國公族後裔。曾事楚頃襄王。辭賦作品有《九辨》《風賦》《登徒子好色賦》等。《漢書·藝文志》著録賦十六篇。

窒寥窈冥。不見其底，虛聞松聲。斯黄山絶勝境也。鄢翼明記：文殊座俯視衆山，纍纍若若，不啻恒河沙數。風露從九天來，長夏氣如深秋。吴廷簡記：孟夏至此，夜宿甚寒。蓋山外菡萏已綻，而山中杜鵑方盛開也。韓詩〔二〕記：夜宿山巔，四虛闃寂，猿鳥不通，風至則屋瓦皆裂，颸颸欲墜。余按：文殊以巨石為壁，瓦皆方尺，至午夜風震，猶若動摇，有如韓記。又《別裁集》李雯〔三〕句云：『石門猿語歇，板屋夜鐘寒。』吴瞻泰句云：『雷奔石底晴看雨，人在空中夜摘星。』亦為奇肖也。蘇加玉〔三〕曰：文殊院衹一僧，不誦經，寒暑不易衣，日一食，或不繼。見客稱爾汝，無世法。與之財物，不辭不謝，慈光寺僧取去。余至院，見僧覺空者，棲形薜蘿，冥心灰木，獨處院臺，寒暄無恙，較其行趣，與蘇見同矣。潘之恒記：天都、蓮花兩峰間，其壁立者曰勝蓮峰，即疊嶂峰也。中闢一道場，前為蔓像臺，有伽趺座迹。按：今謂之文殊臺，上有琴几，僧云江處士彈琴石也。《山志》：院左有象石，右有獅石，凌駉〔四〕詩『獅石爪若拏，象石鼻若吸』也。立雪亭在獅石之右。余按：今亭迹頹廢，其

〔二〕韓詩（？—一六六二）：字聖秋，號固庵，明清三原（今陝西三原）人。崇禎十二年（一六三九）舉人，寓居江南，交遊皆知名士，如王士禛、孫枝蔚輩。入清官兵部職方司郎中。有《初登黄海記》。

〔三〕李雯（一六〇八—一六四七）：字舒章，號蓼齋，明清江南華亭（今上海松江）人。崇禎十五年（一六四二）舉人，與方以智、吴應箕等往來密切。入清，授弘文院撰文，中書舍人。有《蓼齋詞》一卷、《蓼齋集》五十二卷。

〔三〕蘇加玉：生卒年不詳，字維晉，號餐霞，清江蘇太倉人。擅詩，性極好遊，遇名山故迹必登臨吟嘯而去。有《蓼蟲吟稿》。

〔四〕凌駉（一六一二—一六四五）：原名雲翔，字龍翰，明歙縣人。崇禎十六年（一六四三）進士，福王時授監察御史，巡撫河南，守歸德，清兵破城後自縊死。

前有學士朱筠〔二〕題誌，言：『按試，偕編修邵晉涵〔三〕、儀曹洪亮吉〔三〕來登兹山，粗記端末，刻石嵌壁。』又汪鎬京《篆讚》：疊嶂峰側有巢翠庵。今則文殊而外，罕見遺構矣。《領要録》：登立雪臺。望後海，當雲解霧散，千巖萬嶂，次第呈露，疑瀛海中浮三神山，諸仙真人，飛翔往來，可乘飆輪，駕雲車，把臂而與之語。臺畔有石，曰仙桃峰，臺下臨絶壑，壑底有石如鶴展翼，跂足而立。其上有一松覆之，曰蓋鶴松。劉思敬〔四〕記：北登立雪臺望後海，有峰如塔，有石如獸，有松如舍，萬狀森羅，微茫浩渺，莫可辨也。又云：登文殊座，天都洞門可覘，蜂房蟻穴，宛如村落。睇老人峰，卑如拳石矣。余按：院前西撫蓮花，晚霞籠罨，初日照耀，峰容秀色，終古澄鮮。東視天都頂上，有石門，而為醉仙欹立其中者；有石杵，而為韋駝仗之於座者；有二人雁行，而為道路講畫之狀者。其

〔二〕朱筠（一七二九—一七八一）：字竹君，一字美叔，號笥河，清順天大興（今北京大興）人。乾隆十九年（一七五四）進士，選庶吉士，授編修，官翰林學士。《四庫全書》纂修官。藏書極富，所藏書編有《淑花吟舫書目》。有《笥河文集》十六卷。事具《清史稿·文苑傳》。

〔三〕邵晉涵（一七四三—一七九六）：字與桐，二雲，號南江。清浙江余姚人。乾隆三十六年（一七七一）進士。入四庫全書館，授翰林院庶吉士，授編修，任纂修官。累遷至侍講學士。宗王守仁、劉宗周、黃宗羲諸家之説，長於經史。有《爾雅正義》《孟子述義》《舊五代史考異》《皇朝大臣謚法録》《南江札記》等。

〔三〕洪亮吉（一七四六—一八〇九）：字稚存，號北江居士，清陽湖（今江蘇常州）人。乾隆五十五年（一七九〇）進士，授編修，督學貴州。因上書批評朝政，遣戍伊犁。精於經史音韻訓詁之學，工於詩文。有《北江詩文集》《北江詩話》等。

〔四〕劉思敬：生卒年不詳，明、清間江寧（今江蘇南京）人，順治六年（一六四九）進士，任刑部郎中，擢參議，乞終養歸，主修《江南通志》，著有《國朝徽賸》八編。所撰《黃山再紀》，收入《黃山志》卷五。

耕雲峰，頂有鼯鼠，首向天都，身出其半，而為鶱澗騰坡之勢，尤為逼肖也。《山志》：《疊嶂峰詩》：『架空睥睨三千界，疊起稜層十二樓。明月上來遮不得，翠光浮動萬山秋。』詩道文殊之境，頗形寥迥，然章韻可諷，而姓氏湮落矣。又孫晉〔二〕《宿文殊院觀鋪海》有句云：『日腳垂垂映赤霞，島嶼微茫出還没。』孫字魯山，桐城人。余憩文殊次日，竟晝晴朗，高下瞭澈。洎午夜，蒼風怒號，震楹撼壁，晨起拭目，則白波捲地，巨浸懷山，瀰漫萬里，與天無際。雲濤之中，偶浮峰髻，正如方士譎辭，輒懼風引，自寅迨未，前後環遍。雲以海狀，洵大觀也。王攄〔三〕《蘆中集》〔三〕《黄海歌》：『我所居兮在海濱，未登高丘望遠海。行入深山盡是山，銀臺金闕瞻安在。昨投湯院雨翻盆，電激雷轟衆壑奔。兹山雨後當鋪海，旋因觀海登天門。天門削成去天尺，歷盡危梯上絶壁。彌勒龕中一宿留，曉起白雲千里積。非煙非霧鋪虛空，時為車蓋時為龍。諸峰没趾漸及頂，初由膚寸彌寰中。天吴髣髴舞其下，萬里無際連蒼穹。是時罡風吹蓬蓬，聽如擊鼓馮夷宫。更疑射蛟海水赤，一輪照耀扶桑東。須臾

〔二〕孫晉（一六〇四—一六七一）：字明卿，號魯山，明、清間桐城人。天啓五年（一六二五）進士，歷知南樂、滑縣，擢工科給事中，南明官至兵部侍郎，以疾辭歸。明亡隱居，自號餘庵，又號遯翁，卒，私謚孝節先生。《冬垣奏草》二卷、《楚嶽遊草》《東甌集》《黄山集》《廬山集》《曹溪集》《南嶽集》。

〔三〕王攄（一六三五—一六九九）：字虹友，號汲園，清太倉州（今江蘇太倉）人。師從錢謙益、吴偉業。有《步檐集》《蘆中集》《據青集》《金陵集》《積薪集》等。

〔三〕《蘆中集》：王攄詩集，十卷，成於康熙三十七年（一六九八），收録從順治十三年（一六五六）至康熙三十六（一六九七）共計六百九十五首詩。

解駁浪紋静，玉池開放千芙蓉。人間萬事皆桑田，惟斯亘古為變遷。塵寰跼蹐真可憐，胡弗蹈海如魯連。三山驅走置眼前，對之欲往心悠然。長願採藥山中眠，朝朝來往蓬萊巔。帝鄉未遂平生志，從此浮槎天漢邊。』

又西，為喝石居、閻羅坡、蓮花溝、一綫天。　方學成記：由文殊院西下琅瑠嶺，三里至喝石居。汪濟淳記：喝石居，蓬室數椽，在蓮花峰下，去居即途，達蓮花溝，層累而上，後行者首及前行者趾，級凡數百，級盡始為峰麓。汪洪度《録》：喝石居上有石，欲從峰落，將至居而忽止，似有人喝之而住者，因名。《山志》：喝石居在蓮花峰茶庵之左。方拱乾詩：『孤瓢不成屋，獨僧抱石處。問我濕衣裳，下方何時雨。』劉思敬記：忽轉懸崖，黝色如鐵，無路可攀，諦視崖上，半武受趾，石溜且漬，其處名閻羅坡，一曰閻王壁，伏膺移趾而過。程守記：李攀龍〔二〕《遊華山序》云：『人仄行于穿，手在呹吻中，左右代相受，踵二分垂在外，足已茹則齧膝也，足已吐是以趾任身也。』以狀兹壁奇側，逼似矣。按：是壁亦顔為大士崖，歙人程考功振甲〔三〕遊此，鳩匠鑿削，粗為夷坦，因更名太平

〔二〕李攀龍（一五一四—一五七〇）：字于鱗，號滄溟，明歷城（今山東濟南）人。嘉靖二十三年（一五四四）進士，歷順天鄉試同考官、刑部廣東司主事、刑部員外郎、順德知府、陝西按察司提學副使。與謝榛、王世貞等倡導文學復古運動，為『後七子』領袖人物。有《滄溟集》三十卷、《白雪樓詩集》十卷、《古今詩刪》三十四卷。《明史》有傳。

〔三〕程振甲（？—一八二六）：字音田，號也園，一號木庵，清歙縣人。乾隆四十九（一七八四）高宗南巡，召試，賜舉人。授内閣中書，充軍機章京，轉吏部員外郎，辭歸。博洽多藝，富收藏，精鑒賞，工書法，能製墨。有《西陲總統事略》十二卷、《木庵藏器目》一卷。

坡云。《領要録》：從象石右行，名懸度嶺。山徑似開似塞，數里許，入蓮花、蓮蘂兩界中。砂石錯落，騰空壘上者，蓮花溝也。溝將盡，有石高二丈，一松盤旋石上，虬枝四出，陰蔭數畝，幹藏石腹，迸石而植，曰破石松。《山志》：破石松以石為幹，遊者見蓋不見幹。崇禎戊寅，雷震石崩，松焚如焉。湯賓尹記：一綫天行兩壁間，從罅處漏光，若一片冰裂也。余按：俗以臥龍洞前為小一綫天，此為大也。又雪莊《圖》：鰲魚峰左邃壑，亦為一綫天。錢記：喝石三里許，至一綫天，即蓮花嶺也。案：嶺逕舊有七賢松，為太平樵者斲伐，根荄如盂，猶存路側。

由蓮花嶺躋蓮花峰，有蒲團石、月池及蓮頂庵、不立名字广、瓣蓮居遺址。吴廷簡記：由喝石居攝衣登峰，肩踵相接五里許，過金剛肚，奇險相軋，匪夷所思。武窮則洞，洞窮則級，級盡又洞。或如危橋而石檻天成，或如重樓而虛窗四闢，輾轉玲瓏，螺旋蚓折，則有老僧誅茆嵌石壁中，然尚非峰頂也。又攀援而上，度窄石一，躡懸梯二，為黃山之絶頂矣。諸峰在於足底，呼吸通於帝座，匡廬、九華，楚楚在目。湯賓尹記：蓮花之脇有拆處，穿入其中，左右前後，皆傍相連貫，如大木枅，層層相夾，如數十圍重垣，如曲房委榭，閣道相通。予摩石循竹，如入迷樓，不知所嚮。同遊從壁上合呼，轉似甕語，摩挲久之，乃得出穴，躋其頂。曹鈖記：自立雪臺抵峰下，約五百折，又折，而東峰之背也。沿背而折者八，抵元白静室故阯，左右皆怪石，徑不可轉，人皆禹步，石忽崩裂，橋闊數寸，度者危之。又折而西，石夾若巷，高與肩並，出巷而入者，為洞，風肅肅挾兩腋，三折而出。復之北，腹附巖者可十武，則極峰之巔矣。巔闊丈許，青石疊抱，中凹若盂，宛然蓮初開狀。旁有醴泉，沙亦幽香，取以煮茗，絶非人間味。程桂〔二〕記：由雲梯而上，為蓮莖，更上為蓮花峰。鑿壁成級，計三百餘，其中屈膝至頷者十餘級，僅能納趾、不能受踵者三十餘，無級可循、捫壁而昇者不與焉。峰半有洞，盤紆而入者三，俯首側入者一，度以略彴，續以木梯，然後造其頂。葛寅亮記：過雲梯，望蓮花頂而躡焉。徑口雙石，削立似石門，以魚貫入。過此，皆從危崖空石中取徑，忽幽而入邃谷，忽敞而入懸崖，每絶處得轉，別是一天。自石門至此，凡九折，各各呈奇，不可思議。行三里許，其上編茅作室，視文殊院如在腋下。引繩而上，至巔，則四顧曠然無際，故非躋蓮花之頂，無以登峰造極，而極黃海之大觀也。《新安文獻志》趙汸曰：登蓮花峰以望八極，渾渾焉，皡皡焉，若有見夫崑崙磅礴兼覆並育之仁，然後知兹山之大，根同乎五嶽，潤達乎四海，而英華發揮，精爽洋溢，與造物相為流通，而莫知其終始也。方拱乾云：未敢稱奇，但覺皆勝，當未至時，語我不信。《山志》：有客登蓮花峰頂，見西角天盡處，一黑影如眠弓，形勢壯闊，蔽天一隅，數時不異，蓋蜀之峨眉山。李夢陽〔三〕云：廬山天池寺，秋晴可望峨眉。黄山高出匡廬，固宜見之。或云此崑崙山影，非但峨眉，斯又靈幻

〔二〕程桂：生卒年不詳，監生，清休寧人。

〔三〕李夢陽（一四七三—一五三〇）：字獻吉，號空同子，明慶陽（今甘肅慶陽）人。弘治七年（一四九四）進士，授户部主事，遷郎中，因彈劾劉瑾而下獄，劉瑾伏誅後，遷江西提學副使。倡言「文必秦漢，詩必盛唐」，為「前七子」領袖。有《樂府古詩》三十六卷、《疏書碑志序集文》二十七卷、《空同集》八卷。《明史·文苑》有傳。

莫測之極致矣。論者以峨眉之見出于形，似殆非目力之所及。余按：范成大《吴船録》曰：登大峨山〔一〕光明巖，望巖後岷山〔二〕萬重。望南詔〔三〕大瓦屋山〔四〕，宛如一屋。望西域〔五〕雪山，數十百峰，崔嵬刻削，終古積雪，晃耀鮮明，諸山綿延，入天竺〔六〕諸蕃，相去不知幾千里，望之但如在几案間。又馬第伯〔七〕《封禪記》〔八〕曰：泰山上有秦觀可望長安〔九〕，周觀可望嵩洛〔一〇〕，吴觀可望會稽〔一一〕。蓋所處

〔一〕大峨山：峨眉山。

〔二〕岷山：位於甘肅南部和四川西北部的山脈，西北東南走向，全長約五百公里，有摩天嶺、雪寶頂、九頂山、青城山、峨眉山、四姑娘山等著名山峰。

〔三〕南詔：雲貴高原古王國。公元七三八年，蒙舍國首領皮羅閣統一了位於洱海地區的六詔，建立了南詔，九〇二年亡於權臣鄭氏。後來一般稱今雲南一帶為南詔，此處當泛指我國西南地區。

〔四〕大瓦屋山：位於四川省眉山市，中國道教發祥地之一。峰頂砥平如桌臺，又名桌山。

〔五〕西域：自漢以來，狹義上的西域指玉門關以西，葱嶺以東，巴爾喀什湖東、南及新疆廣大地區。廣義上指通過西域所能到達的地區。清西域是東起敦煌以西，西至巴爾喀什湖及葱嶺，南至拉薩界，北至俄羅斯及哈薩克界。

〔六〕天竺：古印度。古代中國對今印度和巴基斯坦等南亞國家的統稱。漢代亦稱身毒，唐代統稱天竺。

〔七〕馬第伯：生卒年不詳，光武帝侍從之臣，建武三十二年（五六），隨光武帝劉秀登泰山封禪，寫下《封禪儀記》。

〔八〕《封禪記》：《封禪儀記》，馬第伯作，記録了東漢光武帝建武三十二年（五六）封禪泰山的種種準備工作，是現存最早的遊記。輯入《後漢書·祭祀志》。

〔九〕長安：今西安古稱，周文王時定都於此，筑設豐京，周武王時建鎬京。漢高祖五年（前二〇二）置長安縣，七年（前二〇〇）營建未央宫，遷都於此。周、秦、漢、隋、唐等相繼十三朝在此建都。

〔一〇〕嵩洛：嵩山和洛水，皆近洛陽，故以『嵩洛』指洛陽一帶。

〔一一〕會稽：會稽山在今浙江紹興，傳説因大禹會諸侯計功而得名。秦置會稽郡，治吴縣。東漢，郡治移至山陰，隋改越州。

彌高，則所見彌遠。蓮花峰頂可望峨眉，以彼度此，無事獻疑矣。謝兆申記：蓮冢中凹，圓徑數尺如蓮花，環石悉如瓣。其北有卑巖，田田如蓮葉，中積水不涸。汪灝《紀遊》：躋蓮花峰，盤旋于洞者四，乃抵蒲團石，寬圓平正，與小心坡之蒲團相似，物必有偶，良為天造矣。方成學記：從蓮瓣昇頂，有石方廣，中窪積水，久旱不涸，正如菡萏含露，中自馨逸。就水盥漱，芳香竟體，取砂貯囊，蘭桂馥郁，久而不變。《山志》：月池在蓮花絶頂，積泉一泓，具異香味，不雨不涸，不與不腐。蓮頂庵在月池下，去天尺五，高危難居。僧心源〔二〕嘗隱此，遇雪糧絶，幾死，嗣無敢棲之者。不立名字厂，從兔耳右向，拾數十級，轉入三罅，至厂，横可二十笏，短垣欹石，闢户如輪。峰脰有勝水池，一日夜可供三人飲，無綆汲苦。朱鷺曰：大清静心，蓮花為喻，是相即幻，是名即假，是峰踞衆峰之巔，是厂居衆厂之上。向上一著，言思俱盡，故不立名字也。程守記：蓮菂庵在蓮瓣中。余按：今蓮花峰側諸厂庵，咸就傾廢，尠復遺礫。巖巒無改，楹室為墟，構人巧于刹那，未若任天工于綿歲矣。許楚記：大抵蓮花以東為前海，西為後海。前海以石為骨，奇崛寒瘠；後海得土膚立，體近豐衍。《山志》：唐李敬方詩：『峰簇蓮花出，分明似華山。魚符何日罷，深處掩松關。』敬方目兹山為小華，

〔二〕僧心源：清代黃山僧，生平不詳。

以並太華也。《海録碎事》〔一〕李白詩：『黄山四千仞，三十二蓮峰。』是統諸峰為蓮花矣。王琦〔二〕云：黄山峰三十六，李詩祇言三十二，蓋四峰唐以前未有名也。汪晉穀云：蓮花峰巍然中立，環視萬峰，面面皆蓮，而此峰為衆蓮母也〔三〕。羅願《新安志》：黄山西北中拆，望之類太華，故自前代，多名為小華山。余按：《華嶽志》太華一峰，上分為三，周遭十餘里。若玆峰之趾循之，則十餘里，而遥比並西嶽，固當齊迹矣。朱鷺云：太華雄直，不耐獨坐。黄山奇峻，即一松一石，足慰千古，故為尤勝。傅澤洪〔四〕《蓮花峰詩》：『雲梯高百級，一綫石門開。鳥尚不曾到，人從何處來。煙生都是海，瀑響總成雷。安得蓮花頂，悠然話劫灰。』

近峰而南屬者，為蓮蕊、芙蓉、飛龍、採石諸峰。劉大櫆記：蓮花峰之南有蓮蕊，一削萬仞，狀如蓮之苞，而其房未剖。按《詩傳》蘇加玉句云：『蓮蒂蓮柎茁秀色，旁擁蓮蕊高崔嵬。』有蓮花之層敷瓣拆，即有蓮蕊之凝艷含苞，同根合蔕，巧亦匪夷矣。吴伯與記：由新安屯所而上，見芙蓉峰怒起，岩崿刺天，瑕石詭暉，為竇為奥，為囷廪、為釜甑者間出，而馬蹄積石在焉，相傳軒后行經處也。《歙志》：馬迹凡二三十，深者及尺，淺者二寸，如印然。余按：芙蓉類蓮花而小，故李白詩

〔一〕《海録碎事》：類書，二十二卷，宋葉廷珪撰。葉廷珪，字嗣忠，崇安（今福建崇安縣）人，政和五年（一一一五）進士，出知德興縣，紹興中，為太常侍丞，與秦檜忤，以左朝請大夫出知泉州軍州事。

〔二〕王琦（一六九六—一七七四）：字載韓，號琢崖，晚號胥山老人，清浙江錢塘人。有《李太白詩集注》三十六卷。

〔三〕為衆蓮母也：母，原作『毋』，與文意不符。王琦《李太白詩集注》卷十六引汪晉穀語作『母』，據改。

〔四〕傅澤洪：生卒年不詳，字育甫，清漢軍旗人。累官江南淮揚道，著《行水金鑒》一百七十五卷。《清史稿・文苑》有傳。

『菡萏金芙蓉』，又曰『三十二蓮峰』也。《山志》：飛龍峰近芙蓉峰，蜿蜒騰翥如龍之飛，故名。峰下有百花源，奇葩異萼，宗生族茂，莫可區數。采石近飛龍峰，其下多白石。按：今以峰近蓮花，謂之採蓮，其上横石如舟，並謂之采蓮船。楊錫華〔二〕詩所云『蓮花頂上石為舟』也。

〔二〕楊錫華：生卒年不詳，清丹陽（今江蘇丹陽）人。有《歙遊草》《豫遊草》《質世草》《拙存草》等。

卷　三

循雲梯降，逕鰲魚洞，乃西北遵平天矼，登軒轅峰，至于海門。

蓮花峰麓有葫蘆、龜、鶴等石，逕三天門，降百步雲梯，西為鰲魚峰。吳日宣記：一綫天對面為螺螄峰，又東為象牙峰，逕仄不可上。《山志》：龜、鶴、葫蘆、鸚哥諸石，俱近蓮花嶺側，形皆肖似。吳日宣記：由象牙峰側趨天海，山逕似開似塞，捫石懸度二里許，達天梯，梯出石峽間，為一天門，兩壁如堵，上累數石。由此折旋，里許為蓮花溝，再數十武，則二天門，下開上闔，拾級而登，級將齧膝。復數十武，達三天門，門平石，廣五六尺，長丈餘，可坐臥以覽諸勝。余按：天門上舊有白雲庵。汪鎬京《篆册讚》：『嵌空置屋，天門之巔。庵曰白雲，遯地親天。以石為林，以松為侶〔二〕。立煙雲中，頫看風雨。』鎬京，歙人，號西谷，遊諸名山，每取佳境勝句，雕以石印，函為篆册。凡在黃山者，五十有三，各綴讚辭，咸係韻語。斯亦殫幽勝于區中，寄沉冥于人外矣。湯賓尹記：由蓮花

〔二〕以石為林：以文意度之，『林』當為『鄰』之誤。

溝而前，逕皆險仄，得所為天門者三，一綫天者三，既乃得雲梯焉。錢記：雲梯當蓮花峰之趾，磴道歷七百級。汪濟淳記：梯名百步，步奚止百也。磴險而級長，踵曳如絙，脛垂如汲，下上攀援。後趾須前趾，前踵蹠後踵，旁瞰股慄，作氣而後下，乃相慶脱于險也。吴伯與記：雲梯通太平之海子筍峰者也。梯殆千級，下臨杳靄，石砌甚隘，不能全受足，後趾俟前趾發乃可發，猶藉僧時時以手相受，級稍高又不能盡受手，則為之一級一停。當其停級時，忽忽窺前人，如在煙霧，蓋無不目炫心悸者。劉大櫆記：由丞相源而來者，上雲梯，由祥符寺而來者，下雲梯。余按：雲梯級盡，舊有仙橋松，行者揸援以過，今惟存根荄。鰲魚洞口舊有欄杆柏，今亦摧折。程彩亭云：柏長數丈，虬繚蠖曲，根穿洞户，枝垂危崖，有鐵繩維繫其幹。入洞者撫之，如廡榭之有欄杆也。不知何時，樵竊鐵繩，柏遂斷折。馮開之[二]云：山多奇松，樵人百計取市，活者頗難，託根深山，而不保歲寒，為咨嗟久之。余謂：取松種蓄，猶屬愛護，至如迎送、七賢、仙橋、棋枰、蒲團松、欄杆柏之類，數千百年物，一旦尋以斤斧，挫為薪炭，蘭摧玉碎，薰燒膏滅，山靈有知，當予冥擊矣。汪濟淳記：雲梯窮，詣大悲庵，庵旁有海螺、懸鐘二峰，亦具奇致。徐宏祖《遊記》：海螺石宛轉曲肖。朱苞記：觀三昧泉，漣漪可愛，左折，上龜魚石，石窄而險，雖距蓮花數十武，而危巖四截，飛棧莫渡。劉大櫆記：梯折而北，徑稍平，行大壑中可三里，而石壁劖削千尺，望之如墉不可越，是為鰲魚之峰。汪灝《紀遊》：

[二] 馮開之：馮夢禎。

鰲魚洞欹仄艱步，纍磴三轉，盤旋而上，入吐鰲口。《領要録》：有撻髻昂首，凌空而躍，曰鰲魚峰。堵絶北巘，非由洞無從得徑，初入洞口，黝不見人，猿臂相引而上，天光透隙，乃得辨識。遊侶出洞，則飄飄然立白雲之上，蓋前後海之徑，于是判也。汪天與〔二〕《穿鰲魚洞度蓮花溝上文殊頂詩》：『巨鰲潛海中，何年此遷播。古洞恒陰森，屏息不敢唾。傴僂穿脇出，延緣捫脊過。眼明一松横，根穿石壁破。風雲看飛騰，江海幾掀簸。逕度蓮花溝，心膽寒無那。懸崖如泛虚，股慄神已懦。每涉懼不測，佇足欲相賀。降若探龍淵，陟如轉蟻磨。九地昇九霄，始達獅子座。蓮花入雲開，蓮蕊日以大。迎送松依然，澗壁龍猶臥。至此筋力疲，藉艸一少坐。歷歷憶生平，久慣經坎坷。此境覺平夷，無須咎摧挫。』

出鰲魚洞口，北為大悲頂、天海、平天矼。汪灝《紀遊》：鰲峰之頂，有巨石，為大悲頂，頂北阜有石鐘、石鼓。由鰲口而上為天河，以達天海。錢記：過雲梯，上大悲頂，出新闢小徑，三里許達天海，東北行，上平天矼。釋鎮澄〔三〕《大悲頂緣起》：『頂居黃山之中，環望諸峰，賓主互拱，迴嵐

〔二〕汪天與：生卒年不詳，字蒼孚，號畏齋，清歙縣人，籍儀徵。貢生。歷户部員外郎、刑部郎中。從王士禛學，工詩，善楷書。有《蕙圃詠言録》四卷、《沐青樓集》七卷。

〔三〕釋鎮澄：生卒年不詳，字空印，明燕京西山人。著有《清凉山志》十卷。

疊翠，華藏莊嚴。普門行者乃于頂上建大悲殿五楹，立大悲及諸佛像。』董其昌〔一〕曰：石門〔二〕有康樂〔三〕之咏，終南〔四〕有摩詰之圖。黃山秀甲九州，曾未肩並，獨心月上人捫蘿披棘，撥雲破荒，有奇必探，無高不陟。于是，選勝之流，稍稍繼躅，自開闢以來，今乃得路。柴桑翁〔五〕云：靈蹤閟千載，一朝敞神界，亮哉。《山志》：大悲頂左有慈航石，右有法袋石，前為法水巖。大悲院奉光宗〔六〕所頒大悲觀音像，有金剛般若鐘，重五千四十八斛，汪景和〔七〕鑄，上範《金剛經》〔八〕文五千一百七十六字。按：今院宇毀滅，鐘鑄銷沉，榛莽之中，或見片礫，則其舊宇也。吴廷簡記：過平天矼，山勢平衍，陰雨

〔一〕董其昌（一五五五—一六三六）：字玄宰，號思白、香光居士，明松江華亭（今上海）人。萬曆十七年（一五八九）進士，授翰林院編修，官至南京禮部尚書，謚號『文敏』。擅山水，『華亭畫派』代表。作品有《巖居圖》《晝錦堂圖》《西湖八景圖》等，有《畫禪室隨筆》《容臺文集》《戲鴻堂帖》等。

〔二〕石門：石門山，位於今浙江省嵊州市。

〔三〕康樂：謝靈運（三八五—四三三），原名公義，字靈運。南北朝陳郡陽夏（今河南太康縣）人。謝靈運為東晉謝玄之孫、秘書郎謝瑍之子，世襲康樂公，世稱謝康樂。歷任永嘉太守、秘書監，臨川內史。工詩善書，開創山水詩派。《隋書·經籍志》著録有《謝靈運集》，已佚，後人有輯録。有《山居賦》《嶺表賦》《江妃賦》《辨宗論》等。《宋書》《南史》有傳。

〔四〕終南：終南山，又稱太乙山、地肺山、中南山、周南山，位於陝西境內，處秦嶺山脈中段，是中國道教發祥地之一。

〔五〕柴桑翁：陶潛（三五二或三六五—四二七），字元亮，又名淵明，私謚靖節，世稱靖節先生，東晉潯陽柴桑（今江西省九江）人。歷江州祭酒、建威參軍、鎮軍參軍、彭澤縣令等職，歸隱田園，號柴桑翁。

〔六〕光宗：明光宗朱常洛（一五八二—一六二〇），明神宗朱翊鈞長子，明朝第十四位皇帝，年號泰昌，廟號光宗。

〔七〕汪景和：生卒年不詳，明歙縣人。汪道會同宗，曾為大悲頂募鑄金剛般若鐘。

〔八〕《金鋼經》：《金剛般若波羅蜜經》，來自印度初期大乘佛教。傳入中國後，注本衆多，特別盛行，以鳩摩羅什譯本流傳最廣。

則雲氣布滿，瀰漫阬谷，所謂海也。湯賓尹記：海子四面皆可達。東由丞相源，西由翠微釣橋，北由松谷，南由蓮花溝。吴士奇記：行抵天海，秋山氣爽，峰盡削成，雜以雲物，獻狀益幻。遠矚大江，若帛委地，夜宿草舍，如在吴艇。王之傑記：至海子，謁天海庵，庵後石壁新鎸佛像。按：今壁上刻像蓬首跣足，謂是軒轅。軒皇肇制冕裳，後之瞻禮，豈宜裂棄？王云佛像，識彼新鎸。今則庵宇圮廢，西容露處矣。劉大櫆記：平天矼，山皆戴土，甚廣而平。吴康侯〔二〕云：平天矼，前後海之所由分也。徐霞客記：矼之陽為前海，陰為後海。楊補記：矼長五六里，廣數十步，黃山肩脊也。方夜云：矼上有棋枰松，高不盈二尺，而覆十圍，枝葉糾結，平密如掌，其上可弈。《領要録》：矼上之松，布陰數丈，正平若砥，上可趺坐四人。遠望山外，城郭村墟，溪澗田疇，壤接繡錯。坐久，風蓬蓬然起，欲攀鱗鬣，御風去矣。《吴苑集》《望後海諸峰詩》：『尋山興難已，理策出煙寺。晴嵐漾朝光，薄霧散空吹。荒塗没人徑，一石一天地。環海千萬峰，劫初作兒戲。眄左興難盡，睞右賞不置。墜羽千仞青，嵌空一天翠。平生見名山，履險身忘悸。獨此奇無窮，瞠目不敢視。』

又進光明頂，為軒轅錬丹峰。《領要録》：後海抗天都、蓮花而稱尊者，光明頂，即錬丹峰。《圖經》三十六峰之第一峰也。頂童而角，嶄然崖起于東方，其下鮮能測者。余按：軒轅錬丹峰列為二，勢相貫屬，有熊之迹，茫昧罕徵，媯亭舜井，競託皇虞，玆其比也。《紀事》魯宗道詩：『三十

〔二〕吴康侯：字得全，又字定遠，號鐵庵，明嘉定（今上海）人。崇禎十二年（一六三九）舉人。康熙元年（一六六二）官浙江武康知縣。善畫。有《鐵庵稿》。

六峰凝翠靄，數千餘仞鎖煙嵐。軒皇去後無消息，白鹿青牛何處眠。』吴廷簡記：海岸為光明頂，有庵在麓，曰光明藏。《山志》：光明藏一名覺海庵，又名招隱庵，前有月塔。戴澳記：光明頂可昇而上，獨東北臨絶壑，頂上則豁然開朗。黃汝亨記：登光明頂，望三海門，寥絶萬仞，參峙天表，諸峰森羅混茫，令人有遺世獨立之想。楊補記：登光明頂，皎日灼空，目之所極，諸峰環列，如趨如卻，如附庸，如賓主。繚繞無盡者，乃金陵、豫章、越中諸山。江痕一練，髻立群青者，為九華；巨巘截空，長雲如城者，為匡廬；目窮際，非霞非雲，一氣浩瀚蓬勃者，為海。曠目蕩胸，大快數日，欲泠然御風乘雲矣。劉大櫆記：光明頂突如廣顙，高埒蓮花峰，而勢稍平衍，秋空澄霽，登頂而望，日月之所出没，虹霞之所照耀，匡廬、九子、天目，以及金陵〔二〕報恩〔三〕之浮屠，瞭然可指數焉。頃之，山半出雲，如冒絮，如白龍，滃浡晃蕩，奔逐四合，瀰漫荒野，平布匼匝，一白無涯，渺極天際。日光射之如積雪之環周，而諸峰錯出其間，僅見其頂如螺髻，乍隱乍現。其依岡而横者如岸，其冒樹而拔者如檣，其因風而時高時下者如浪，人在峰巔，如乘槎而浮于海上。已而輕風驟捲，雲氣迸駁，石出山高，島嶼聳峙。向之所見，如泡如幻，謦欬之間，不知消歸何有，此所謂鋪海之雲也。夫黃山者，

〔二〕金陵：今江蘇南京。公元前三三三年，楚威王於此筑金陵邑，金陵之名源於此。孫吴時稱建業，東晉、南朝宋、齊、梁、陳、南唐、明太祖朱元璋相繼在此建都。

〔三〕報恩：大報恩寺，明成祖朱棣為紀念明太祖朱元璋和馬皇后而建，其前身是東吴赤烏年間（二三八—二五〇）建造的建初寺。建初寺是繼洛陽白馬寺之後中國的第二座寺廟，南朝陳名報恩寺，宋改天禧寺，元改慈恩旌忠教寺。後多次修繕。

仙靈之宅，雲霧之都，舉足而巒壑移焉，瞬目而陰晴異焉。欲觀雲海，于光明之頂為宜。其在文殊院者，不知有後海；其在始信峰者，不知有前海。登光明之頂，則放乎四海，而莫不來王也。《領要録》：人立雲上，雲在身下，一白萬頃，往來震蕩，浩瀚無涯，鬱而成海。其上則天宇曠然，蔚藍一色；其下則紺白縹碧，光暈萬狀。又雲所至，挾風而行，山松遇風，相與怒號乎雲中，而淵浤澎湃，其聲益厲。至若皓魄高懸，煙靄浮空，銀濤雪浪，渼淼無窮，斯又可稱月海矣。湯賓尹記：朝而卜行，忽白雲產深谷，須臾瀰漫兩間，團空一色，不復知天地之為天地，人我之為人我也。内有駁雲異色，排空列陣，駛驅横走，諸峰錯出其間，乍影乍没，倏往倏來，如乘槎泛海，與波上下也。已而日霽山開，雲歸石出，海天陰映，十洲三島，遥遥如見矣。余按：陟光明頂，險盡得平，横目四眺，惟匡廬、九華、天目隱現空青，堪與酬酢。俯視黟、歙諸山，皆若阡横陌蹤，繩連綆綴，無復崱屴之象焉。又按：《地理述》〔二〕引《九域志》〔三〕曰：新安黄山，雲出其中，是稱黄海，一曰雲海。今志雖未

〔二〕《地理述》：王子音撰。十八卷，首三卷、末一卷，首叙京師，次盛京，下分直直隸、山東、山西等十八省記之，遵《大清一統志》體例記述古今疆域、形勝、賦税、禄制、職官、學校等，為地理考證著作。王子音，生卒年不詳，字心言，號七宣，清江西武寧人。乾隆拔貢，曾官知州。有《宦拾録》。

〔三〕《九域志》：《元豐九域志》，王存主編，曾肇、李德芻修。十卷。總二十三路，始於四京，終於省廢州軍、化外、羈縻州，分路記載所屬府、州、軍、監及其距京里程、四至八到、主客户數、土貢、領縣數和名稱。王存（一〇二三—一一〇一），字正仲，宋潤州丹陽（今江蘇丹陽）人。慶曆六年（一〇四六）進士，歷嘉興主簿、知太常院、知開封府、官至尚書左丞。曾受詔編修《經武要略》《九域志》。有《王存文集》五十卷。事具《宋史》。

見玆語，要其山以海稱，會象意表，稽厥從來，亦為迢遠矣。《山志》：海寧趙振芳[一]偕客遊光明頂，頂西一面深壑，盡窺天際，見日之落如火輪竟墮，已而躍出，又或墮，又或出，如是者數，始落。蓋登泰山日觀峰者言，望日出亦然。

又西為鍊丹臺、石臼、萬笏林。《山志》：從光明頂達鍊丹臺，道中香爐高峙百仞，寶珠庵在香爐峰下。葛寅亮記：鍊丹峰，自蓮花峰右折而西，此居腹焉，其面即鍊丹臺。方拱乾記：臺廣方百餘丈，平夷，可坐可舞。臺下俯臨一壑，而目不敢睫矣。吴日宣記：鍊丹臺對翠微峰，勢連筆架峰，臺側有獅象峰，直出為海門。朱苞記：臺寬平帶土，瑶草嘉樹，森然在焉。當前矗立一峰，如護爐丹狀。《領要録》：臺前一峰，拔地而起，端拱乎臺，名紫玉屏。屏頂虚粘危石，筆牀硯石，如几案間物。楊補記：曬藥臺，廣平數畝，石臼三，圓徑尺餘，深五六寸，水盈盈不竭。按：釋今種詩：『一聲天上玉簫來，三十六峰花盡開。向夕軒轅招飲酒，騎鸞更過紫陽臺。』詩因軒轅鍊丹，復有紫陽之稱矣。曹鈖記：臺北里許，有蒲團松，本高三尺，圍匝數丈，皮若龜甲，枝葉平密，根貫石罅間，不知何代物也。汪灝《紀遊》：臺側有指月庵，庵倚巉巖，臨巨壑，為鍊丹源。《山志》：萬笏林在臺前，僧若水[二]營之，排牙露角，群拱錯立，如聚萬笏，悉出欄楯下。余按：其下又有登壇令，衆形其峰之傑出者，為將卑而環列者，如群卒之受令也。

[一] 趙振芳：生卒年不詳，字胥山，清山陰（今浙江紹興）人。著有《易原》十卷。

[二] 僧若水：明黃山僧人，鮑正元為築西明寺以居之。

其環軒轅峰而近者，為浮丘、容成、仙人上昇諸峰。《志略》：平天矼西為浮丘峰，峰頂有浮丘翁仙迹。又下為浮丘溪，東流入曹溪。《領要録》：浮溪以上，舊有老梅萬樹，糾結石罅間，花時在春夏之交，新緑際天，籠雲罩雪，遊蜂相逐，雷奔轂語，與溪聲相亂。清流一道，隱然從花中出，人行花中，十里不能盡。《江南通志》：峰下有浮丘園，宋守洪适〔一〕又於郡治西北建浮丘亭也。《明一統志》：浮丘先生廟，在浮丘峰下，唐建。《太平御覽》：山中峰有浮丘公仙壇，彩霞靈禽，棲止其上，是浮丘公與容成子所遊之處，山下人往往聞峰上有仙樂之聲。《新安志》：黄山第十三峰，上有浮丘仙壇，嘗有至者，見樓臺及白蓮華，池左右有鹽積、米積，還率人取之，迷不知處。羅逸疏：唐有浮丘觀，至宋毁。而有浮丘先生廟，今廟迹亦不可尋矣。惟蒼崖翠巘，競秀争高，曲澗懸流，縈林穿石，藤迹罕到，屐齒不及。有貫之上人〔二〕與僧鄰虚〔三〕，慨焉而興，乃復結茅于兹焉。《志略》：容成峰與浮丘對峙，下有容成洞、紫煙源、容成溪。方學成記：由指月庵西經容成峰側，看軒轅松。《山志》：仙人峰直軒轅東北，劖削無階，猿鼯莫到。上昇峰近仙人峰，或曰昔有阮仙翁于此上昇，故名。其下

〔一〕洪适（一一一七—一一八四）：字景伯，景温，號盤州，宋饒州樂平（今江西樂平市）人。紹興十二年（一一四二）進士，累官至尚書右僕射、同中書門下平章事兼樞密使，右丞相。封太師，魏國公，卒謚文惠。有金石學著作《隸釋》二十七卷、《隸續》二十一卷等，有《盤州集》八十卷。《宋史》有傳。

〔二〕貫之上人：北宋魯宗道，字貫之，曾棲黄山。

〔三〕僧鄰虚：不詳待考。

為阮溪，宋焦炳炎〔三〕詩：『秀出層霄一杖探，諸峰高下護晴嵐。丹成兔臼香生杵，影見龍津月在潭。洞暖有花因七七，雲深無語住三三。粥魚敲動山林興，合傍浮丘近結庵。』按今天海壇剎，俱就湮滅；山林依然，鐘魚輟響矣。

又西為海門，有飛來峰，其下為鐵綫潭、石門峰，上有月塔，又有石牀、石砫、碁石諸峰。王之傑記：由平天矼披榛莽里許，玲瓏特異。復過瀕閾而瞰第三門，三門相距各百武，徑不盈咫，門外斗絶，萬仞内無畔岸可依，雖閌閬洞開，無敢闚窺者。惟捷足踞頂，則石峰筆立，與足底齊。珠幢玉節，碧筍瑶篸，詭異孱戢，如神斤鬼斧矣。《領要録》：西海門石峰矗立，門以外蒼嶙丹崿，筆植屏張；門之側龍鬣並陳，虎熊交鬥。從門俯窺，壯者、瘠者、鋭者、鬅者、直者、袤者，拔起絶壑，以億萬計。從門仰視雲門、仙橋、芙蓉諸峰，四匝而環於目，與天俱幕焉。山空日午，形復生形，影復疊影，視久眩眩，目睛為勞。《别裁集》：汪天與《西海門詩》：『鳥道直穿雲，不暇盤旋上。有時膝代足，手捫那容杖。目眩怯回頭，坐穩時一放。精神猶恍惚，心胸為滌蕩。力竭到峰巔，平衍神忽王。亟趨西海門，路轉光明藏。千峰劃然開，紫翠呈萬狀。夕陽在東麓，倒射芙蓉障。誰為問巨靈，仙窟何年創。石牀置碧霄，玉屏列丹嶂。雲巒一萬重，三神山在望。何須躡仙蹤，且快兹遊壯。』方拱乾記：海門

〔三〕焦炳炎：生卒年不詳，字濟甫，南宋宣州（今安徽宣城）人，寓居嘉興。寧宗嘉定十三年（一二二〇）賜武舉，授承節郎。淳祐元年（一二四一）進士第三人及第，任袁州（今江西宜春）知州，擢陞太常少卿，官至右文殿修撰。

之前後，亦曰丹園。汪濟淳記：海門有飛來石，高十丈，纖削秀挺，無因無倚，豐上鋭下，不測何來，卓立於此。《領要録》：山有三飛來石，一潁林庵前，一翠微寺西，一海門峰上。而高危聳秀，懸峙空中，則無逾海門上者。明程玉衡〔一〕詩：『策杖遊兹峰，怕上最高處。知爾是飛來，恐爾復飛去。』吴日宣記：飛來峰高出群峰數十仞，峰頂夷坦，其上片石倚空，直豎三仞，如安置然。自峰上伏窺無底，下為鐵綫潭。謝伯貞云：先遊者有僕夫，戲擲以石，鏗鎗而下，驚龍致雨雹，伏地一時許而免。劉思敬記：五供庵右有鐵綫潭，蛟龍窟之，歲旱禱雨，往往神應。《領要録》：歲旱，民衆禱畢，一人執鐵牌，捧香懸綆而下，乃繫牌于香，以瓶汲水，急挽綆上。計香燼牌落，已趨數十里，於是，瓶水所至，甘霖隨焉，俗曰抄龍潭也。《山志》：海門側有慈憫庵，上為藥師殿，前有小池。月明風定，林巒倒浸，如鏡中影，清澈可觀。《太平寰宇記》：石門是黄山之一峰，兩山勢相逼，山之半壁有大石横架，其上通兩山焉，謂之石門。謝陛《志》：石門峰，石壁如門，兩畔相對，有石牀如龜形，名仙牀。石梁長數丈，其下可通行。中有大石塔，四層，正圓如月，阯圍二丈，高三丈，上大下小，狀如刻成。峰畔則棋石峰，有石亭。《領要録》：石牀横陳如白玉，其平如砥，古松一株，冉冉成陰，如相覆幬。又有紫石牀三、碧石枕三。潘之恒記：月塔方廣，四面各七尺，梯而陟其巔，平如掌，可趺坐五六人。余按：自鍊丹、軒轅逶迤，以望後海，賦象呈形，目惑視炫，斯固鈞天蓬宇，厥有殊異之

〔一〕程玉衡：不詳。閔麟嗣《黄山志定本》收其詩《三天門》《鍊丹臺》《祥符寺步壁間韻》《黄山雜詩》《過静虚桃花源》等五首。

觀；帝室乾居，必蓄非常之寶矣。《山志》：石門峰下，有蒼豹洞，又有猿猴巖，群猿之所宅也。碁石在峰畔，石砫峰在棋石西北。余按：李白詩『丹崖夾石砫』，又『黃山過石砫』『巘崿上攢叢』，皆謂茲峰也。閔《志》：吳寶珏〔一〕《石門峰詩》：『橫石構廣門，天風自來去。夜半聞洞簫，知有神遊處。』汪南山〔二〕《石牀詩》：『常約高僧訪上方，峰頭片片白雲藏。仙翁何處歸來晚，風落松花滿石牀。』

東北逕師子林，陟始信峰，又東逾石筍矼，又南過皮蓬。

師子林前為師子峰，林側有飛光岫、清涼臺、石鼓堆果、大悲諸峰。戴澳記：由招隱庵右折，逾一岡，則師子林。《領要録》：師子林一望平遠，畦圃高低，不知其在後海千巖萬壑之上也。劉思敬記：師子林犄角始信峰，右顧飛光岫，師子峰為前案，疊巘四繞，窅窕深迴。余按：山有兩師子峰，一在老人峰東北，此為北師子也。《珠璧集》〔三〕汪徵遠《由平天矼入師子林詩》：『深松寒白石，僻路

〔一〕吳寶珏：按閔麟嗣《黃山志》卷六作『吳弘鈺』。吳弘鈺，南宋寧宗嘉定（一二〇八—一二二四）歙縣人。陸心源《宋詩紀事補遺》卷六十六收其《石門峰》詩。當是。此『寶珏』為『弘鈺』之誤。

〔二〕汪南山：汪珍，生卒年不詳，字聘之，元太平人。隱居黃山，博學工詩，汪澤民一見心服，每稱南山先生。有《南山詩集》。

〔三〕《珠璧集》：三卷首一卷，沈德潛撰，汪堪輯。

到人稀。仰見高峰頂，孤僧採藥歸。雲多從杖起，鳥不上山飛。薄暮一聲磬，猿公來欵扉。』沈德潛曰：黄山山半以上，即無鳥聲。憩師子林，識詩境也。《山志》：山下為香林源，源中嘉樹錯植，時發芬烈。《領要録》：師子林右障一石，高數百仞，曰飛光岫。趙宧光篆三字，鎸于石壁。吴康侯云：師子之西為石鼓峰。汪濟淳記：石鼓峰巔，有巨石如鼓。《山志》：師子林左右，山海棠萬株，尤多萱草，林外有師子幢。楊補記：林旁有黄花坪，其地宜蘐，僧廣蒔以助糧蔬。劉大槻記：由師子峰東降，其巖側巨石屹立，上平如掌，有松高四尺，根穿石下，幹處其上，覆蔭兹石，曰破石松。余按：師子林一名臥雲庵，今林側有連理松，巨可十圍，交枝接幹，秀蔭梵宮，在破石松迤西也。申時行〔二〕詩：『松徑幽仍險，雲峰秀復奇。蕩胸開汗漫，側足度嶔崎。鳥道人蹤絶，師林佛力持。兹山超五嶽，未必向禽知。』按吴之騄云：黄山雄峻靈奇，可伸于五嶽之上。同詩意矣。《山志》：法臺石在師子林右麓，石方正平削，縱横丈餘。按：法臺即清凉臺也。吴日宣記：由曬藥臺轉至清凉臺，捫蘿而上，得平岡寬廣，據石趺坐，望匡廬香爐，隱隱指顧。王灼《紀遊》：臺下一峰如鐘，覆其上，旋斡畢備，曰石鐘峰。其東南隅，有巨石下懸如琴，曰石琴峰。余按：臺前有峰如供果栗者，曰堆果峰，其側又有阿彌峰，一曰峨眉峰。程彩亭云：後海舊有摩毗舍，殿室十數楹。一日，青鸞峰頂有

〔二〕申時行（一五三五—一六一四）：字汝默，號瑶泉，晚號休休居士，明南直隸蘇州府長洲（今江蘇蘇州）人。嘉靖四十一年（一五六二）進士，歷翰林院修撰、禮部右侍郎、吏部右侍郎兼東閣大學士、首輔、太子太師、中極殿大學士，謚號『文定』。修《大明會典》，有《召對録》《綸扉奏草》《申定公賜閑堂遺墨》等。《明史》有傳。

聲，琴琴如雷，石煙上出，僧徒耳駭，驚為凍雨，童僧奔馳，疾趨舍外，收卷曝晾。而峰頂巨石蓬飄下轉，壓舍抵溪，水為不流。舍内僧俗十餘，骸骨虀粉，填于瓦礫，惟奔舍外者免焉。今其一尚存，年八十矣，幼值此異，甫十餘也。先是，有日者寓寄舍内，每以辰建遘凶，不復出舍，竟與諸僧斃于舍下，命竟日，中有同郭生，雖復預曉，何所趨避耶？

又東過度仙橋，為始信峰，上有琴臺，其下為散花塢，有擾龍、文筆之峰，面壁、觀海之勝。汪濟淳記：始信峰奇秀削成，招摇天半，三面臨壑，徑不容武，登巔，忽中斷，界立為二，相距丈餘，深且億仞。乃措木為棧，屬兩壁徼，有松自前，曳枝若檻，名接引松。扳松度棧，乃摩峰頂，道者作柴室其上，室扉書『寒江子獨坐』，江文石所題也。《領要録》：寒江子負奇氣，喜佳山水，嘗登峰兀坐終日，題名石壁以見志。潘之恒記：峰有定空室，其室僅容蒲團，僧一乘居之，昏暝雨雪，必歸處焉。余按：泰山上有仙人橋，《紀勝》云：往往既過，卻視股慄，不敢復還。兹橋舊措木棧，今雖易石，逝者矍矍，名曰度仙，有同《岱紀》。文石即天乙，事載《史·金聲傳》。題字無存，定空亦圮，惟石壁上有『萬曆癸丑』字，餘文漫滅，不可辨識。又峰上有琴几石，石後有松童，童倚覆，曰聚音松。琴石，江麗田〔二〕彈琴石也。《江氏家傳》：嗣珏，字麗田，幼穎異，暮〔三〕葛稚川、陶弘景為

〔二〕江麗田：江嗣珏（一七〇七—一七九七），字兼如，一字雙玉，號麗田，清歙縣人。工詩書，尤精於琴。終身不娶，遍遊名山，晚歸黄山。有《麗田琴譜》《黄海紀遊詩》《龍峰賸稿》。

〔三〕暮：當為『慕』之訛。

人。有從叔積厚貲，卒，無子，嗣珏應為之後而卻焉。乃遨遊川嶽，終身不婚娶，晚居黄山之雲谷。善鼓琴，里人巴廷梅[一]為築琴臺于始信峰，每撫弦動操，巖谷響答，則有仙靈往來，在其指顧；山之白猿彪虎，或來俯聽，素蓄鶡雞，聞聲即舞，蹈若赴節。年八十卒於山。其臺壁有嗣珏族人郡守江恂[二]遺碣，文半剥蝕，凋于冰凝矣。吴廷簡記：登始信峰，怪石環立，如羅漢，如將軍，如美女，如仙人，如獅象，如鼓鐘，以千億計，見者始信，故以名也。沈德潛曰：始信峰，猶云到此始知也。又有『説也不信』扁額。余按：袁崧[三]有云：峽中山水，昔以臨懼為戒，曾無稱美，及來踐躋，其疊嶂秀峰，奇構異形，目所履歷，未嘗有焉，始信耳聞之不如親見也。兹峰之氏，義等袁談矣。又按：始信峰高埒文殊，而危峭過之，登斯峰者，窮高睇遠，撫眇眇于垠區，慨茫茫于宙合，亦將問蒲姑之踪，而沉方山之碣矣。程守紀：過師子林，逕長坂，叢薄覓徑，徑多竹箭，土人用以代瓦，可十稔不敗。

[一] 巴廷梅（一七一九—一七八一）：字聖羹，清歙縣人。鹽商出身。學行精粹，工詩文。有《巴聖羹遊黄山詩草》《三友清吟》《四季詩草》等。

[二] 江恂（一七〇九—？）：字于九，號庶畦，清歙縣人，江都籍。乾隆二十年（一七五五）拔貢，選常寧知縣，數遷至長沙知府，移知徽州，卒於官。善書畫。

[三] 袁崧（？—四〇一）：字山松，東晉陳郡陽夏（今河南太康）人。博學能文，善音樂，著《後漢書》百篇，佚。歷吴郡太守，死孫恩之亂。

又南數十步，為散花塢。《篋衍集》〔二〕袁啓旭《登始信峰望散花塢詩》：『朝日晞陽林，暮雪沈陰峰。結侶轉幽石，連袂飄凛風。枯荄交鹿迹，飛柯絶猨蹤。上矚崇岡坡，下聆絶壑淙。列卉無凡想，蒼籐有鬼工。群岫盡離立，孤標絶依從。何年玉女來，環佩香蒙茸。遺英綴為芝，隱映成金容。至道倘未遥，采擷神或通。手挹靈溪泉，身騎丹鼎松。眷言賞心者，良會斯來同。』《領要録》：散花塢石勢參差，松雲出没，如天龍八部，人非人等，駗貍跨虎，穿崖蹈海而來。及霞光映射，紛紛滿壑，儼若天花漫空，青紺葳蕤，各具奇趣。又《志》云：春莫花時，色千萬種，争奇鬥艷，布滿壑谷，亦塢勝也。朱苞記：由筍峰北眺，萬松盤踞，衆石環嚮，儼如世尊説法，五百阿羅群焉諦聽。古詩云：『經殘花雨外，僧散佛香中。』塢名散花，非幻相也。楊補記：有一峰拔起壑中，緑髮鬖鬖，松根蜿蜒棲繞，松裂峰出，蟠縮峰頂，横曳一枝，猶三丈許，霜日所結，狀有靈焉，是為擾龍松。方拱乾記：松根三十丈，松身在峰腹，露其半可窺，松頂屈曲成丈圍，左枝長三四丈，摇曳如垂柳綫。余按：汪晉穀《帝松賦》曰：『蟄萬年之古勁兮，蟠千仞之硿礲；老蒼鱗之班駁兮，結翠實之青璁；假石骨以立體兮，浥雲膏以修容。』以此松為衆松之長，故曰帝松，一曰樓松。《抱扑子》〔三〕所謂『千歲之松』

〔二〕《篋衍集》：十二卷，清陳維崧輯。選清初一百五十七人之詩作，共八百四十九首。多明遺民詩，深藏箱内，秘不示人，故名。有康熙三十六（一六九七）蔣國祥刻本，乾隆二十六年（一七六一）華綺刻本。陳維崧（一六二三—一六二八），字其年，號迦陵，清宜興（今江蘇宜興）人。康熙十八年（一六七九）舉博學鴻詞科，授翰林院檢討。以詞和駢文著稱，亦工詩。有《陳迦陵詩文詞集》《湖海樓詞集》。

〔三〕《抱朴子》：八卷，東晉葛洪撰，分内、外篇。内篇二十篇，論神仙、煉丹、符籙等事，外篇五十篇，論時政得失、人事臧否。

也，今已枯折，有類臥龍。《別裁集》鄭鉽〔二〕《攫龍松歌》云：『非松亦非石，夭矯向空立。』又云：『一朝絶壑雷雨起，看爾東行入海水。』沈德潛曰：蜕化何年，東行入海，其先讖耶？又壑中有傑石穎，豎長逾十丈，石峰上鋭，有如毛穎聚束管城，鋒端一松，粲焉蒼翠，是為文筆生花。其前有五筍並列，枝分幹別，可擱筆焉，為筆架峰。有磐石，方廣數畝，上立石人，下臨萬壑，如漁翁磬折海岸，俯視溟渤。又有石人面向峻壁，為達摩鍊性之狀，亦曰石壁峰也。吴啓元《後海詩》：『白谷秦州小有天，仇池聞説絶人煙。好山好水似荒域，奇石奇松盡眼前。一片丹霞紅葉樹，滿空飛瀑亂巖泉。我來但願為傭作，手種梅花當種田。』

又東為石筍矼，有爛柯巖、八公石，有招隱、鶴巢諸峰。楊補記：由始信峰而下，歷鶴巢峰，峰無磴級，左徑繚繞，達石筍矼。萬戟刺天，刻雲劃日。黄汝亨記：石筍矼一轉一複，神秀迭見，纖若指，鋭若戟，森若林，峻若屏。短者數尺，修者千尋，斧劈劍削，目眩如驚。湯賓尹記：石筍矼，數里之内，萬峰筍出，人物飛走，詭特變幻之狀，咸陳天半。方士翊〔三〕云：望石筍諸峰，亭亭屹立，片片削成，秀拔千尋，奇姿萬疊，雖置丹青於側，何所舉似。方拱乾記：石筍一峰，高可千丈，太平道中望黄山，皆弗見，惟見此一峰，上插霄漢。佘書升曰：石筍一峰，豐下鋭上，如籜將解，逼肖筍形。吴廷簡記：攫龍峰左則二仙對弈，布局落子，勢皆生動，後立者背手而觀。又有波斯胡負寶而

〔二〕鄭鉽：生卒年不詳，字季雅，清江南長洲（今江蘇蘇州）人。與朱彝尊交，以詩聞。

〔三〕方士翊：生平不詳，明人。有《遊黄山紀略》。

獻，天巧至此，理所必無，而事則實有。余按：《通鑑》〔二〕：『波斯國獻師子於魏。』注：『波斯，古條支國，去代都二萬餘里。』今村劇有所云波斯獻寶者，故以之名。二仙弈處為爛柯巖也。汪灝《紀遊》：有石如三人者，肩相比，巨松覆其上，曰三仙共傘。《山志》：石筍矼有八公石、立佛石，穎林庵在波斯石下。《領要録》：穎林庵前有招隱峰、跏趺峰、飛來石，其隔澗陡峭，不可登陟。遠望倚空而林列者，盡筍也。余按：後海可名之景，層見疊出，紀誌而外，尚若百數，莫不目遇成形，比物斯肖。是知熒臺劍峽，匪由諧寄，乾端坤倪，難可隱周矣。

又南為白砂矼、仙燈洞、皮蓬，眺仙掌、石鼓、石杵諸峰，有峽船、净瓶之勝。戴澳記：由師子林折而左，即入深箐，履巉石，路僅如綫，武不得展，左危巖，右邃壑。至白砂矼，再折至白沙嶺，按矼多沙礫，步武滑轉，亦謂之株林嶺也。劉大槪記：遥見一峰雲際，五指撮天，是曰仙掌。《志略》：合掌峰下有兜率庵。汪濟淳記：兜率庵三面環秀，一面曠如。由石筍逕兜率，道見仙都、仙掌兩峰。余按：峰側有疊鼓峰，圓徑如鼓者三，層疊峰巔，嶷然天半。《續述征記》〔三〕：逢山有石鼓，

〔二〕《通鑑》：《資治通鑑》，二百九十四卷，北宋司馬光撰。以時間為綱，事件為目，記事自周威烈王二十三年（前四〇三）至五代後周世宗顯德六年（九五九）。神宗認為此書『鑒於往事，有資於治道』，名為《資治通鑑》。司馬光（一〇一九—一〇八六），字君實，號迂叟，北宋陝州夏縣（今山西夏縣）人。仁宗寶元元年（一〇三八）進士，歷仁宗、英宗、神宗、哲宗四朝，累遷龍圖閣直學士。卒，贈太師，謚文正。有《温國文正司馬公文集》《稽古録》《涑水記聞》等。《宋史》有傳。

〔三〕《續述征記》：南朝宋郭緣生撰。郭緣生，生卒年不詳，仕宋為天門太守，曾隨劉裕入長安。有《述征記》二卷、《武昌先賢志》二卷，《隋書・經籍志》著録。

石人擊之，聲聞數十里。兹鼓固亦可搥而鳴也。又有石杵峰，高殆百丈，形直如杵。《山志》：海船石，帆檣畢具，若上峽然，直石鼓峰後。有浄瓶石，形端如瓶，在皮蓬前。又雪莊《圖》有魚藍峰，如梵宇所繪魚藍大士形。又有羅漢繞塔，中石立如塔，圍列阿那趺坐，殆八九也。汪濟淳記：沂白沙嶺不竟，拗折入壑，如下千仞，井中杖聲鏘鏘，揭澗捫葛，有洞麗山肭，曰仙燈洞。劉大櫆記：洞深五十餘步，前廣丈餘，中倍之，其後益廣，而一壁間之為二洞。其右洞中有二池，僧架木為室，流水出其下。夜分時，光點點如燈，出洞外，曰仙燈洞。余按：洞中有石，屹如僧立，一曰仙僧洞，又曰聖僧洞。徐宏祖《遊記》：洞南向，正對天都之陰，僧架閣連板於外，而内猶穹然。循洞而上，至皮蓬。程守記：皮蓬道中，高林異卉，照面蒼寒，迴顧所跨峰巒，仰視恍惚。案釋大壑《望仙燈洞》句：『碧杉紅藥遊人路，石臼丹爐帝子山。』蓋凝睇洞壑，渺絶塵寰矣。方拱乾記：皮蓬諸峰，攢簇如石筍矼，石筍奇以錯植，皮蓬奇以擁衛。《領要録》：由雲谷右折而上數里，有石如人，引手向西而指，曰指路峰。内有僧截柯架樹，覆以木皮，曰皮蓬。蓬三面環峰，東南一面，雲所出納，僧雪莊因名曰『雲舫』。從東南面看，月出萬松上，一針一鬣，無復藏匿，乃構數椽，曰得月軒。汪灝《紀遊》：皮蓬者，以松皮代瓦得名。雪莊來居，以書畫送日，四面之峰，雪莊多取而名之。若伽藍、老聃、葫蘆、鸚鵡、雙獅、角鹿之類，重見疊出，目不給賞。由雲舫而下，經牌樓石，有老翁、老媪石，俱若人巧，賞心既多，領之而已。汪士鋐記：雪莊自都還山，汪松峰〔一〕為構雲舫居之，前為如意亭，後為五峰閣。

逕丞相源，望九龍峰，東北逾嶺，至逍遥溪，眺清潭峰。

過雪莊塔，又南曰丞相源，其上鉢盂峰、桃花峰，其下為擲鉢禪院。雪莊塔在皮蓬下。雪莊，楚州人，明季山僧，住雲舫，嘗作《黃山圖》四十二幀，歙人吳荃鋟之於木。又有《山花圖》〔二〕，繪山中奇花數十種，荃弟崧因譜為《卉箋》云。楊補記：由皮蓬尋磵，穿叢薈而下，磵盡為丞相源，松門肅秋，精藍楚楚。馮夢楨記：丞相源不知何以名，兩山豁開，中饒林木，數里之内，山花紅白如繡。汪灝《紀遊》：丞相源為程相國元鳳〔三〕讀書地，後汪圖南〔四〕講學于此。至僧寄公，始闢禪宮焉。按《通志》，郡有相儒堂，亦為元鳳讀書處。《明一統志》：元鳳，歙人，南宋時歷官右丞相，封吉國

〔一〕汪松峰：生卒年不詳，明正德、隆慶間休寧人。

〔二〕《山花圖》：《黃海山花圖》，釋雪莊繪。

〔三〕程元鳳（一一九一—一二六八）：字申甫，號訥齋，宋歙縣人。紹定元年（一二二八）進士，歷江陵府教授、宗學博士、監察御史、侍御史，累遷參知政事，拜右丞相。丁大全預政，乞解機務。卒，謚文清。有《程元鳳奏稿》《程元鳳内外制》《經筵講義》《訥齋文集》《訥齋詩集》。《宋史》有傳。

〔四〕汪圖南：汪汝鵬。

公。《宋史》〔二〕本傳：元鳳，字申甫，寶祐四年拜右丞相，兼樞密使。會丁大全〔三〕謀奪其位，辭相，提舉洞霄宮。度宗〔三〕即位，召復相，加少保。又按：黄克謙〔四〕詩云：『不知丞相埋山骨，多少遊人問姓名。』疑兹原為元鳳葬所，然塋兆罕域，羊虎無踪，固非窀穸之地矣。湯賓尹記：丞相原林木蓊鬱，轉入轉幽，陰巖蔽虧，晴日窅冥，探确排碕，穿折叢委，屬想清穆。有庵焉，曰擲鉢禪院，昔傳有神僧擲鉢于此也。謝《志》：連錬丹峰，而勢如覆鉢者，曰鉢盂峰，下有擲鉢源、錫杖泉。江瓘記：鉢盂峰童童赤巖，無大艸木。《山志》：近鉢盂者，有桃花峰，峰下為桃花潭，水流花開，別有天地。擲鉢禪院在鉢盂峰下山隖中，初名一鉢，後易焉。邑令傅巖〔五〕又題曰『雲谷』，有藏經閣，郡司馬聶煒〔六〕撰記。戴澳記：佛廬精繕，清溪夾門。溪中一巨石可亭，下可流觴，三五之夜，可坐石待

〔二〕《宋史》：四百九十六卷，《本紀》四十七卷，《志》一百六十二卷，《表》三十二卷，《列傳》二百五十卷，由元脱脱和阿魯圖先後主持修纂。

〔三〕丁大全（一一九一—一二六三）：字子萬，南宋鎮江（今江蘇鎮江）人。嘉熙二年（一二三八）進士，諂事内侍盧允升、董宋臣，歷參知政事、右丞相兼樞密使。

〔三〕度宗：宋度宗趙禥（一二四〇—一二七四），南宋第六位皇帝。景定元年（一二六〇），被立為太子，景定五年（一二六四）十月繼位，次年改年咸淳。謚號端文明武景孝皇帝，廟號度宗。

〔四〕黄克謙：生卒年不詳，明邵武（今福建邵武）人。萬曆二十六年（一五九八）進士，官至廣東右參議。

〔五〕傅巖：生卒年不詳，字野倩，號辛楣，明義烏（今浙江義烏）人。崇禎七年（一六三四）進士，授歙縣知縣。撰有《歙紀》十卷序一卷。

〔六〕聶煒：生卒年不詳，江西人。恩貢生，康熙三年（一六六四）任徽州府同知，署歙縣事，轉廣州府通判。

月。莫春暉記：院前松石幽勝，麗田生琴臺在焉，聽流泉琤琤如金，徽雅奏矣。謝肇淛《宿丞相原詩》：『鳥道石崚嶒，孤峰棲老僧。竹樓千嶂月，松榻半龕燈。山鬼寒依草，溪猿晚附藤。霜風眠不穩，只恐夜崩雲。』李楝〔一〕《雲谷詩》：『坐愛林泉僻，疎鐘擊暮天。松聲常似雨，嵐氣自成煙。蓮馥香臺下，茶清古佛前。昨疑山路盡，到此尚層巔。』程嘉燧序：崇禎十四年，惠王〔二〕令内臣護送律師一齋〔三〕與其徒海學〔四〕，同赴黄山雲谷禪院，啓建千佛道場。登壇度衆，遠近老稚馳赴受戒數千餘人。邑中士夫迺賫贄辦香，除治律堂，敦請一公居之。自後，十方四衆，接踵發心，凡宣、杭之間，吴、越之境，歡喜奔奏，設齋供獻，殆無虚日。余按：釋智燈〔五〕詩序曰：寄枝黄山之巔，息杖鉢峰之下。此中雲谷，本自雲棲；昔日蓮池，今猶蓮社。法將儼乎，高座開士，集于禪房。慧日騰輝，戒珠炯耀，莫不神遊金地，心繫玉毫。蓋兹山于神熹之代，慈降維新，伽藍聿煥，香花蠡鼓，攢簇入天，故法象頻橅，精廬屢起。《志》所臚載，山之庵觀，可遊可憩，凡計七十有四。酈氏所謂『南峰北嶺，

〔一〕李楝：不詳。

〔二〕惠王：明惠王朱常潤（一五九四—一六四六），明神宗朱翊鈞第六子。萬曆二十九年（一六〇一）十一月受封惠王。天啓七年（一六二七）就藩荆州。清順治二年（一六四五）降清，次年春被殺。《明史》有傳。

〔三〕一齋：明代黄山僧。俗家邵陽人，名性壽。出家五臺山，後至荆南。明惠王朱常潤遣内臣送至黄山雲谷禪院，後主慈光寺。

〔四〕海學：明末黄山僧，即心空大師。俗家大興，出家於荆州惠王府，受具戒於一齋，後隨師至黄山，為慈光寺監院。

〔五〕釋智燈（一六二六—一六四八）：清初黄山僧，即無知大師。俗家嘉善錢氏，名默，字不識，崇禎十六年（一六四三）進士，授知縣，會鼎革，遂出家，訪擲鉢禪院，皈依無易大師，法號智燈，順治五年（一六四八）卒於山陰。有《净土詩》。

多結禪棲之士；東巖西谷，又是靈刹之圖』也。今稽厥所存，惟慈光、祥符、紫雲、文殊、師子、雲谷、翠微、松谷，十餘區而已。嘉燧，號松圓老人，郡志：長翰山有松圓閣也。雲谷下里許，有蘗庵師塔。《領要録》：蘗庵名正志，故給諫熊開元也。晚為僧，自靈巖來居雲谷，嘗撰《黄山紀恨》，以為黄山之奇不能盡，宇宙之人不知遊也。《吴江志》〔二〕：開元字魚山，嘉魚人，知吴江縣，有惠政，選為都給事中，以劾周延儒，謫戍。明亡，薙髮為僧，終黄山中。雲谷西又有江處士墓，其碣曰『詩人江麗田之墓』。麗田故隱居雲谷，嘗有詩曰：『依然一榻卧雲邊，入耳清音未絶絃。除卻焚香兼洗硯，又煩茶竈煮靈泉。』營生壙于此，卒，遂葬焉。

又南逕仙人榜，望九龍峰，有九龍潭及瀑布。吴廷簡記：有峰巍然天半，如衣冠丈夫垂笏而立，所謂仙人掛榜也。榜在仙人側，昔有人能辨二字者，雷即擊去其字。予方欲詳視，而雲霧封障，朦朧莫辨。《志略》：天牌石，在往松谷道中。牌緣以黄，内含緑文，仙篆數十，策策勒勒，非波非磔，奇古莫辨，間有譯得一字者，雷輒擊去。余按：《嵩山記》〔三〕：石室中有自然經書。《湘中記》

〔二〕《吴江志》：《（康熙）吴江縣志》四十六卷首一卷，郭琇修，葉燮等纂。康熙二十三年刊本。

〔三〕《嵩山記》：唐盧鴻一著，已佚，書目見於《通志》。盧鴻一，生卒年不詳，字顥然，范陽（今河北保定）人，隱居嵩山。

〔二〕：衡山〔三〕上有金簡玉牒。蓋神靈所宅，圖畫斯存，自非神如夏后，智若茂先，烏能辨音讀于雲霞之表，窺秘奧于儀象之前哉。徐宏祖《遊記》：仙人榜前有鯉魚石，又前有白龍池。《山志》：九龍峰蜿蜒如龍，九峰連峙，下有九龍洞、九龍觀。閔麟嗣曰：視之則峰，察之則龍，合而數之，則九也。汪灝《紀遊》：九龍潭之上，漸入深源，雙崖中開，石洞虛豁，左竅通光，其中可以辟穀。《江南通志》：九龍潭九泉濆射，破山而出，雷碎電擊，有若龍戰。曹鈖記：九龍瀑布，凡九折，遠可七八里，疾若電掣，聲若雷轉，不得謂黃山無瀑也。王灼《紀遊》：水出九龍峰，至峽口下注為潭，潭復下懸為瀑，一瀑一潭，纍纍相承，其折凡九，乃并入于溪。戴澳記：山迴溪轉，則九龍潭纍纍巖壑間，松杉映之，圓坎澄碧，高下遞注，時成瀑流。潘之恒曰：潭上如甕口，下深不可測，龍潛其中，旱則下鐵牌，雨立至。余按：諸潭層疊，大都青碧，中第六潭，遠視如盎，潭色澄鮮，容逾翡翠，涵碧映霄，蒼然無際矣。《汪道昆集》《九龍潭詩》：『摩天積石遞靈湫，客子尋源到上頭。吳楚江開雙白髮，軒轅宮近九垂旒。崑崙西北星連海，瀑布高低漢倒流。忽漫盤空雲氣合，群龍應奉帝車遊。』

逾嶺，北為逍遥溪，溪側有潭，其上清潭峰。嶺之南徑有天紳亭、門關石。潘之恒記：逍遥谿一名錦魚溪，有釣石。由擲钵禪院逾二嶺，得中源庵，披榛拂菁，里許，得碉，怪石纍纍，或立或臥，

〔二〕《湘中記》：又名《湘中山水記》《湘川記》，三卷，東晉羅含撰。羅含，（二九二—三七二），字君章，號富和，東晉桂陽郡耒陽（今湖南耒陽）人。歷官尚書郎、宜都太守。有《更生論》《菊蘭集》等。《晉書》有傳。

〔三〕衡山：又名南山、壽嶽，『五嶽』之一的南嶽，位於湖南省中部偏東南。是著名的道教、佛教聖地。

或鋭或禿，行者跨躍，超越猿掛鳥飛。有水源中出，東西夾之，激門石間，過此為潭者四五，色皆縹碧，窺其底，若神物居之。穿峽以昇，曰釣石，蒨巖孤立，下涵清泠，曰清潭坪。楊補記：逍遥溪六七里中，潭水數十，唯一潭澄緑如碧玉吐光，光與日影去來為幻，杖激水起，緑雨晴飛，坐弄移日。汪濟淳記：由三汊往逍遥溪三里許，石壁之下，諸潭異狀，方者印潭，圓者月潭，長者劍潭，角曲者犀潭，瓣縷者花潭，潭淺色碧，潭深色青，潭石白色素，潭石赭色朱，潭石錯金色黄。再歷村墟十五里，則石門潭，澄碧宏闊，可泛艇焉。汪鎬京《纂讚》：『石門之山，崔嵬衝霄；石門潭水，瀲湛泬漻。於焉濯纓，用以忘憂；碧玻璃中，作逍遥遊。』余按《歙志》：自三岔過烏泥嶺，為太平縣。蓋適是溪者，其西則丞相源逾嶺，其東則由三岔沿溪入也。湯賓尹記：逍遥溪水，硌硌出絶厓中，漸進漸闊，沿溪怪石大小棋布，就石遞趾，人行石上，水行石下，呼吸之聲相應。《山志》：清潭峰高八百仞。余按：此峰亦名逍遥峰，峰側有大悲峰，稽之傳記，故無兹名，亦為後起之目也。《領要録》：循苦竹溪十餘里，古木深林，交柯接蔭，石級遞引而上，中有亭曰『天紳』，坐亭中，聞風濤斷續，則對山峽中九疊泉鳴也。汪士鋐《天紳亭記》：由湯口左折，逾天竺嶺，達繼竺庵，由庵後傾曲而昇，為九龍潭，石壁綿亘，瀑飛數百丈。支筇憩亭，平望瀑泉，徘徊延賞，覺懸溜幅練，與目為適；崩浪震山，與耳為適矣。余按：自丞相源而南，有智如亭，當徑有關門石，兩石屹立如門，行者由其中出入，巖上衡鍥曰『來者有緣』，蓋宇内之士，儀心兹境者，或道塗遼隔，人事牽繫，未能仰覲山顔、俯尋谷趣。甚則擔簦將筍，行近山麓，或雲雨霧晦，步杖艱困，一試湯温，廢然而返。然則非有夙因舊契者，鮮克淩其高遠，探其邃曲矣。方學成記：踰芹嶺，過逍遥溪，望鵝鼻石，軒秀霞舉。沿流上溯，經十畝源，為松谷，轉洪潭橋，迤邐西嶺，迴視黃山諸峰，正酈道元所謂『層雲冠峰，高霞翼嶺，岫壑冲深，合煙罩霧』者也。及抵雀嶺，入旌德界，猶見天都、蓮花、獅子，岧嶤天半也。明程敏政詩：『怪石如屯虎豹關，仙家真與白雲閒。九州圖迹誇誰勝，萬古乾坤祇此山。丹臼半餘香冉冉，汞泉分出水潺潺。手摩蒼蘚看題字，先正高風不可攀。』山口有石坊，書御題『黃海仙都』字，歙尚書曹文埴〔三〕建。由此逾金絲嶺，至于湯口。金絲嶺俗亦謂之琴弦嶺也。又按楊補記曰：由丞相源下石道，歷九龍潭，至桃花源，達蓮花庵，此由丞相源西南行也。其由丞相源東降者，則逕天紳亭而達山口石坊。

〔三〕曹文埴（一七三五—一七九八）：字近薇，號竹虛，又號薺原，清歙縣人。乾隆二十五年（一七六〇）進士，歷翰林院侍讀學士、左都御史、順天府尹，至户部尚書，五十二年（一七八七）乞養歸。卒，謚文敏。古文駢體兼長，工書法。有《遊黃山記》一卷、《黃山紀遊詩》一卷、《廬山紀遊詩》、《直廬集》八卷、《帶星草堂詩鈔》二卷、《石鼓硯亝文鈔》二十卷、《石鼓硯亝詩鈔》三十二卷等。《清史稿》有傳。

其西躋湯嶺遥翠微寺、雲門峰麓，北逾芙蓉嶺，抵松谷。

由湯泉而西，為湯嶺，下為釣橋，又西翠微寺、翠微峰、雲門峰。吴廷簡記：由鳴弦舊徑度湯嶺，至夾溪，黝壁千仞，古松蒼翠，倒影水中，跌為碧潭，以數十計。至釣橋、燕尾溪，又西渡浮遊嶺，石上碧泓三疊如砌。逾嶺下平路，依山旋轉，北折，曰翠微寺，寺當峰下，以峰得名。《歙志》：湯嶺踞白龍潭之上，岡阜蟠結，鑿石開徑，通太平之焦村。《山志》：嶺上有笠人石，如人戴笠，釣橋庵在嶺北。燕尾溪源出丹臺下。駱駸曾〔二〕記：遊黄山者，波及翠微，翠微者，黄山之餘也。天都、蓮花，岝㟧雲表，令人不敢迫視。徐行翠微道中，山川逶迤，陌隴相屬，如行山陰道上矣。唐樞〔三〕記：躋翠微峰，西眺彭蠡，東閲錢唐，仰視天都，遥出霄衢之表。汪澤民記：由焦村三十里，至翠微寺，古松修篁，石磵横道，僧橋焉，覆之以屋。寺庭有井，泉甚清美，不溢不涸。一山卓然獨秀，峙東南

〔二〕駱駸曾：生卒年不詳，字象先，明武康（今浙江德清）人，萬曆二十六年（一五九八）進士，官至監察御史。

〔三〕唐樞（一四九七—一五七四）：字惟中，號子一，明歸安（今浙江湖州）人。嘉靖五年（一五二六）進士，官刑部主事，以疏争李福達事，斥為民，隆慶初復官，以年老加秩致仕。有《木鐘臺集》，編有《嘉靖歸安縣志》《萬曆興湖州府志》等。事迹具《明史》。

隅，曰翠微峰，枝條盤互，寺居其中。湯賓尹記：翠微寺，唐麻衣祖師道場也。師從身毒來駐，冬夏麻衣，丐其一絲者，輒能已疾。《徽郡志》：唐中和二年，麻衣西來，振錫于此。余按：身毒即天竺。雪莊《圖》，寺側有麻衣祖師塔也。《田雯集》〔一〕《翠微寺詩》：『詰曲歷石齒，沿溪樹其濛。招提門何向，陂陀無人蹤。峭崖立萬仞，惆悵林路窮。豈知披榛莽，紆迴流水通。一僧出汲水，竹戽行相從。長綆下深澗，割豁驚潭龍。淅淅石湫雨，泠泠葛花風。前循略彴去，木杪聞清鐘。』劉大櫆記：翠微峰高八百五十仞，嵐光松色，一碧無際，故山之椒曰翠微，而此以冠其峰。《山志》：峰下有青牛溪、翠微洞。余案《爾雅》〔二〕：『山脊岡未及上翠微。』郭注：『近上旁陂也。』《初學記》〔三〕引舍人注：『山氣青縹色曰翠微。』茲峰之名，釋兼二注。又汪《篆讚》曰：『嵐碧到地，松青際天。』亦其義也。汪洪度曰：見黃海諸峰，則翠微隱；在翠微，則黃海諸峰亦伏而不見。沈壽民《黃山秋夕喜友見過

〔一〕《田雯集》：田雯（一六三五—一七〇四），字子綸，一字綸霞，又字紫綸，號漪亭，晚號蒙齋，清德州（今山東德州）人。康熙三年（一六六四）進士，授秘書院中書，累遷户部主事、員外郎、工部郎中。詩與王士禛、施閏章同具盛名。有《古歡堂集》三十六卷、《長河志籍考》十卷等。

〔二〕《爾雅》：秦漢間學者著，對先秦以及西漢故訓加以總結匯編而成的一部訓詁專書。《漢書·藝文志》著録三卷二十篇，現祇存十九篇：釋詁、釋言、釋訓、釋親、釋宮、釋器、釋樂、釋天、釋地、釋丘、釋山、釋水、釋草、釋木、釋蟲、釋魚、釋鳥、釋獸、釋畜。

〔三〕《初學記》：類書，三十卷，分二十三部，唐徐堅撰。取材於群經諸子、歷代詩賦及唐初諸家作品。原為唐玄宗諸子作文時檢查事類之用，故名《初學記》。徐堅（六五九—七一九）字元固，唐湖州（今浙江湖州）人。歷官太子左庶子、秘書監、左散騎常侍、崇文館學士、集賢院學士，謚號『文』。有《大隱傳》《初學記》。《舊唐書》有傳。

詩》：『把酒今何夕，方秋合到山。世情湍水逝，君意嶺雲閒。訪道羞丹藥，酬詩許白鷴。迴看松月好，膓際影酡顏。』《徽郡志》：壽民字眉生，宣城人，晚攜家隱居黃山翠微峰之麓。按《史》本傳：壽民，崇禎間諸生，應詔入都，劾楊嗣昌〔二〕，移疾去，講學姑山。福王時，變姓名，避地之金華。《山志》言晚攜家隱此，其亦避地之迹耶？又龍眠詩釋弘智〔三〕《贈沈耕嵒住黃山詩》：『天地為林藪，容君筆種田。千秋誰脱劫，山徑早忘年。世積餘杭篋，新添栗里弦。火爐能寄語，他日問香煙。』耕嵒，壽民字也。馮夢楨記：雲門峰兩山如門，雲通其中，百里外即可望。《太函集》〔三〕記：雲門一閶闔也，啓閉則豐隆主之。洪琮曰：石者，雲之根。黃山之西，由土而變石者，自雲門始。吴廷簡記：度嶺，望剪刀峰，兩刃相距，秀色如削。吴龍翰〔四〕記：石硿峰南，有峰隱秀而長，其高刺天，則雲門

〔二〕楊嗣昌（一五八八—一六四一）：字文弱，一字子微，號肥翁，晚號苦庵，明湖廣武陵（今湖南常德）人。萬曆三十八年（一六一〇）進士，歷杭州府學教授、南京國子監博士、户部福建司主事等職，崇禎帝重用，任兵部尚書、禮部尚書兼東閣大學士，入參機務，人稱『楊内閣』。對清軍主張議和，對農民起義主張『四正六隅十面網』的戰略。有《楊文弱集》、《楊文弱先生集》《野客青鞋集》《地宫集》《中樞奏議》等。《明史》有傳。

〔三〕釋弘智：方以智出家後的法號。『弘』原作『宏』，改從今。

〔三〕《太函集》：汪道昆撰，一百二十卷，文一百六卷、詩十四卷，卷首有《自序》及目録六卷。

〔四〕吴龍翰：生卒年不詳，字式賢，號古梅，宋、元間歙縣人。吴昶之孫。師從方岳，工詩。咸淳以薦授迪功郎，編校國史院實録文字。至元十三年（一二七六），鄉校請充教授，尋棄去。有《雜著》二十卷、《古梅吟稿》六卷、《古梅遺稿》六卷。

也。雲之往來棲息，必由於此，俗呼為剪刀峰。余按：《李東陽集》〔一〕《寄友詩》：『懷君已是雲中守，歸去黃山尚臥雲。俗借剪刀峰下景，好裁一半與平分。』詩稱兹峰為剪刀，名號之譌，會形已舊。又《雁蕩記》〔二〕曰：大龍湫上有峰峆岈，名曰剪刀，蓋峰之嶄削者，咸有剪刀之目矣。《山志》：翠微寺側有西峰草堂，堂前花竹叢秀，堂外有鳴石山房。高啓〔三〕《缶鳴集》《送曹生歸山中詩》：『黃山西來九華連，巖洞翕忽通雲煙。白鵝嶺下煉丹處，瑶草獨秀今千年。三十六峰在青天，仰面歷數舉馬鞭。高林雜樹多未識，風雨一過俱葱芊。山深何物尤可憐，秋禽幽鳴巧如弦。路迴澗阻似無地，中有蒔藥千家田。雲間雞犬隔流水，居人仿佛皆神仙。我欲窮遊久無緣，羨君忽去尋歸船。猿聲兩岸溪幾曲，白沙明月相洄沿。到時西峰草堂前，應有攜酒來華巔。山人不喜説朝市，但話久別情依然。塵埃舊褐便可脱，濯費十斛山中泉。為余浄掃石上葉，早晚有意來高眠。』西峰艸堂，實曹氏之故墅矣。

近翠微者，有仙都、望仙、雲外、布水、丹霞、松林諸峰。《山志》：仙都峰在翠微東。王灼

〔一〕《李東陽集》：《懷麓堂稿》，一百卷，明李東陽撰。詩文別集。初刊於正德十一年（一五一六），為李東陽門生、徽州知府熊桂所刻，又有嘉靖間重刊本、康熙年間廖方達刊本、嘉慶八年（一六〇三）刊本。李東陽（一四四七—一五一六），字賓之，號西涯，明湖廣茶陵（今湖南茶陵）人。天順八年（一四六四）進士，官至太子太保、禮部尚書兼文淵閣大學士。有《懷麓堂稿》。《明史》有傳。

〔二〕《雁蕩記》：明高崶《遊雁蕩山記》。高崶，生卒年不詳，字仲隆，明雲南大理人。嘉靖十四年（一五三五）進士，歷藁城知縣、浙江巡鹽御史、福建巡按，至湖南右參議。

〔三〕高啓（一三三六—一三七四）：字季迪，號槎軒，自號青丘子，明長洲（今江蘇蘇州）人。博學工詩，受詔入朝修《元史》，授翰林院編修。因魏觀改修府治，高啓作上梁文，被誅。有《缶鳴集》《扣舷集》《鳧藻集》等。事具《明史·文苑傳》。

《紀遊》：仙都峰衆石森立，如群仙聚會之狀。按《縉雲志》[一]：邑西有仙都山，軒皇上昇處，為道經第二十七洞天。茲峰命氏與同，奇邃窈曲，亦宜為洞天之一矣。《志略》：望仙峰近仙都，下有龍鬚巖、弦歌洞。趙汸《絃歌洞詩》：『巖居觀物化，掩卷獨無思。空洞鐍重扃，閟此孔壁遺。朋來二三子，窈窕强吾詩。商聲出金石，草樹生凉颸。過門有佳客，其賞風雩辭。』《山志》：溪水之聲在下，步虛之聲在上，如弦而倚曲也。余按：《述異記》：漢武帝幸瓠子河，聞水底有弦歌之聲。茲洞近之矣。謝陛《志》：舉首雲際，莫極其巔者，雲外峰也。上有紫白杜鵑，繞峰叢生。沈德潛《遊黃草憩雲外峰度嶺至皮篷詩》：『我從雲中來，又尋雲外路。稍稍憩雲根，盤盤局微步。黯黯穿荒榛，喧喧聞瀑布。山花媚遊人，徑仄不暇顧。少焉逢坦夷，短笻且停駐。迴瞻峰頭雲，是我經行處。澗泉趨正絶，涉水濕芒屩。前行逐孤雲，更向巉巖去。』《山志》：雲外峰下有杏花源，源多杏花，中有亭曰杏花天，有酒家曰杏花村。《志略》：布水峰在雲門峰西，峰巔流泉飄曳如練，高出雲端。紅泉溪在峰下，水色赭赤，疑有丹砂産此，渲映成流也。丹霞峰石壁赭色，望之如霞，下有石室。汪《纂册》：丹霞峰下為紅朮源，遍生紅朮，形如邵瓜，赤如丹砂，花開五色，有青有白，陰陽結氣，服之長生。松林峰在丹霞西，山巔多蒼松。

又北為洋湖，逾芙蓉嶺，有別峰庵。東至松谷，有五龍潭。 吴廷簡記：由翠微小徑屈曲，跨峻

[一]《縉雲志》：《（康熙）縉雲縣志》，四卷，霍維騰纂修。康熙二十三年刻本。霍維騰，生卒年不詳，直隸大興（今北京大興）人，監生。歷縉雲知縣、姚州知州，至嚴州知府。

嶺數重，得法住庵。復折而躋芙蓉嶺，逾嶺數里，則松谷庵。自湯寺至此，繞山半周矣。《山志》：由太平過虎嶺，至洋湖。《志略》：洋湖在芙蓉峰下，山峙水匯，瀰望淫淫。《領要録》：洋湖廣十頃，峰環泉注，中生荇藻，明霞返照，到浸湖底〔二〕，夜嵐受月，上曳如綫，蘆葦花時，秋雪漫漫，不見涯涘。普門嘗擬湖中建殿，周遭築堤，植橋聚筏，以接遊侶，志業未遂，今為蕪田矣。然鴻來雁遞，猶多棲宿焉。余按：湖以洋稱，義緣溟瀨，崇峭之下，忽覩湖漪，怡曠心神，良為勝境。惜靈槎罕泛，寶筏無津，故莫由擥芰荷于迴渚，搴蘅芷于層阿矣。方拱乾記：越芙蓉嶺，行溪磴二里許，磴上松悉如人物狀。磴盡，為別峰庵，取別峰相見義：別峰不隸天都，而以丹霞為岸。汪鎬京《篆冊讚》：徑窮壁轉，別峰雲現，如綫聚珠，纍纍成串，名曰串雲，他山尠見。楊補記：由大悲頂下翠微，得別峰庵，鍊丹、獅子左右之，而丹巖當其前。吴伯與記：踰芙蓉嶺，嶺外山舒而平，芙蓉庵在焉。《山志》：芙蓉庵在芙蓉峰南。余按：《通志》，婺源東八十里有芙蓉嶺，上為芙蓉峰。休寧東南有洋湖，屯溪衆水所匯。蓋一郡之中，巖壑錯出，名稱疊見矣。閔麟嗣曰：嶺當孔道，亭建其上，行者凉豁，决眥引睇，天都以下，峰峰嶺嶺，巖巖壑壑，天地太古，奇情變狀，何遽而生，何從而來也。《珠璧集》吴瞻泰《過虎村上芙蓉嶺詩》：『山深異氣候，四月正流澌。冰有夏蟲識，花無春鳥知。村寒煙不起，徑險杖難支。一綫開天竇，芙蓉更擅奇。』陳日浴〔三〕記：由太平北道逾芙蓉嶺，折而入，溪壑

〔二〕到浸湖底：《黄山領要録》作『倒影湖底』，當是。
〔三〕陳日浴：字子盤，清侯官人，有詩名，與彭善長、曾燦烜、林偉、許友、卞鰲、高兆等交遊。

縈帶，泉響激越，幽石棋布，潭色深碧，上則竹木宗生，雲日蔽虧，有寺焉曰松谷。孫默〔二〕《松谷道中詩》：『石蕨初肥筍苗芽，山深四月放桃花。寒潭十里見澄碧，處處清溪走白沙。碧潺緩處灑珠簾，泉響高從昨夜添。我問仙真到山谷，白雲半縷出松檐。』《志略》：松谷在疊嶂峰北麓，山有兩松谷，其一在北獅子峰下。吴瞻泰記：環谷四周，高峰插天，夜闌人静，如聞暴風疾雨，巖石作聲，曉視天宇清霽，聲亦窅然，循聲迹之，則諸潭在焉。吴伯與記：庵前後五龍潭，折而下曰青龍潭，石壁峭峻，奔泉争匯，淵渟瀠泓，瓊玉流碧，其水味過揚子中瀘也。湯賓尹記：松谷，宋張尹甫勤修之所，松谷，其號也。環庵諸潭，青黑黄赤，各以所映壁色為氏。又有油潭，如供五千人食大斧，其中黝縈黛衍，如見斧底〔三〕，以絙測之，深不可極。徐宏祖《遊記》：由松谷循溪下，溪邊香氣襲人，則梅亭也。抵青龍潭，大石磊落，奔流亂注，一泓深碧，遠近群峰環拱，亦佳勝也。《領要録》：水從師子林外注，流入寺後者為黑龍、黄龍二潭，青龍潭高隔一澗，小白龍潭在路旁，合之油潭，為五。潭既受水，沙石在底，魚藻在宫，隨所納見之。天形、山形、人物往來之形、煙雲草樹之形，光明界中，出没掩映，混為一迹，都忘上下。余案：松谷蹊徑多松，故名。袁啓旭詩所謂『眷彼山中人，雲霞在几

〔二〕孫默（一六一三—一六七八）：字無言，號桴菴，又號黄嶽山人，明、清間休寧人，寓居江都，晚歸黄山。畢生不仕，貧而好客，王士禛嘗稱其『一窮老布衣，而名聞天下』。編有《廣陵唱和詞》三卷、《四家詩餘》十一卷等。

〔三〕『五千人食大斧……如見斧底』：湯賓尹《睡庵稿》文集卷十三作『五千人大釜……如見釜底』，以文意度之，當是。

舄。朝朝採松英，暮暮餐松液』也。《凌登名集》〔二〕《松谷句》曰：『因思造物奇無理，縱有神工削不成。』二語足賅山趣，不獨松谷。又張鵬翀句云：『胸中驟蓄無窮畫，眼底全空一切山。』亦為道悉遊悰矣。松谷之道，其西徑躋海門，其南徑陟石筍，其東則由三汊而合於湯口。方大治〔三〕《湯口與友別詩》：『十日隨君豁遠眸，共攀絶壁與丹邱。春風踏遍神仙路，翻笑桃源秖暫遊。』蓋山之崇峭邃曲，累月難盡，登探者固將乘四時之和，而備三月之聚，竭來旬日，實為暫遊矣。

程弘志〔三〕云：《圖經》所列三十六峰，以仙名者，硃砂、鍊丹、浮丘、容成、天都、軒轅、仙人、上昇、仙都、望仙十峰；以物象名者，石人、獅子、青鸞、九龍、飛龍、鉢盂、疊嶂、石門、石牀、石硅、棋石十一峰；以雲名者，雲際、雲外、丹霞、紫雲、雲門五峰；以花木水石名者，蓮花、桃花、芙蓉、松林、聖泉、清潭、布水、采石、紫石九峰；惟翠微一峰以山色名之。黄山之峰以千百計，唐釋島雲〔四〕所謂『峭拔雖傳三十六，參差何啻一千餘』也。《圖經》限此，亦為隘矣。余按：宋

〔二〕《凌登名集》：凌登名，字元孚，清錢塘（今浙江杭州）人。隆慶四年（一五七〇）舉人，曾任歙州郡佐。有《榕城隨筆》《凌登名集》。

〔三〕方大治：一作方大治。見前文注。

〔三〕程弘志：『弘』原作『宏』，改從今。

〔四〕釋島雲：生卒年不詳，唐代僧人，俗名繆島雲，少為僧，會昌年間（八〇一—八四六）還俗。有詩名，多咏黄山詩。

徐照〔二〕《歙山寺詩》：『青峰三十六，霜曉見分明。』戴復古〔三〕《新安寒食詩》：『一百五日客懷惡，三十六峰春雨愁。』山自《圖經》而後，咸以三十六峰著稱，然外此可名者，若始信、飛來、海濤、阿彌、大悲、五老、佛手、仙掌、仙桃、仙橋、錫杖、堆果、引針、飛布、隱硐、面壁、石鼓、疊鼓、玉砫、石筍、石杵、蓮蕊、鶴巢、擾龍、象牙、天馬、蹲獅、鰲魚、蟹螯、蝦蟆、螺螄，尚三十餘。雪莊所圖，有天樂、天砫、天外、聚仙、比秀、老子、石嬰、送供、五供、紫玉、探珠、錦屏、玉兔、香爐、魚籃，亦十餘峰。又孫晉《遊黃艸》有三姑峰，王灼《紀遊》有麒麟峰、八卦峰，吴苑《遊黃雜詠》有雲葉峰。其村民山僧以意指稱者，復多枝出之名矣。凌駉云：峰之可躋而登者，則鍊丹、獅子、硃砂、蓮花、石人、軒轅、九龍、翠微、石牀、飛龍、疊嶂、鉢盂，凡十二峰也。李白《送温處士歸黃山白鵝峰舊居詩》：『黃山四千仞，三十二蓮峰。丹巖夾石砫，菡萏金芙蓉。伊昔昇絶頂，俯窺天目松。仙人鍊玉處，羽化留遺蹤。亦聞温伯雪，獨往今相逢。採秀辭五嶽，攀巒歷萬重。歸休白鵝峰，渴飲丹砂井。鳳歛我時來，雪車爾當整。去去陵陽東，行行芳桂叢。迴溪十六渡，碧障盡晴空。他日還相訪，乘橋躡彩虹。』王琦曰：《黃山圖》白鵝峰在石門峰、烏泥嶺之間，下有吟嘯橋。錢百

〔二〕徐照（？—一二一一）：字道暉，一字靈暉，自號山民，南宋永嘉（今浙江温州）人。一生未仕，布衣終身，以詩遊士大夫間，喜吟咏、遊山水。有《芳蘭軒集》。

〔三〕戴復古（一一六七—一二四八）：字式之，自號石屏、石屏樵隱，南宋天台黃巖（今浙江台州）人。一生不仕，曾從陸游學詩，兼具江西詩派風格。有《石屏詩集》《石屏詞》等。

川〔二〕曰：白鵝峰不在三十六峰之列，蓋亦諸峰之一也。吴從先〔三〕曰：宇内名山，宜若無逾黄山者。其危峰突巘，幽洞險壑，奇松怪樹，老藤古蘚，固已異矣。若夫變幻恍惚，忽青於染，忽净于洗，月遇之而成白，日遇之而成紫，風遇之而聲厲，雨遇之而寒澈。至于白雲縹緲，若挾樹而流，攜石而走，散則如蝶飛，聚則如幔捲。千態萬象，雖巧繪之士，未能貌其萬一也。潘彦登〔三〕曰：宇内名山，武夷可以舟遊，岣嶁〔四〕可以騎陟，岱宗可筍輿上，惟西華嶄峭獨奇，而黄山尤為過之。范成大《遊録》曰：匡廬衡嶽，塊然大山，不得以峰名。最奇秀者，惟池之九華、歙之黄山。錢氏曰：遊黄山者，天都而外，蓮花最勝，次始信，次錬丹，次文殊，次石筍，次軒轅，次别峰也。方士翊曰：前海深而藏，後海瘦而峭，擅奇域中，秀絶塵表。盛宏之〔五〕所謂『遊人每苦目不周翫，情不給賞』也。施閏章曰：黄山奇峰數十，皆拔石萬仞，離立剌空，分一峰，足名一嶽矣。方時基〔六〕云：黄山之遊，人人

〔二〕錢百川：生卒年不詳，字東之，明無錫（今江蘇無錫）人。工詩，有《寒齋狂稿》。

〔三〕吴從先：生卒年不詳，字寧野，號小窗，明歙縣（一説常州）人。與袁宏道（一五六八—一六一〇）、陳繼儒（一五五八—一六三九）等交遊，博學通達。有霞漪閣，刊印書籍。有《香本紀》《茶説》《酒緣》一卷、《交友觀》一卷、《儒禪》一卷、《客齋使令》一卷、《山齋供具》一卷、《書憲》一卷、《小窗自紀》四卷、《小窗豔紀》十四卷、《小窗别紀》四卷、《擬合德諫飛燕書》一卷、《徐郎小傳》一卷、《金小品傳》一卷、《頓子真小傳》一卷、《妓虎傳》一卷、《小窗四紀四種》等。

〔三〕潘彦登：生卒年不詳，字誕先，一字去然，明、清間歙縣人。有《三審齋文集》。

〔四〕岣嶁：岣嶁峰，衡山主峰，故衡山又稱岣嶁。

〔五〕盛宏之：即盛弘之，生卒年不詳，晉、宋間人，官劉宋臨川王侍郎，撰有《荆州記》一書。避『弘曆』之諱而改。

〔六〕方時基：不詳。

異見，即一人之遊，時時改觀，故述者殊詞，咏者異致也。余按：志記所述黄山支麓，布濩于休歙黟太之界者，猶且嶺澗條列，庵宇葉附，然山以峰巒標勝，境以崇奇顯稱。契心昔踪，趣賅嶽鎮，綴目新眺，理絶峻深，故臚叙樞幹，無取旁絡矣。

唐釋島雲《黄山懷古詩》：『浮丘與軒后，鶴馭杳難思。三十六峰頂，不知何處奇。枯杉龍腦溢，陰洞石膏垂。莫問當時事，蒼苔鎖斷碑。』案志：島雲，唐詩僧，嘗登天都峰頂，其題誌猶可尋。唐人黄山詩傳者，島雲為多。《李白集》有《至陵陽山登天砫石酬韓侍御〔一〕見招隱黄山》句：『黄山過石砫，巘崿上攢叢。因巢翠玉樹，忽見浮丘公。』《通志》：陵陽山〔二〕在太平縣西六十里，王琦云：韓名雲卿，太白有《武昌宰韓君碑》，其隱退黄山，莫可徵考矣。又案：《集》中有《夜泊黄山聞殷十四吴吟詩》，王琦注：《寰宇記》太平州西北五里有黄山，此詩與《宿鰕湖》句『雞鳴發黄山』，正當其地，非徽寧之黄山也。宋杜叔元〔三〕詩：『占勝新安境，佳名千古聞。奇峰半天出，秀色數州分。邃谷春猶雪，懸崖霽亦雲。何時脱韁鎖，猿鶴此為群。』元鄭玉詩：『江左諸峰罕出群，誰云華嶽與平分。幾千百澗流蒼玉，三十六峰生白雲。深谷高人抱幽獨，荒巖野草賸芳芬。幾回獨向風前立，夜半

〔一〕韓侍御：韓雲卿，生卒年不詳，河南南陽（今河南孟縣）人。仕肅宗、代宗兩朝，歷監察御史、禮部郎中、鴻臚卿兼御史中丞、終禮部侍郎，加上柱國。事迹具《新唐書》。

〔二〕陵陽山：位於今安徽宣城。又名陵山，舊稱萬壽山、三臺山。

〔三〕杜叔元：字君懿，宋開封（今河南開封）人。善書。

吹簫天上聞。』胡元禮〔二〕《題黃山圖詩》：『黃山秋來氣如刷，瀛海雲霞互明滅。山中猿鶴舊同盟，祇好相留莫相別。嵯峨三十六峰秋，碧葉蓮花千萬疊。軒轅向來鍊丹處，湯井丹砂今尚結。空濛仙樂下天都，二八靈禽齊赴節。雲中仙人撫掌笑，海水揚塵行可涉。茫茫浮世去何之，浩浩炎雲行結轍。丹巖翠壁那可望，寫入生綃苦愁絶。玉女寒窗煙霧深，瑶艸璚枝誰共折。如何為約鳳樓人，來此吹簫美明月。』余按：黃山之圖，自《圖經》外，如程、閔、劉、黃諸志，皆列圖于前，或詳或略，為有為無，蓋造物鍾奇，心目難罄，雖使王、李搦管，關、荆濡毫，莫能貌此神皋，肖茲仙宅也。又自宋元以來，若鄭重〔三〕、丁雲鵬〔三〕、吴廷羽〔四〕、釋漸江〔五〕，皆精於楮墨，刻意山靈，盛稱於世。第縑軸流

〔二〕胡元禮：胡應麟（一五五一—一六〇二），字元瑞、元禮，號省室山人，別號石羊生，明浙江蘭溪縣人。萬曆四年（一五七六）中舉，後屢予會試不第，遍遊南北，交友著述。與李維楨、屠隆、魏允中、趙用賢等稱『末五子』。有《少室山房類稿》一百二十卷、《續稿》十五卷、《少室山房筆叢》四十八卷。傳附《明史·王世貞傳》。

〔三〕鄭重：生卒年不詳，字千里，號無著，明歙縣（今安徽歙縣）人，善畫佛像。有《十月嶺梅圖》。

〔三〕丁雲鵬（一五四六—一六二八）：字南羽，號聖華居士，明休寧人。從詹景鳳學畫，善白描人物山水，尤以佛像著稱，曾奉詔供奉內廷十年。與戴進、吴偉齊名，董其昌盛贊之。有《釋迦如來應化事迹》《音二十二像册》一卷、《觀世音菩薩三十二變像》一卷、《丁南羽集》。

〔四〕吴廷羽：生卒年不詳，字左千，明安徽休寧人。丁雲鵬弟子，畫佛像承師傳，擅畫山水、花鳥。

〔五〕釋漸江：江韜（一六一〇—一六四四），字六奇，法號漸江，又作弘仁、無智，明清間歙縣人。諸生，明亡為僧。工詩文，善畫，尤精山水。有《黃山圖》一卷、《漸江上人山水册》《畫偈》一卷等。

傳，什襲誰氏，莫由共覩。以余所見，雪莊之圖三十餘幀，較諸志為備矣。《列朝集》〔一〕鄭善夫〔二〕《黄山雜詩》：『黄山如岱嶽，蘿山若梁甫。曾巔遏行雲，屼屼自太古。咸池蕩初景，昧旦何已曙。我夢天都行，笑折扶桑樹。』（一）『黄山奠南服，嶫峕分楚望。連峰標天區，擷秀極地藏。金雞時一鳴，高鳥不能上。睠兹俯滄海，窮歲破夢浪。』（二）『硃灘流湍水，蟄龍無時吟。水流木葉下，宛轉歲序陰。歲序倏已改，丹砂仍費尋。蓬閣倘可求，去矣極高深。』（三）『崇巒互經亘，靈氣敞元蓋。天風散鼓鐘，日夕發清籟。日晏紫芝茁，山静幽鳥萃。直機閟心賞，要在達者會。』（四）『停雲扃重關，蘿風隕天聲。暇構名山陽，允諧真隱情。詩書豁俗韻，巖邱湛性靈。鬱彼漆園篇，聊用得吾生。』（五）按《閩記》〔三〕：善夫嘗雪中遊天台，毛褐笥輿，鬚鬢皤白，不言姓名，望之者以為神仙，斯固耽情巖谷、

〔一〕《列朝集》：《列朝詩集》，八十一卷，錢謙益編，選録明代一千六百余位詩人作品，共分為甲、乙、丙、丁四集。以詩繫人，以人繫傳。

〔二〕鄭善夫（一四八五—一五二三）：字繼之，號少谷、少谷子、少谷山人。明閩縣（今福建閩侯）人。弘治十八年（一五〇五）進士。歷官廣西司主事、禮部主事、員外郎，以諫南巡受杖，辭官。善書畫，有《鄭少谷集》二十五卷、《經世要談》。《明史·文苑》有傳。

〔三〕《閩記》：《閩小記》，四卷，周亮工撰，記録福建地方軼聞舊事、方物土産以及民間故事。周亮工（一六一二—一六七二），字元亮，號陶庵、減齋、適園等，明、清祥符（今河南開封）人。明崇禎十三年（一六四〇）進士，授監察御史。仕清後，官兵備道、布政使、左副都御史、户部右侍郎、福建按察使等。《賴古堂集》二十卷、《讀畫録》等。

遊心物外者矣。孫一元〔一〕《夢遊吟》：『朝看黃山圖，夜夢黃山行。手捫天都月，一笑雲煙橫。丈人眉如霜，採秀欣相迎。酌我以石髓，遺我以璚英。冷然跨黃鶴，更欲遊空明。群峰忽不見，一舉還自驚。覺來發長嘆，半窗風雨鳴。』黃道周〔二〕《辭黃山詩序》曰：『半生所歷，黃山、白嶽〔三〕、匡廬、九華、浮丘、龍首〔四〕、穹窿〔五〕、元墓〔六〕、洞庭〔七〕、三茅〔八〕、天目、徑山〔九〕、宛委〔一〇〕、西陵〔一一〕、天台、雁

〔一〕孫一元（一四八四—一五二〇）：字太初，號太白山人，自稱關中（今陝西）人，多遊歷吳楚間。好道家言，著有《太白山人漫稿》，事見《明史》。

〔二〕黃道周（一五八五—一六四六）：字幼玄、螭若、螭平，号石齋。明漳浦（今福建東山縣）人。天啓二年（一六二二）進士，歷翰林院修撰、詹事府少詹事。南明時，任吏部尚書兼兵部尚書、武英殿大學士。抗清被俘，不屈殉國，謚『忠烈』。有《儒行集傳》《石齋集》《易象正義》《春秋揆》《孝經集傳》等。《明史》有傳。

〔三〕白嶽：齊雲山，位於安徽省休寧縣，道教四大名山之一。有三十六奇峰，七十二怪崖，間以幽洞、曲澗、碧池、青泉，匯成勝境，享『黃山白嶽甲江南』之美譽。乾隆皇帝題曰『天下無雙勝境，江南第一名山』。

〔四〕龍首：龍首山，位置不詳。

〔五〕穹窿：穹窿山，位於江蘇蘇州，形似穹窿，故名。主峰箬帽峰，為太湖東岸群山之冠，蘇州最高峰。

〔六〕玄墓：玄墓山，相傳郁泰玄葬此，故名。又名萬峰山、光福山，位於江蘇蘇州。原作『元』，改從今。

〔七〕洞庭：洞庭山，位於江蘇蘇州太湖東南部。是東洞庭山、西洞庭山兩地的統稱，一般也稱作洞庭東山、洞庭西山，俗稱東山、西山。

〔八〕三茅：三茅山，位於江蘇興化，簡稱『茅山』，又稱『北茅山』，漢景帝時，咸陽茅氏三兄弟（茅盈、茅衷、茅固）來此修道，故稱『三茅山』。

〔九〕徑山：為天目山餘脈，位於浙江杭州。五峰環峙，有森林竹海，徑山寺為佛教名剎。

〔一〇〕宛委：宛委山，位於浙江紹興。傳説中夏禹登宛委山，得金簡玉字之書，後世多以『宛委』喻藏書之所。原作『委宛』，據改。

〔一一〕西陵：位於浙江烏程。三國吳孫皓改葬其父孫和於此，號明陵，因其山在西，故又名西陵，山以陵名。

蕩、羅浮、懷玉〔一〕，一十八翁，生死契闊，未必再晤。要當一一謝之，風雷楮墨，載其精神，亦使山靈聞之，謂吾不薄也。』『文臂遂相失，徘徊霧雨中。悲猿如葉類，笑客不從容。』（一）『亦是吾家峰，神物不可譜。頂髻在心眸，一一屈指數。』（二）『新嶺非不高，乃不得相見。今有青鳥箋，欲寄南歸雁。』（三）《吴宗儒集》〔二〕《遊黄山詩》：『九月秋氣高，抗策恣遊眺。天都陟崔嵬，洞門入窈窕。緩行憩松根，徙倚臨霞嶠。探奇壑轉深，攬勝景逾妙。山溪縈以舒，石壁陡復峭。瀑布掛晴川，懸崖迴夕照。地與仙境俱，凌厲討佳要。孫阮予非倫，於焉學長嘯。』陳繼儒《送友遊黄山詩》：『十步一雲，五步一松，松植雲上，雲罨松中。誰導子兮山有猿，誰乘子兮潭有龍。』《王士禎集》〔三〕《送孫無言歸黄山詩》：『昨夢黄山碧溪月，白雲三十六峰深。朝來卻送滄洲逸，興發還為吴會吟。』（一）『硃砂湯口三千頃，玉筍凌空一萬株。更問黄山奇絶處，天都瀑布勝匡廬。』（二）余按：茲山題咏，太白以居宣城，屢見篇章。爰自開寶，逮于明初，詩家吟覽，頗形寥寂。《楊誠齋集》〔四〕《歙州道中詩》：

〔一〕懷玉：懷玉山，位於江西玉山。又稱玉山、輝山、玉斗山，是鄱陽湖水系與錢塘江水系的分水嶺。

〔二〕《吴宗儒集》：吴宗儒，生卒年不詳，字次魯，號黄麓，晚號止耕，明休寧人。詩工於聲律，與程大位相友善。有《巢雲軒詩集》六卷、《續集》五卷、《詩餘》一卷。

〔三〕王士禎：原作『正』，改從今。

〔四〕《楊誠齋集》：《誠齋集》，楊萬里詩文全集，一百三十三卷。楊萬里（一一二七—一二〇六），字廷秀，號誠齋，南宋吉州吉水（今江西吉水）人。紹興二十四年（一一五四）進士，歷知奉新縣、國子博士、太常博士、廣東提點刑獄、太子侍讀，官至寶謨閣直學士，封廬陵郡開國侯，謚號『文節』。有《誠齋集》《楊文公詩集》四十二卷、《誠齋詩話》一卷、《誠齋易傳》二十卷。《宋史》有傳。

『天齊玉立萬孱顏，三日深行紫翠間。衹好遥看莫登覽，前程陟處鬢都班。』蓋黄山自普門以前，蹊徑莽塞，行州途者，已患艱梗，何能縋幽凌險，高陟萬仞，故唐編宋集，傳章為少矣。

山肇自嶺嶠，際于吴越，水匯于江海，其産植物動物，可紀焉。其山肇自大鱅率山，其別為九華、鍾山〔一〕、天目、吴會〔二〕諸山。　嘉靖《郡志》：黟山北倚九華，西拓彭蠡，南接廣信，左挾浙河，右起桐汭，以盡海濡。支隴所分，盤列州郡，而為鎮于歙。汪玄錫〔三〕記：婺源大鱅山高三十里，《地理志》所謂南條之正脈也。東走為蓮花山，北出為張公山，即大鄣山，亦名率山，又二百餘里，始起黄山。余按：茲山之脈，由岷黔而東為兩粤之五嶺，東北而至長玉，起率山大鱅，西出者際于湖口，過大洪嶺，西北出者掎為九華，其北特起黄山，自山東北出者為鍾山，東南出者為天目，而支分節別，極于吴越之境。《太平御覽》曰：浙江東西，宣、歙、饒、池、江州等山，並是黄山之支脈。《洞霄

〔一〕鍾山：位於江蘇南京，因山頂常有紫雲縈繞，又稱紫金山，被譽為『金陵毓秀』。鍾山三峰相連形如巨龍，山、水、城渾然一體，雄偉壯麗，氣勢磅礴，自古有『鍾山龍蟠，石城虎踞』之稱。

〔二〕吴會：紹興的別稱。古代會稽郡下有三吴：吴會、吴興、吴縣。

〔三〕汪玄錫（？—一五四四）：字天啓，明婺源人。正德六年（一五一一）進士，歷兵科給事中，陞太僕卿，轉江西巡撫、副都御史，嘉靖二十三年（一五四四）任户部左侍郎，卒于官，贈户部尚書。有《東峰先生奏議》四卷、《東峰集》二卷。『玄』原作『元』，改從今。

志》〔二〕曰：黄山為衆山之祖。唐桂芳曰：世亦謂之小崑崙也。或曰：山自匡廬而來。余案：五嶺以下，諸山之水，西北則由湖達于江，東南則由閩浙達于海。廬山與兹山，隔絶湖口，無緣連系。《江南通志》：率山一名張公山，由五嶺西北鬱積而來。相察地脈，故為紀實也。《圖經序》曰：南會于睦，過大鏞，入于衢。山自南來，非更南去，證之廣輪，亦為舛互矣。

其水北入揚子江，南為新安江，以達于海。劉大櫆記：黄山水，北出者入池之石埭；東北出者，入宣之太平；南出者，入歙浦；而山西諸水，合歙浦，逕嚴州而下錢塘江。《寰宇記》：北黟山南屬歙州，豐樂水出焉。《九域志》：歙有黟山、靈山、新安江、揚之水。《歙志》：豐樂，源出湯溪，而浮溪、曹溪、阮溪、容溪並入焉。又南合笙溪、琴溪、傅溪諸水，至百花臺，與揚之水合，又東至歙浦，與漸江水合而為新安江。《方輿勝覽》〔三〕：新安江源有四：自歙者出黟山；自休寧者出率山；自績溪者出大鄣山；自婺源者出浙源山。《水經》：漸江水出三天子都。酈道元注：《山海經》謂之浙江也。《地理志》：水出黟縣南蠻中，逕歙縣，東與小溪水合，逕遂安，與南溪合，水甚清深，潭不掩鱗。《寰宇記》：新安江上，崇山峻流，爽秀尤異，到歙州界，峰巒掩映，狀若雲屏，實

〔二〕《洞霄志》：明戴日强《（萬曆）餘杭縣志》（萬曆四十七年刊本）設有《洞霄志》。戴日强，生卒年不詳，號兆臺，明蒙城人。萬曆十六年（一五八八）舉人，官餘杭知縣。

〔三〕《方輿勝覽》：七十卷，祝穆撰，主要記載了南宋臨安府所轄地區的建置、沿革、疆域、田賦、户口、風俗、名勝古迹、人物、題咏等，對各地古迹及有關的詩賦序記記載尤其詳細。祝穆（？—一二五五），初名丙，字和甫，宋歙縣人，籍建陽。少名丙，與弟癸同受業於朱熹。

百城之襟帶。《梁書・徐摛傳》〔二〕：武帝〔三〕使摛為新安郡守，曰『新安大好山水也』。《沈約集》〔三〕《新安江詩》：『眷言訪舟客，茲川信可珍。洞澈隨清淺，皎鏡無冬春。千仞寫喬木，百尺見遊鱗。滄浪有時濁，清濟涸無津。豈若乘斯去，俯映石粼粼。紛吾隔囂滓，寧假濯衣巾。願以潺湲水，霑君纓上塵。』余舟行新安江，百餘里間，水清石峙，洵如沈詩。自非夏秋暴漲，莫得而濁之也。《歙志》：黃山水之出，自白雲溪、松林澗、九龍潭、逍遥溪者，皆逕太平而北入于江。《江南通志》：青弋江在寧國府西六十里，發源黃山，會石埭、太平、旌德諸水，至蕪湖入江。《水道提綱》〔四〕：青弋江源有三：曰梅溪河、小溪河、陽溪河，皆在黃山之北。余案：《水經注》：南江又與貴長池水合，又東逕

〔二〕《梁書・徐摛傳》：《梁書》五十六卷，唐姚思廉撰。姚思廉（五五七—六三七），字簡之，本名簡，以字行，隋、唐雍州萬年（今陝西西安）人。歷著作郎、弘文館學士，官至散騎常侍。有《梁書》《陳書》。徐摛（四七四—五五一），字士秀，東海郯（今山東郯城）人。遍覽經史，屬文好為新變，不拘舊體。《冬蕉卷收賦》《壞橋》《咏橋》等。

〔三〕武帝：梁武帝蕭衍（四六四—五四九），字叔達，南蘭陵郡武進（今江蘇丹陽市）人。五〇二年，代齊建梁，改元天監。五四九年，侯景之亂，被囚死於臺城。謚號武皇帝，廟號高祖。

〔三〕《沈約集》：《沈隱侯集》二卷，南朝梁沈約撰，明張溥輯。沈約（四四一—五一三），字休文，吴興武康（今浙江德清）人。博通群籍，擅長詩文。歷仕宋、齊、梁三代，助梁武帝登位後為尚書僕射，官至尚書令，卒謚隱。著有《宋書》一百卷、《晉書》一百一十卷、《齊紀》二十卷等。《南史》《梁書》有傳。

〔四〕《水道提綱》：清齊召南著，二十八卷。以巨江大河為綱，以所會衆流為目，故名提綱，記清代各地的河流、湖泊、山脈等。齊召南（一七〇三—一七六八），字次風，號瓊臺，晚號息園，清浙江天台（今浙江天台）人。乾隆元年（一七三六）進士，為翰林院庶吉士，授檢討，參修《大清一統志》，官至内閣學士，禮部侍郎。另有《史記功臣侯年表考證》五卷、《漢書考證》一百二十卷、《歷代帝王年表》十三卷等。事具《清史稿》。

宣城之臨城縣南，東合涇水。池口、涇口，皆黄水北出之匯，以達于江者也。又汪鎬京曰：黄山水西合彭蠡，入揚子江。此則祁、婺以南之水，遠溯泉脈，接于鱅鄣矣。

其禽魚有山樂鳥、神鴉、白猿、魶魚、石鼃。汪澤民記：聞啼禽聲甚異，若歌若答，節奏疾徐，名山樂鳥，山下咸無之。《山志》：山樂鳥侣常八九，鳴不擇時，聲有節奏，或曰頻伽鳥也。余至獅子林，獲聞鳥鳴，其音如拊玉磬，如擊雲璈，纍纍五六囀，甚為清越。其疊唱齊鳴，又若管篪列奏。按《寰宇記》：岳池縣，岳安山上有音聲鳥，殆其族伍也。僧云鳥色青，尾如燕，大如鳩，山半以上有之，來去無常，不食粟麥，莫得而籠致焉。汪洪度曰：山樂鳥種類有三：其一較鸜鵒差大，每集必數十，毛淺赤而黄，腋下如碎錦歷碌；其一近似百舌，亦數十為群，其聲屢遷，如彈弦裂帛，又如轉轂之轔轔，洞簫之嫋嫋；其一質小而輕，多至數百，散依叢薄，聲如鈴鐸，足耐清聽。按黄在中〔二〕賦曰：『樂鳥稱仙，馴猿狎客，松根不土，蓮胎在木。』斯以表山産之奇矣。許楚記：至文殊，有二神鴉，自峰際翔下，集僧掌中，應候取食，客亦無忤，忽目送行雲，竟舁餅餌而去。《山志》：山之神鴉，客欲至輒先鳴，客遊山輒行而先，若導焉。《領要録》：峰高得日最早，漏將盡時，有啼禽聲，與

〔二〕黄在中：生卒年不詳，字贊玉，清福建莆田人。順治十二年（一六五五）舉人。

山下鳴雞相應，僧曰碧雞也。形如雉，翠膊碧臆，鳴聲清越。《九華考異》〔一〕曰：碧雞，五距鳥也。足有重距，其音呼如先顧，形似孔雀而小，背連錢文而多碧，山中人以為天雞云。黄汝亨記：登光明頂，望蓮花峰腰，有猿如雪，踞石上，皚皚不動，伺遊駭然。僧曰：此間尚有二玄猿，長鬚曳山，與此猿狎，人亦狎之久矣。程守記：至飛來峰，見有七尺修猿，龐眉皓白，若坐禪者。余呼猿公，猿笑而不答。《蓉槎蠡説》〔二〕：登煉丹臺，見石牀峰頂，一人通體瑩潔，披白如練，頃復趺坐洞中。忽有光若電，焱火迸起，遂隱不見，山僧以為白猿作技也。《領要録》：喝石僧嘗于春莫時，見群猿各執花，花色無一同者，候其黨畢至，則以次上蓮蕊峰，各選石坐，片晌，忽群嘯一聲，遂不復見。僧一日至其處，則一石坎若窪樽，水色微紅，僧掬而飲之，酒也。甘洌芬馥，知為向執花所釀者。《東皐雜鈔》〔三〕：某姓者遊黄山，至絶頂石室，有老人坐室中。見某至，即呼其名，詢其家事，言與某曾祖善也。至夜，留宿石室，與之鹿皮，寢其上，食以桃棗，數枚即飽。室中有二劍插地，室旁有數尺小池，

〔一〕《九華考異》：二卷，清陳蔚撰，已佚。陳蔚，生卒年不詳，字豹章，號梅緣，青陽人。嘉慶（一七九六—一八二〇）廩貢生，道光元年（一八二一）舉孝廉方正。從袁枚學，遊朱筠門，嘗入鎮海將軍余永德幕。另有《齊山巖洞志》二十六卷、《九華紀勝》二十三卷、《齊山摩崖辨》四卷、《梅緣書屋詩鈔》四卷、《梅緣詩草》二卷等。

〔二〕《蓉槎蠡説》：清程哲著，十二卷。程哲，生卒年不詳，字聖跂，號蓉槎，清歙縣人，寓揚州。監生。歷潮州同知、崖州知州，至廣東鹽運同知。從王士禛學，嗜學，富收藏。有《窯器説》一卷、《蓉槎蠡説》十二卷。

〔三〕《東皐雜鈔》：三卷，清董潮著。董潮（一七二九—一七六四），字曉滄，號東亭、臞仙。原籍江蘇武進，贅入浙江海鹽陳氏，入籍。乾隆二十八年（一七六三）進士，選翰林院庶吉士。工詩文，善書。有《東亭詩》《紅豆詩人集》十九卷、《漱花集詩餘》一卷。

水清冽如佳釀。居頃之，有猿來向老人拜跪，老人攜某共造猿所，並為猿道某之故。猿乃出酒果，與之飲，具異香味焉。久之，老人贈以木杖，使之歸，歸則已歷數月矣。許楚記：蓮花峰上有千年白猿，傴僂如老人，風日清霽，恒徜徉山脊間，或月夜長嘯，群谷響答，聞者無不悽異。按石待問〔一〕詩『煙霞日變百千態，猿鶴時聞三兩聲。』空濛杳寂，足狀山境。余登山，惜未見猿，聆其鳴嘯也。朱苞記：過天門石，觀青、黃兩龍潭，有魚焉，虬首龍脊，色如黑漆，四足能走，水瀑至，則昇樹上。許楚記：魚嘗舍水緣木，餌渴烏食之，其脂用和硝矢，致遠無聲，號曰魶魚。按《益部方物略》〔二〕：魶魚出溪谷，及雅江，有足，能緣木，其聲如兒啼。《廣雅》〔三〕：魶，鯢也。《玉篇》〔四〕：魶，鯨也。

〔一〕石待問（？—一〇五一）：字則善，宋眉山（今四川眉山）人，晚年卜居蕪湖。咸平三年（一〇〇〇）舉進士，歷廣德、太平州判官，授太常丞，知階州，尋致仕。有《諫史》一百卷。

〔二〕《益部方物略》：宋宋祁編，一卷。記録劍南地區草木、鳥獸之書。宋祁（九九八—一〇六一），字子京，小字選郎。雍丘（今河南商丘民權）人。天聖二年（一〇二四）進士，歷龍圖閣學士、史館修撰、知制誥、工部尚書、翰林學士承旨等，謚號『景文』。編纂《新唐書》，有《宋景文筆記》《宋景文雜文》。《宋史》有傳。

〔三〕《廣雅》：魏張揖撰，是為廣《爾雅》而作，原書上中下三卷，唐以後析為十卷，王念孫疏證本分為二十卷。隋代避煬帝諱改名《博雅》。張揖，生卒年不詳，字稚讓，清河（今河北清河）人，魏明帝太和（二二七—二三三）中為博士。有《埤雅》《古今字詁》《難字》《錯誤字》等，均佚。其事見於《魏書·江式傳》。

〔四〕《玉篇》：三十卷，南朝陳顧野王撰。第一部專收楷書的字典。以部首編排所收漢字。唐孫强增補，宋陳彭年、吳鋭、丘雍等重修，稱《大廣益會玉篇》。原收一萬六千九百一十七字，現存《大廣益會玉篇》收二萬二千五百六十一字，當為後人增補。顧野王（五一九—五八一），字希馮，吳郡吳（今江蘇蘇州）人。仕陳梁兩朝，梁時任太常博士。

蓋人魚之類，大者為鯨，小者為鯢。茲魚尺許，宜為鯢也。《山志》：石𪓟，俗名石鴨，出溪洞中，味甘脆。按《蟫史》〔一〕：山蛤，一曰南風蛤，又曰石蚆，一曰石獱，生山谷中，蓋蛙之美者。四足長，色紫，聲類犬吠，昔人所謂紫色𪓟聲者，殆即此也。又《九華考異》曰：石雞，一名石邦，言其聲槖槖如梆也。《遊宦紀聞》〔二〕稱為石撞。《本草》〔三〕謂之石鴨。

其卉木有虬松、萬年松、木蓮花、山海棠、雲霧草、石耳、羅漢豆、仙韭、黄精、鹿跑參及火浣石。薛珽〔四〕云：黄山之松，類生絶壁石罅上，盤屈萬狀，非人間所有。錢記：老人峰前懸巖，多異松，負石截壁。過此以往，無樹非松，無松不奇。有幢幢如羽葆者；有矯矯如遊龍者。有卧而起，起而復卧者；有横而斷，斷而復横者。有循巖度壑，因依如懸度者；有穿罅穴縫，崩迸如側生者。

〔一〕《蟫史》：二十卷，清屠紳撰。屠紳（一七四四—一八〇一），字賢書，笏巖，號磊砢山人、竹勿山石道人、黍馀裔孫，江陰（今江蘇江陰）人。乾隆二十八年（一七六三）進士，歷雲南師宗縣令、甸州知州、廣州通判。與洪亮吉、黄景仁等為詩友。有《蟫史》《六合内外瑣言》《笏巖詩鈔》《鄂亭詩話》等。

〔二〕《遊宦紀聞》：南宋張世南撰，十卷。論及逸聞軼事、風土人情、文物鑒賞，涉及小學、曆法、術數、醫藥等。《四庫總目》稱『多記雜事舊聞，為説部佳本之一』。張世南，生卒年不詳，字光叔，鄱陽（今江西鄱陽）人。與劉過、高九萬、趙蕃、韓淲等人遊。有《遊宦紀聞》。

〔三〕《本草》：《本草綱目》，五十二卷，明李時珍撰。以部為綱，以類為目，計分十六部六十類，收藥一千八百九十二種，附圖一千一百零九種。李時珍（約一五一八—一五九三），字東壁，晚號瀕湖山人，蘄州（今湖北蘄春）人。世業醫，好醫書，精醫藥。晚年因子進封文林郎、蓬溪知縣。有《瀕湖脈學》《奇經八脈考》《三焦客難》《命門考》《五臟圖論》《瀕湖醫案》《瀕湖集簡方》等。

〔四〕薛珽：不詳。《黄山志定本》作『薛挺』。

松無土，以石為土，其身與皮、根，皆石也。滋雲雨，凌霜雪，句喬元氣，甲圻太古，固非凡近之玩矣。戴澳記：松長巖石間，而蒼菀倍他山者，十日九霧，其潤澤深也。孔貞瑄〔二〕曰：岱嶽之松，以雲為苗，以泉石為根荄，故莫能得之下土焉。余按：泰嶽之松，平頂虬幹，與黃山同，然松針猶長三寸。若黃山之松，針僅寸許，色尤蒼碧。好事者或移小本植山下，則亦長三寸。信乎！枳遷橘化，産由地靈矣。徐宏祖《遊記》：絶巘危巖，怪松懸結，高不盈丈，低或數寸，平頂短鬣，盤根虬幹，愈短愈老，愈小愈奇也。余按：《詩鈔》〔三〕晁沖之〔三〕句云：『黃山之巔百尺松，虬枝偃蓋連群峰。』又《詩傳》黃景仁〔四〕句云：『峰峰石骨峰峰松，一理變化千年中。沐日浴月暈蒼翠，苔色散點周秦封。

〔二〕孔貞瑄：生卒年不詳，字壁六，號歷洲、聊叟，清山東曲阜人，孔子六十三代孫。清順治十七年（一六六〇）舉人，十八年會試副榜，曾任雲南大姚知縣，後罷歸。究心經史，精樂律、算學，能詩文。有《泰山紀勝》一卷、《大成樂律》一卷、《聊園全信要》十五卷、《聊園詩略》十三卷、《聊園文集》等。

〔三〕《詩鈔》：即《宋詩鈔》，一百零六卷，清吴之振、吕留良、吴自牧編。收宋代詩作一萬兩千余首。吴之振（一六四〇—一七一七），字孟舉，號橙齋、黃葉村農，清石門（今浙江石門鎮）人。貢生。有《黃葉村莊詩信要》十二卷。吕留良（一六二九—一六八三），字莊生，號晚村；又名光倫，字用晦。清崇德（今浙江崇德鎮）人。明秀才，清舉薦博學鴻詞科，誓死拒薦。晚年削髮為僧，名耐可。有《吕晚村詩集》《吕晚村先生文集》《東莊詩存》等。吴自牧，生卒年不詳，吴之振之侄。

〔三〕晁沖之：生卒年不詳，字叔用，號具茨，宋濟州巨野（今山東巨野）人。早年師從陳師道，紹聖初（一〇九四—一〇九七）隱居具茨山，晁公武之父。有《晁具茨先生詩集》十五卷。

〔四〕黃景仁（一七四九—一七八三）：字漢鏞、仲則，號鹿菲子，清常州武進（今江蘇武進）人。四歲而孤，家境清貧，少年即有詩名，為毗陵七子之一。有《兩當軒集》《西蠹印稿》。

鱗張鬣縮爪入肉，萬劫避過雷火攻。』形摹勁姿，標繪奇幹，群産它植，莫克彙觀矣。《山志》：萬年松生天都、蓮花頂上，長三四寸，經冬不凋，連根拔貯，雖歷數年，取植水石間，而蒼翠如新。按《羅浮志》〔一〕：萬年松一名卷柏，又曰苔松，乾之不朽，漬之復生，不死之草也。余見有自蜀寄峨眉松者，函繘驛致，行數千里，還植水盂，蔚然森秀。是知兹山之峻，等齊峨眉矣。程守記：木蓮高數丈，其花如蓮，葉似石楠，瓣皆九列，秋結朱實，天下無第二株蕃蘁也。吴廷簡記：至硃砂庵，觀木蓮花，樹大如拱，花色白，微紫。僧云，花間歲一開，適值放時，芳馨襲人，真希世之珍也。《九華考異》曰：白樂天〔二〕有《木蓮樹圖詩》，其序言：『木蓮花四月初始開，自開迨謝凡二十日。』余按：是花舊祇慈光寺有之，今紫雲、師子林亦見數本。汪灝曰：慈光者，花一苞九瓣，後海則六瓣。又按《酉陽雜俎》〔三〕：嵩高寺中有思維樹，即貝多也。貝多木蓮，産由佛國，靈鷲西來，摩訶成蔭，蓋神奥之區，固有梵天之植矣。又釋海嶽《咏花》句云：『檐欹密蕊分三面，簾捲空香散一溪。』又云：

〔一〕《羅浮志》：十卷，明陳槤（一三六九—一四五四）撰。

〔二〕白樂天：即白居易（七七二—八六四），字樂天，號香山居士、醉吟先生，唐太原人。貞元十六年（八〇〇）進士，歷秘書省校書郎、盩厔尉，官至翰林學士、左贊善大夫、以刑部尚書致仕。有《白氏長慶集》七十一卷。

〔三〕《酉陽雜俎》：唐段成式撰，二十卷，續集十卷，共三十卷。一部分内容為志怪傳奇，另一些記載各地與異域珍奇之物。《四庫全書總目提要》稱其『論者雖病其浮夸，而不能不相征引，自唐以來，推為小説之翹楚』。段成式（八〇三—八六三），字柯古，唐鄒平（今山東鄒平）人。工詩，有文名，與李商隱、温庭筠等交。

『林深徑曲通幽處，客過心清聞妙香。』詩凡百篇，有如季迪〔一〕之咏梅花，無逸〔二〕之吟蝴蝶，未能廣收並録耳。《山志》：山海棠葉深緑，嚴冬不萎，其花一苞數蕊，艷逾海棠。雲霧草狀如亂絲，生松枝上，不粘纖土，惟飽雲霧，性寒味辛，能愈疫癘。按汪晉穀《雲霧草賦》曰：『披金莖于佛髻兮，繫玉絨于仙髟；鬈老人之黄髮兮，擁天女之翠翹。』蓋稠則如絲，纖乃類髮，其色蒼碧，不根而茂，亦為奇卉矣。《山志》：石耳生巖壁間，山民取者，繩度鈎引，身懸危巖，下臨萬仞，或繩絶鈎斷，則粉軀莽壑焉。羅漢豆如雲豆，而味似跭，山以下無之。仙韮似韮，而味近薤，生于諸峰之頂。黄精，春苗時採為茹，味甘美，秋八月取其根，煮三晝夜，色黑如漆，久服之仙。按《本草》〔三〕：黄精得坤土之粹，蒸曬九次，益氣延年。今山民之製蓄，精醇者視為珍丸矣。《山志》：山産人蔘，一謂鹿跑蔘。余至山時，逢山民採取，其蔘白而多節，葉如玉竹而小，六出上平。山民云立夏生苗葉，一月後即萎落，蓋禀至陽之氣也。蔘之用，與高麗産者同功。《黄山卉箋》：旌節花，幹似老藤，花臮臮如旌節瓔珞，花黄碧色，垂垂如柳絲，其香澹而永。春桂，葉與香桂也，花五出，而開以三月。玉鈴花，五月

〔一〕季迪：高啓之字。

〔二〕無逸：謝逸（一〇六八—一一一三），字無逸，號溪堂。宋臨川（今屬江西省撫州）人。江西詩派二十五法嗣之一。與從弟謝邁齊名，並稱『臨川二謝』；又與饒節、汪革、謝邁並稱為『臨川四才子』。先後寫咏蝶詩三百餘首，人稱『謝蝴蝶』。

〔三〕《本草》：指《本草從新》，十八卷，清吴儀洛撰。收藥七百二十余種，按《本草綱目》的分類方法述藥性味、主治、功用、辨僞、修治等。吴儀洛，生卒年不詳，字遵程，浙江海鹽人。諸生，博覽群書，專於醫。有《傷寒分經》十卷、《成方切用》《四診須詳》《雜證條律》《女科宜今》等。

放，香氣馥烈，色同琢玉。四照花，樹高大，夏作花四出，光照巖岫。石蘭，色紫，一莖一花，一名賴蘭。香薐，萱草之有香者。絳穎花，盛夏花如錦毬。仙都花，孕三年始開，花七出。醉春花，類秋海棠而多姿。疊雪花，花綴枝頭，霏霏如雪，一名鶴翎。余按：吴氏所箋，此外仍有紫鐸、鵝群、寶綱、海瓊、紫雲、海曧、查蔔、山釵之類，凡三十六種。商邱宋犖圖其二十，繫之題咏，皆山外所無者。然幽香異色，觸目紛披，隱曜巖谷，莫可名稱之品，復難尋數矣。《山志》：火浣石，出蓮花洞，其形如礬，其色青紫黄白俱備，剔而爇之，有光如星，一曰五色石，一曰放光石。余按：兹石取方尺數寸者，置之盤盂而浸以水，其側植菖蒲、石斛，則濡潤蔚鬱，森然可觀。研而灼之則燦焉，熒熒如聚螢群飛，列宿衆炳。《拾遺記》〔一〕：然石出夜燃山，其光自徹。兹為近之。杜綰〔二〕《石譜》〔三〕所列百六十種，兹石獨未之及，良由深藏奇邃，故希世罕覿也。汪致遠《黄山採藥歌》：『黄山高兮巍巍，草芸芸兮石暉暉。若有人兮薜荔衣，掬芳潤兮凌險巇。朝擷英兮巖竇，夕攬秀兮溪湄。招浮丘兮為侣，望阮公兮無迷。療膏盲兮下土，調丹鼎兮軒岐。』余按：兹山之勝，匪獨崇峻，即蔬藥之屬，觸目多

〔一〕《拾遺記》：又稱《拾遺録》《王子年拾遺記》，十卷，東晉王嘉撰。王嘉，生卒年不詳，字子年，隴西安陽（今甘肅渭源）人。

〔二〕杜綰：生卒年不詳，字季陽，號雲林居士，宋越州山陰（今浙江紹興）人。有《雲林石譜》。

〔三〕《石譜》：《雲林石譜》三卷，杜綰撰。備言所列石品産地、採法、材質及其形狀色澤。有《説郛》本、《知不足齋叢書》本、《學津討原》本等。

奇。《十洲記》〔一〕云：鳳麟洲有神藥百種。《大荒西經》〔二〕云：巫咸山〔三〕十巫昇降，百藥爰在。茲殆同之。閔麟嗣曰：辨者採之，不辨者遺之。其採也，不若不採之侈也。今列其尤異，餘不縷述云。

余以壬午夏首，寓迹紫陽講院，遂偕婺源陳國華〔四〕、王鴻春〔五〕二生遊眺茲山，登降旬餘，轟攬其勝。迺旁稽志乘，兼綜篇籍，稡為一編，以替縑繪。宗少文有曰：『閒居理氣，拂觴鳴琴，披圖幽對，坐究四荒，峰岫嶤嶷，雲林森渺，萬趣昭融，神思暢焉。』覽茲卷者，策程撰杖，庶匪問盲，即屐齒不及，亦將意遊矣。

〔一〕《十洲記》：《海内十洲記》，一卷，舊題漢東方朔撰，《四庫全書總目》『提要』認為六朝時人作。

〔二〕《大荒西經》：《山海經》第十六卷。

〔三〕巫咸山：位於山西省夏縣，一名覆奥山、瑶臺山。山麓有巫咸父子祠墓。

〔四〕陳國華：婺源人，生平不詳。

〔五〕王鴻春：生卒年不詳，號蕉亭，清婺源人。附貢生，有《補蕉叢訓》四卷、《蕉亭詩集》四卷。